经济管理学术文库·经济类

经济增长拉动就业的行业结构研究

The Research about Industry-structure
Characteristics of Growth-driven Employment

王 磊／著

经济管理出版社
ECONOMY & MANAGEMENT PUBLISHING HOUSE

图书在版编目（CIP）数据

经济增长拉动就业的行业结构研究/王磊著. —北京：经济管理出版社，2017.11
ISBN 978-7-5096-5435-4

Ⅰ.①经…　Ⅱ.①王…　Ⅲ.①经济增长—关系—就业—研究　Ⅳ.①F061.2 ②C913.2

中国版本图书馆 CIP 数据核字（2017）第 258450 号

组稿编辑：宋　娜
责任编辑：张巧梅　侯娅楠
责任印制：黄章平
责任校对：王淑卿

出版发行：经济管理出版社
　　　　　（北京市海淀区北蜂窝 8 号中雅大厦 A 座 11 层　100038）
网　　址：www. E-mp. com. cn
电　　话：(010) 51915602
印　　刷：玉田县昊达印刷有限公司
经　　销：新华书店
开　　本：710mm × 1000mm/16
印　　张：20
字　　数：328 千字
版　　次：2017 年 11 月第 1 版　2017 年 11 月第 1 次印刷
书　　号：ISBN 978-7-5096-5435-4
定　　价：88.00 元

前　言

　　本书在综述和借鉴国内外关于行业经济增长和就业增长已形成的研究成果基础上，以美国私营经济为研究对象，对美国行业经济增长和行业就业增长的事实，进行了全面的理论分析与系统的实证检验，论证了行业经济增长与行业就业增长同步与否的原因，并以此作为国内行业发展的选择与借鉴。

　　第一，鉴于不同类别的行业中经济增长拉动行业就业的表象关系并不明显，在本书中，基于美国 SIC 和 NAICS 行业分类标准，按照行业的大小类递进关系，把美国各个行业整理分类并形成大类、中类、小类 3 个层次的细分行业，然后基于这些行业经济增长和就业增长的面板数据，分别考察 9 个大类细分行业、8 个中类细分行业和 9 个小类细分行业经济增长拉动就业的情况，同时，倾向于把除经济增长以外影响就业增长的因素归结为经济增长，进而构建了就业增长、经济增长和常数三者之间的增长模型，旨在分析各个行业经济增长拉动本行业内部就业的特征。本书对模型所做的修正与合并能够更清晰地表达行业经济增长拉动就业的关系，而且有利于对经济增长拉动就业进行实证研究。

　　第二，因为价格因素与计量单位的因素影响了模型对经济增长拉动就业传导机制的刻画，而且本书中所涉及的行业较多，关系到一系列因变量、自变量及常数，所以本书使用了系数矩阵来表达，同时使用了行业经济增长的就业弹性，并通过对数据取对数等方法来完善模型，以此来弥补模型的表达缺陷。首先，对于经济增长拉动就业模型的构建来讲，本书把模型中影响就业的其他非经济增长因素并入经济增长，以此改进模型，使模型可以更清晰地表达出经济增长拉动就业这一经济含义。其次，对模型进行计量检验与回归时，本书采用了混合模型、个体固定效应、个体随机效应三种面板模型，并进行了 LLC、ADF-Fisher 和 ADF-Choi Z 检验比较，确定大类行业选用个体固定效应模型、中类行业和小类行业选用个体随机效应模型，并对模型加以修正进而考察和探究经济增长拉动就业的行业体系问题。

第三，区别于现有文献对经济增长与就业增长的研究，本书遵循美国行业体系的划分规则，据此设计了经济增长拉动就业的模型。而且本书注意到了美国两种不同标准的行业分类：在 NAICS 标准下很难获得长期的数据，因为这一体系只估算了 1998 年以后的数据，而在这种数据结构下，所获得的数据是非均衡的，不足以衡量各个行业经济增长拉动就业的状态；而依据 SIC 标准估算的数据，对于 1998 年及以后的行业划分对比 NAICS 标准小类细分行业划分不详细，因此本书没有采取现有文献"取前"或"取后"或更换数据源的做法，而是对这两个标准下的数据进行了处理，统一了统计口径，采用 BEA 数据，并遵循使用美国统计标准下的美国数据研究美国行业经济增长与行业就业问题这一原则。

第四，本书将在计量模型确定以后，估计面板数据模型中表面具有不确定性的行业经济增长与行业就业增长之间的数量关系。通过把行业体系中影响就业增长的常数和系数一并考察，并采用对比模型中用于刻画就业基数的常数项，来分析大类行业、中类行业、小类行业就业基数与系数的特征；解释了计量模型中各个行业的就业增长系数的经济含义，根据就业增长系数的大小考察了各个行业经济增长对就业增长的拉动程度，同时比较了在不同类别的行业中，哪些行业就业增长与经济增长同步，哪些行业就业增长与经济增长不同步。并据此来测度美国促进经济增长与拉动就业的宏观经济政策的效果。

第五，本书基于理论模型的经济学思想与面板数据计量模型的数值关系分析了行业经济增长与行业就业增长同步与否的原因。研究结果表明，美国行业经济增长时，会对就业产生方向相反的两种效应，一个是"促增就业"效应，另一个是"促减就业"效应。因为劳动是经济增长的一个投入要素，如果其他要素投入得多就会对劳动产生替代效应，并表现为就业的下降，即"促减就业"效应；同时其他要素的投入必然会促进经济增长，产生大量引致需求效应，导致劳动需求增大，表现为就业增加，即"促增就业"效应。正是这种替代效应与引致效应共同作用才使得有些行业经济增长能够拉动就业，而有些行业经济增长不能够拉动就业，即各个行业经济增长与就业增长不同步。所以，经济增长与就业增长是否同步，要具体分析和比较经济增长所产生的两种效应的加总。

　　最后，本书研究认为，从行业的角度考察，长期内美国社会就业增加、经济增长及人口增长是均衡的，而且美国各个行业吸纳就业的总量在增加，可以确定行业经济增长拉动了行业就业，但是表现在各个行业拉动的效果是有差异的。本书基于美国行业经济增长对就业所产生的"促增"与"促减"两种效应，给出了关于美国行业经济增长和行业就业增长的建议，同时简单分析了美国行业经济增长和就业增长关系对中国的启示。

目　录

第一章 导 论

第一节 选题背景与研究意义

一、选题背景

经济增长和就业一直以来都是经济学研究的核心问题，是宏观经济学的两个重要内容，而且在研究的过程中，一些学者得出了很好的经验，其中最重要的经验之一且至今仍被广泛研究的就是阿瑟·奥肯（1962）基于美国数据提出的关于经济增长与就业关系的"奥肯定律"。

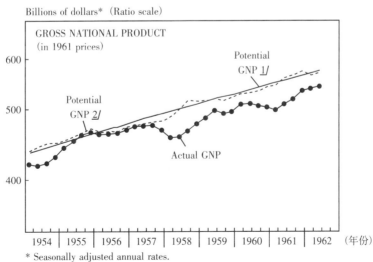

图 1–1 "奥肯定律"原文图（1954~1962 年）

图 1-1 中，奥肯关于就业和经济增长的论述，是经济学中一个经典的经验法则，后来人们据此总结出的"奥肯定律"，至今仍被该领域学者们广泛地研究和运用，并围绕该理论展开了一系列的讨论和争议。

当然关于此问题其他学者也有很多好的观点，如菲利普斯（A. W. Phillips，1958）基于英国的数据提出的关于货币工资增长率和失业率之间关系的"菲利普斯曲线"等；而且从凯恩斯的观点看，经济增长一直是解决失业的一个重要工具，在实际中，很多国家的政府也是如此操作的。但是随着经济的发展，特别是在经历了美国的次贷危机之后，在一些政策实践中人们发现，经济增长带来的就业效应似乎在弱化，经济增长的同时会出现乏力的就业增长甚至无就业增长（宋铮，2012）；而在中国，"奥肯定律"甚至表现为失效（蔡昉，2002）。于是研究者们不禁要问：经济增长一定能够带动就业增长吗？

而基于对美国 1948~2013 年的经济增长数据和就业数据的研究发现：总量上看，美国经济的增长与就业的增长确实表现出不同步的特征，如图 1-2 所示：

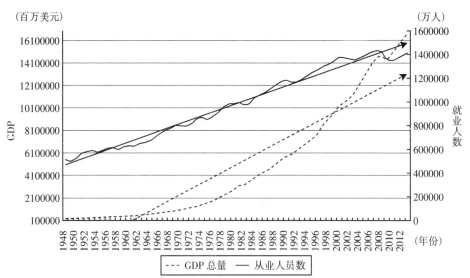

图 1-2　美国 GDP 总量和从业人员数（1948~2013 年）

注：图中的 GDP 是价值增加值，单位是百万美元；从业人员是全职人员和兼职人员的总数，单位是万人。

资料来源：http://www.bea.gov。

图 1-2 中显示，从 GDP 和就业[①]的总量上看，GDP 总量的增加远远快于就业人员总数的增加。特别是 1964 年以后，这两个指标增长差距越来越大，GDP 总量快速增长，这一趋势一直持续到 1997 年，此后，从 1999 年开始，相同的增长趋势再现，直至 2008 年左右；而就业总量始终持续平稳增长。可见，总量上，GDP 和就业确实表现出了不同步的特征。

但在现实经济研究中，学者们一般是使用增长率指标来衡量 GDP 增长率和就业增长率的，而增长率特征显示 GDP 增长和就业增长基本是一致的，如图 1-3 所示。

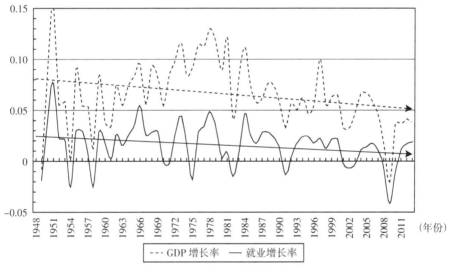

图 1-3 美国 GDP 增长率和就业增长率（1948~2013 年）

从美国 1948 年到 2013 年的数据中能看出，GDP 增长率和就业增长率的变化趋势基本一致，偶尔出现增长负就业，如在 1954 年、1958 年、1971 年、1975 年、1982 年、1991 年、2002 年等；也"负增长""负就业"的情况如 2008 年、2009 年、2010 年；也出现了"负增长""正就业"的情况，如在 1998 年；在 1997 年、2011 年出现了学者关注的"乏力或者无就业"的经济增长；可观察到，学者讨论的乏力或者无就业的经济增长，是每次经济触底反弹的一个表现。但总体而言，多数年份 GDP 增长和就业增长这两项指标还是表现出了一致性的特征。

对比起来显然可见各种经济增长拉动就业的"悖论"，如，"乏力就业

[①] 本书"从业人员"和"就业"含义相同。

的经济增长""无就业的经济增长""奥肯定律失效或弱化""总量大而增长率小",即从总量上看,经济增长拉动就业增长的作用不大,从增长率上看,就业增长率却和经济增长率保持一致等。

那么,原因在哪里呢?笔者在研究美国去工业化问题时[1]发现,美国不同行业经济增长对就业的拉动作用是不同的,即行业 GDP 增长与行业就业的增长不一致,也就是说 GDP 增长快的行业不一定拉动就业就多,而 GDP 增长慢的行业不一定拉动就业就少,各行业 GDP 增长所带动的就业具有差异性,甚至有些行业出现了无就业的经济增长。这也得出了和上述一些学者相似的结论。

究竟哪些行业经济增长能够显著拉动就业增长?哪些行业经济增长不能显著拉动就业增长?如果以偏重促进就业为目标我们应该倾向拉动哪些行业的增长?也就是说,如果政府的投资政策以拉动就业为目标,那么同 1 元钱究竟投在哪个行业才最有效,才能实现最大程度的就业?

基于诸多疑问,本书从美国 1948 年至 2013 数据入手,试图通过对美国三个层次的行业分类来研究各个不同类别的行业经济增长对就业的作用,分行业考察各个行业经济增长和各个行业就业增长之间的关系,以期探求不同类别的行业中经济增长拉动就业的差异,分析各个细分行业经济增长的就业弹性,并刻画出不同行业经济增长拉动就业的数量关系,进而给出政策启示。

二、研究意义

首先,自亚当·斯密以来,经济增长与就业之间的关系就一直是经济学家关注的热点。对于经济增长能否有效促进就业,尽管学术界至今尚存在分歧,但是无论是处于竞争均衡的西方工业化国家还是处于结构转换的发展中国家,其经济增长进程都证明了经济增长与就业增长之间的关系对于一个国家的发展至关重要。

其次,诸多学者的研究都聚焦在农业、工业、制造业三大产业上,对于分行业研究经济增长和就业增长问题,除了国外一些学者和研究虚拟经济的一些学者外,国内鲜有学者涉足。本书从行业细分入手研究不同类别

① 作者参与研究:2013 年国家社会科学基金重大项目"我国发展实体经济的战略、政策和制度研究——基于实体经济与虚拟经济数量关系的视角"(项目编号:13&ZD018),主持人,刘晓欣;中航广义虚拟经济研究专项资助项目,主持人,刘骏民。

的行业经济增长与行业就业增长特点。实际工作中经济增长指标和就业指标都具体指向了各个行业，因此进行分行业研究的现实意义不可低估。

最后，各个行业的经济增长是否能够拉动就业，或者行业经济增长与行业就业增长是否同步，有其背后的经济学理论逻辑和自身发展规律，这需要在理论上论证各个类别的行业增长拉动就业的原理，刻画不同类别的行业增长和就业之间的数量关系。另外，随着世界经济一体化与世界经济合作化的发展，研究美国行业经济增长和行业就业的经验对于中国具有一定的借鉴意义。

第二节　本书的结构框架与主要内容

一、结构框架

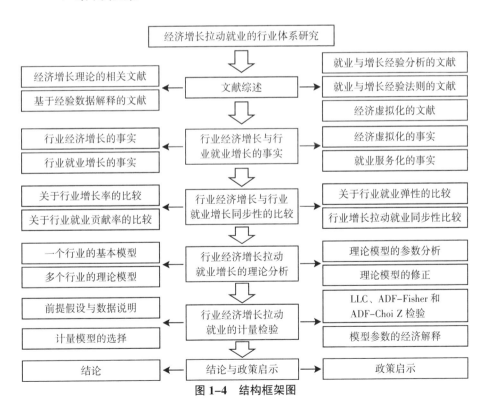

图1-4　结构框架图

二、主要内容与研究主题

（一）主要内容

本书的主要研究内容按以下逻辑进行：首先通过文献综述证明本书的理论价值和现实意义；其次通过阐述行业经济增长与行业就业的事实表明研究的内容是什么；再次通过理论模型的设计和计量的检验来分析所研究问题的重大经济学意义；最后通过总结全文研究给出结论与政策启示，具体如下：

一是对前人的研究进行了总结，即文献综述，因为本书是在前人已形成的学术成果基础上展开分析的，这些成果包括：经济增长与就业基础理论、就业与增长的经验法则、就业与增长数量关系分析、经济增长与就业经验数据的解释、行业经济增长虚拟化与行业就业服务化的论述。本书还对上述文献进行了评述。

二是对行业经济增长与行业就业增长的事实进行了分析。把行业按照大类、中类、小类进行了划分，并分析了不同类别的各个行业经济增长的特点与就业增长的特点，阐明了经济增长趋于虚拟化和就业趋于服务化的事实。

三是对行业经济增长与行业就业增长的同步性进行了比较。对大类、中类、小类三大行业类别中的行业增长率和就业增长率、增长的就业贡献值、就业弹性三个指标进行了比较，考察了行业增长与就业增长的同步性问题。

四是对行业经济增长与就业增长的理论进行了推导。本书构建了关于行业经济增长和行业就业增长关系的理论模型，并对模型的参数进行了推导、合并与解释。

五是对行业经济增长拉动行业就业的模型进行了计量检验。本书做了计量模型的选择与数据处理，估计了面板数据模型，进行了单位根检验，并对模型做了修正与回归方程解释，刻画了行业经济增长拉动就业的数量关系的大小。

六是对全书的分析进行了总结，认为行业分工的发展和细化是创造就业的一个动力，并得出了最后的结论和政策启示。

（二）研究主题

本书的研究主题是行业经济增长拉动行业就业增长的问题。本书围绕主题首先把行业分为大类、中类和小类三个类别，然后基于三个类别行业的经济增长和就业的数据，设计理论模型，进行计量验证，以研究各个行业经济增长与就业增长是否同步，刻画经济增长拉动就业系数的大小。

据此得出结论认为：行业的不断细分化是吸纳就业的不竭动力，而行业细分化的根本原因是行业经济增长产生的引致需求；行业增长拉动就业作用的大小在不同行业，甚至同一行业的不同发展阶段是有差别的。

第三节　本书的研究方法与研究目的

一、研究方法

一是归纳与演绎的研究方法。在文献综述过程中本书采用描述与总结的方法对相关文献进行阐释；采用归纳与演绎的方法对文献进行综合评述。

二是分类与逻辑的研究方法。在陈述经济增长和就业增长的过程时，对于行业分类问题采用分类分析的方法和逻辑分析的方法来研究；对于不同行业的经济增长和就业增长问题进行研究时，采用了比较分析和结构分析的方法。

三是定量与定性的研究方法。研究经济增长拉动就业的动因问题时采用了定量与定性分析的方法，通过对参数的定量分析来阐释说明经济增长与就业增长同步与否；同时为了解释美国拉动就业的宏观政策使用了定性分析。

四是矛盾论的研究方法。本书以"行业增长与行业就业不同步"这一表象矛盾引出问题，又以"引致需求与行业产品稀缺"这一深层矛盾解释问题，因此矛盾和主要矛盾的方法论贯穿本书始终。

五是质量互变的研究方法。本书的研究范畴为 1947~2013 年，各个不同时期美国不同行业的经济增长和就业增长的主导行业是不同的，从主导行业到非主导行业的变化，就是一个从量变到质变的过程，这一过程贯穿全书。

另外，计量检验的部分在定量分析和定性分析的基础上使用了 LLC 检验、崔仁检验、ADF-Fisher 和 ADF-Choi Z 检验等计量检验方法。

最后，在结论部分使用了归纳演绎法和经验分析法。

二、研究目的

第一，解释一个现象：诚然，影响行业就业增长的因素很多，为了清楚地表达行业经济增长拉动行业就业的关系，本书将把诸多非经济增长因素并入经济增长因素中，仅仅考察行业经济增长对就业的拉动作用，这一合并过程在理论模型中实现。各个类别的行业其经济增长的速度是不同的，而美国经济发展的事实表现出了主导行业由以传统的制造业为主转向以金融、保险及房地产业为主，很多学者把这一现象称之为经济的虚拟化；那么属于虚拟化行业的经济增长对于就业的影响又如何呢？从产业结构转化规律的角度考察，美国正经历着工业向服务业的转换，一些就业数据的事实也证明了这一点，那么行业就业是否也表现出了服务化的趋势呢？经济虚拟化的行业以及就业服务化的行业在表象上是否匹配呢？

本书在分析过程中将会对上述现象进行解释。

第二，考察一个过程：按照熊彼特的创新理论，任何一个行业 GDP 拉动就业都会呈现倒"U"形曲线，即随着该行业逐渐趋于利润平均化，该行业的劳动力吸纳能力呈现一个先上升达到一个最高点然后下降的过程。

从技术进步的角度看，GDP 增长拉动就业的作用会随着时间的推移而下降，因为技术进步导致劳动生产率提高，也就是说社会发展的规律就是 GDP 拉动的就业会越来越少，因为长期看，技术进步和就业是反向变动的。但是，若果真如此，那么，整个社会就业率会随着经济增长一直下降，然而，1948~2013 年美国的数据表明，其历年经济增长率与就业率几乎是稳定的，事实并非如此，为什么呢？

怎么解释这种理论与事实的悖论呢？如何看待行业增长与行业就业问题呢？本书将阐释行业增长拉动行业就业的过程，分析行业增长过程中行业就业的变化，考察行业增长与行业就业是否同步，以及这一过程中各个类别行业经济增长与就业的差异化。

本书将对上述行业经济增长拉动行业就业的过程进行详细考察。

第三，阐述一个理论：大量理论分析的结果显示，就业是随着经济增长持续下降的，但是美国行业经济增长与行业就业数据又表明其多年来的就业基本稳定，据此可以判断，经济增长有可能会同时对就业产生两种方向相反的作用力，一个是促进就业，另一个是减少就业，正是由于这两种力量的共同作用，才会出现理论与事实的"悖论"，并且就业一直在增加的事实又表明行业经济增长中促进就业的力量是主导。那么在行业经济增长的过程中究竟是何种力量在共同影响着行业就业？行业增长的就业效应是一致的还是有差异的？其理论基础是什么？

通过本书研究将对上述问题进行逐一验证。

第四节 本书的创新与不足

一、创新

基于美国 SIC 和 NAICS 行业分类标准，按照行业的大小类包含关系，把美国各个行业整理分类并形成大类、中类、小类 3 个类别的细分行业，然后对这 3 个类别中不同行业的经济增长和就业进行研究，实现了研究方法的创新。

由于上述两个标准的统计口径不一致，现有文献的多数研究者采用"取前"或"取后"或更换数据源的方法，而本书则按照研究目的，对这两个标准进行了处理，统一了统计口径，坚持用美国统计指标下的数据研究美国问题，在此基础上研究行业经济增长拉动行业就业增长的问题，进而实现了研究视角的创新。

二、不足

由于笔者水平有限，对于经济增长和就业无法进行理论的深度挖掘，对于相关模型的改进与修正做得不够；由于笔者能力的限制，对于一些数据的搜集与处理成为了研究的瓶颈，对于以计量检验行业经济增长和就业数量关系的模型分析得不够透彻，其原因有：研究时间的限制、研究的范围不广、研究的专业程度不够。

而且本书对于行业经济增长虚拟化和行业就业服务化问题的研究没有进行展开，这将是以后继续探讨的很有现实借鉴意义的一个课题。

第二章　文献综述

　　经济增长与就业一直以来都是经济学研究的核心问题，而对经济增长是否会有效拉动就业的研究更是具有重要的理论意义与现实意义。但是迄今为止，学术界对于这一问题的讨论尚存在分歧。本书主要分析的是经济增长对就业的拉动作用，诚然就业增长也会促进经济的增长，但对于此类问题本书不作具体研究，对于相关文献的综述主要考虑的也是经济增长对就业作用的相关文献。并且通过对相关文献的整理，发现从细分行业的角度研究经济增长和就业问题的文献目前并不多，具体相关文献综述如下。

第一节　经济增长与就业基础理论的文献

一、古典理论

　　经济增长与就业是宏观经济学研究的两个重要问题。不同时代、不同经济背景，以及不同的宏观经济学流派对这两个问题的阐述不尽相同，而且对于不同国家甚至不同区域宏观经济政策的效果也不同。归纳言之，关于经济增长与就业增长关系的一般观点是：经济增长是否能够拉动就业增长，拉动的程度如何。

　　亚当·斯密是古典理论中对关于增长与就业的理论阐述较早的经济学家之一。亚当·斯密（1776）早在18世纪就阐述了产出与就业之间的关系，他指出：对工资劳动者的需求，将随着一个国家收入和资本的增加而增加；如果收入和资本没有增加，那么对工资劳动者的需求绝不会增加。这里收入和资本增加实际上指的就是国民财富的增加。亚当·斯密把就业结构分为"生产性"劳动和"非生产性"劳动,以此解释经济持续增长的原因。可以看出,在亚当·斯密看来,国民财富的增长是可以促进就业增长的。其他一些古典经济学家也基本认为经济增长对就业具有正效应:在经济增长的同时,充分就业会自动实现。大卫·李嘉图则提出了农业和制造业的两部门分类,并指出劳动力将会从农业转向制造业。

到 20 世纪初,西方经济学理论中关于经济增长和就业的理论是基于古典和新古典学派完全竞争的市场自动出清假设的。主要以萨伊 (Jean Baptiste Say)、马歇尔 (Alfred Marshall) 和庇古 (Arthur Cecil Pigou) 为代表。这些学者在就业理论中假设市场是完全竞争的,因此劳动力市场一直处于出清状态,而产品价格和劳动工资决定于市场供求,非市场因素不会影响价格和工资,实际工资水平和就业数量决定于劳动供给和劳动需求,供求均衡时的就业水平就是充分就业,均衡的波动是短暂的,经过市场调节经济总会处于充分就业的状态。

有的学者指出,本质上讲古典经济学家并没有构建起一个关于结构问题的分析框架,卢伊季·帕西内蒂 (Luigi L. Pasinetti,1993),而且一些理论的发展被随之而来的 1870 年的边际革命所掩盖。到了新古典时期,涌现出一大批研究经济结构变化和就业结构变化的学者,包括弗朗索瓦·佩鲁 (F. Perroux)、科林·克拉克 (Colin G. Clark)、西蒙·库兹涅茨、华西里·列昂惕夫、尼古拉斯·卡尔多等;并在数据观察的基础上形成了"卡尔多事实"和"库兹涅茨事实"。

二、新古典理论

新古典理论[①] 中约翰·梅纳德·凯恩斯关于"就业和增长"的观点不同于以往"就业自动均衡"的观点。凯恩斯及凯恩斯主义者认为,出现大量非自愿失业的原因是有效需求不足,解决途径就是刺激需求,鼓励投资,促进经济增长,以减少非自愿失业。也就是凯恩斯主义认为当市场出现失业要通过其他因素来干预市场才能使得就业自动均衡,而其他因素的主体一般是指政府。新古典主义另一观点则认为:短期内(经济增长趋向平衡增长路径时),就业与经济增长是一致的;而在长期,经济沿着均衡增长

---

① 这里包括 Neoclassical Economics 和 New Classical Economics。

的动态路径使市场处于出清状态，不存在失业（刘瀑，2008）[①]。

哈罗德—多马模型可以说是关于经济增长的一个经典模型，此模型被认为是开启了经济增长的理论。哈罗德—多马模型认为，现实经济中要实现充分就业的增长，需要一个稳定的条件，那就是实际增长率等于劳动供给增长率，这样的增长率被称为"自然增长率"。但也有学者持不同观点，程永宏（2005）认为当有保证的增长率低于自然增长率时，将出现经济增长与失业并存的现象，只是此时经济增长得较慢[②]。

在新古典主义增长理论中，另一个经典的模型便是索洛经济增长模型。索洛经济增长模型说明了就业增长率与经济增长率的变动趋势在理论上存在一致性，经济增长会推动就业的相应增长（李其原，2009）[③]；也有的学者认为由于技术进步、资本积累和劳动力增加等多种因素的长期作用使得经济增长和就业增长不一致（龚玉泉、袁志刚，2002）[④]。当然也有一些学者指出了索洛模型的不足之处。

库兹涅茨（1965）把当代资本主义经济的增长叫作现代经济增长。现代经济增长过程中出现以下特征：劳动力从生产率较高的部门转向生产率相对较低的部门时，经济增长明显；反之，经济增长缓慢（Alan Krueger，2001）[⑤]。威廉·阿瑟·刘易斯研究发现，传统农业部门和现代工业部门呈现二元状态，这会导致就业也表现出二元的特征（刘易斯，1954）。刘易斯的观点与西蒙·库兹涅茨（1941）所观察得出的"总产值中的部门份额"[⑥]概念相一致，并指出了劳动力在产业之间转移的特征。杜生贝利（J. S. Duesenbery）、詹姆斯·托宾（James Tobin）、约翰·希克斯（John Richard Hicks）等也分析了劳动力市场结构随着经济增长的变化而发生的变化，并认为在经济结构变动过程中，由于劳动力市场技术结构的不相适应，会形成结构性的失业。作为现代主流宏观经济增长理论的代表人物保罗·罗默

[①] 刘瀑. 中国经济增长中的劳动就业问题研究——基于产业发展视角的分析 [D]. 西南财经大学博士学位论文，2008.

[②] 程永宏. 经济增长的就业效应 [J]. 甘肃社会科学，2005（3）.

[③] 李其原. 就业弹性与经济增长相关性分析 [J]. 统计与决策，2009（5）.

[④] 龚玉泉，袁志刚. 中国经济增长与就业增长的非一致性及其形成机理 [J]. 经济学动态，2002（10）.

[⑤] Alan Krueger. An Interview with William J. Baumol [J]. Journal of Economic Perspectives，2001，15（3）：211–231.

[⑥] 西蒙·库兹涅茨. 各国的经济增长——总产值和生产结构 [M]. 常勋等译. 北京：商务印书馆，1985.

(Paul M. Romer) 在增长理论的框架下对就业问题进行了研究。

也有学者使用动态的多部门的模型来研究技术因素对就业水平影响的问题，Whitley 和 Wilson（1982）[①] 预测了 20 世纪 90 年代英国大部分行业的就业水平，并认为技术进步的就业效应大于过程创新的失业效应，最终技术进步将促进就业。Kalmbach 和 Kurz（1990）[②] 使用与之类似的模型研究了德国的情况，结果是技术进步的就业效应小于补偿机制的失业效应，技术进步带来劳动力需求的减少。还有 Meyer-Krahmer（1992）[③] 也使用类似的方法研究了德国的相关问题，结果是德国的技术进步阻碍了就业。Simonetti、Taylor 和 Vivarelli（2000）[④] 基于美国、意大利、法国和日本 1965~1993 年的数据，使用宏观的联立方程模型研究过程创新的就业减少与补偿机制的就业增加之间的关系，结果表明有效的补偿机制可以弥补过程创新中就业的减少，进而增加就业。Leontief 和 Duchin（1986）[⑤] 使用投入产出矩阵研究工业发展过程中机械自动化的使用对就业的影响，结果证实了技术进步有促进就业的作用。

显然这也是经济发展的一个基本事实，即随着人类社会的不断进步、科学技术的不断突破，经济增长对劳动力投入数量的依赖程度在不断降低。

三、马克思理论

马克思论述了经济生产过程，并且把经济划分为两大部类：生产部类和消费部类，认为每一部类的价值创造都是劳动者的劳动，经济增长是劳动投入增加的结果。马克思以商品为出发点，分析了资本家利用资本剥削劳动工人的本质，得出资本主义经济增长与就业呈反向变动的结论。

马克思从社会必要劳动出发，分析资本有机构成，认为用于购买劳动力的可变资本才能进行剩余价值的创造。资本主义现代化大生产的结果是

① Whitley, J. D. and R. A. Wilson. Quantifying the Employment Effects of Microelectronics [J]. Futures, 1982（14）：6, 486–495.

② Kalmbach, P. and H. D. Kurz. Microelectronics and Employment: A Dynamic Input–output Tudy of the West German Economy [J]. Structural Change and Economic Dynamics, 1990（1）：317–386.

③ Meyer-Krahmer F. The Effects of New Technologies on Employment [J]. Economics of Innovation and New Technology, 1992（2）：131–149.

④ Simonetti R., K. Taylor and M.Vivarelli. Modelling the Employment Impact of Innovation: Do Compensation Mechanisms Work? [J]. Vivarelli and Pianta, 2000.

⑤ Leontief W. and Duchin F. The Future Impact of Automation on Workers [M]. Oxford: Oxford University Press, 1986.

企业的生产技术和劳动生产效率不断地提升使资本有机构成不断上升，资本有机构成的上升意味着资本与技术投入的增加、劳动投入的减少，这样整个资本主义社会就会产生大量的相对过剩人口。正如马克思所说："所谓相对过剩人口，是超过资本增值的平均需要的，因而是过剩的工人人口。"[①]也就是说，资本有机构成的提高一方面形成了大量的过剩人口，这些相对过剩人口以"后备就业人口"的形式存在，构成了就业人口的外部替代压力，资本家可以以此降低工人的工资；另一方面资本家通过缩短必要劳动时间来加速资本有机构成的提高，以此获得更多的剩余价值。

这是马克思关于资本有机构成和相对人口过剩形成的阐释。可见，马克思认为资本有机构成的提高促进了资本主义经济增长，但将会形成两种反向趋势：一是社会资本对于劳动人口需求的相对减少，二是劳动人口绝对数量的增加。

四、评述

可见，古典理论认为充分就业伴随着经济增长会自动实现，不需要政府干预也不需要经济手段的调节，而是通过"看不见的手"自发调节使劳动力市场实现充分就业。古典理论关于经济增长和就业问题的研究所涉及的产业划分，基本都是指以农业部门、工业部门和服务业部门为代表的三大产业，学者们基于传统的三部门分类法（农业、工业、服务业）进行研究，这对于当今分工日趋专业化的行业部门而言过于笼统，因此有必要从更为详细的行业分类的角度对行业增长与就业问题进行研究。新古典的文献表明，相对于古典的经济增长理论而言，新古典理论进一步强调了技术进步、技术和知识的溢出、规模收益递增、人力资本积累及其溢出等要素对经济增长的作用，重视科学技术的发展对成本与收益的影响，而科学技术发展的最终目标是促进经济的增长，因此有必要把科学技术归结为经济增长，然后在行业框架内研究经济增长对就业的拉动作用，这样就会直接观察到行业经济增长与行业就业增长同步与否，本书对此做了尝试性研究。马克思关于经济增长和就业问题的论述是存在历史局限性的，因为资本无法离开实际生产活动而自行进行增值；另外，马克思把资本主义制度看作是失业存在的根源，这从经济学的角度而言，阶级指向性过强；而且

---

① 马克思. 资本论（第1卷）[M]. 北京：人民出版社，1975：491.

对于经济结构问题，马克思提出了两大部类的划分方法，这对于今天的资本主义经济而言过于粗糙。所以，本书从细分行业入手研究经济增长拉动就业的行业体系，对于社会分工日趋细化的当今社会更具有现实意义。

第二节　经济增长与就业经验法则的文献

一、奥肯定律

阿瑟·奥肯（A. W. Okun，1962）依据美国 1954~1962 年潜在 GNP 与实际 GNP 的经验数据研究发现：失业率变动与实际产出率变动之间存在一定的计量关系，并得出一个重要的结论：经济增长与充分就业目标是一致的，二者之间存在相互依赖的关系，即实际 GNP 增长率高于潜在 GNP 增长率时，失业率将低于自然失业率；反之，则相反[①]。后来的经济学者进行了一系列的证明和归纳并把其称之为"奥肯定律"。

"奥肯定律"实际中常被作为宏观经济政策的依据。大多数经济学家和政府政策制定者都假设描述经济增长和失业之间关系的奥肯法则是很稳定可靠的定律。很多学者（如 Clark，1983；Gordon，1984；Adams and Coe，1989；Holloway，1989；Prachowny，1993；Attfield and Silverstone，1998）通过实证分析都支持"奥肯定律"所描述的这种负向的相关关系。这意味着，经济增长和就业创造的目标基本上能保持稳定一致的关系。

但随着经济的发展，到了 20 世纪 90 年代，"奥肯定律"的稳定性开始遭受质疑，如 Attfield 和 Silverstone（1998），Moosa（1997）等学者研究指出，经济增长拉动就业的比例在 1/5~1/2 波动，这样经济增长和就业之间就不是一个固定的比例关系了，而是一个波动范围，且具有非稳定性。对此，虽然有学者对两者之间经济上存在的因果关系提出了否定，如希克斯就认为"奥肯定律"支持者们的缺陷就在于把统计上的相关关系看成是经济上的某种因果联系，但大多数学者还是持肯定态度，他们从不同的角

---

① A. M. Okun. Potential GNP: Its Measurement and Significance [J]. American Statistical Association, Proceedings of the Business and Economic Statistics Section, 1962：98–104.

度尝试对此做出解释，中国的一些学者也是如此。如孙文凯（2014）认为，"奥肯定律"描述了GDP增长率变化和失业率变化之间存在的一种相对稳定的关系。这一定律认为，GDP每增加2%，失业率大约下降1%，这种关系并不是十分严格的，它只是说明产量增加1%时，就业人数上升的比率达不到1%[1]。邱嘉锋和董直庆（2010）指出，虽然经济增长和就业增长两者之间的周期波动关系是对美国长期实际经济增长率与失业率关系的一种描述，但是"奥肯定律"的经验法则在全世界大部分国家的经济发展过程中也得到了验证[2]。另外也有学者印证了"奥肯定律"关于经济增长和就业变动之间关系的论述，认为：经济增长是解决失业问题的根本出路，只有经济增长了就业才有可能增长（李俊锋、邹红美，2005）[3]。

本书认为，在通常情况下，经济增长放缓伴随着失业率上升，GDP增长和失业率之间是负相关关系；但是"奥肯定律"毕竟是关系到两个重要的宏观经济变量"增长"和"就业"的一个经验法则，其所论证的经济增长和就业的关系来源于美国1954~1962年经济发展与就业变化的经验支持；但是在现实中，任何一个时期，任何一个国家经济都具备其自身特点，因此，"奥肯定律"的这种基于比例关系的经济结构特征，与使用何种统计方法、采用何种统计指标衡量关系密切，"奥肯定律"应该在一个不断变化的宏观经济中得到修正，这样才更具有普适性。

二、菲利普斯曲线

关于经济增长与就业的另一个法则便是菲利普斯曲线。是由菲利普斯（A. W. Phillips，1958）根据英国1861~1913年的数据对失业率和通货膨胀两者之间的变动关系进行研究，在1958年得出的经验结论。菲利普斯曲线表明：失业率和货币工资增长率之间存在替代性的反向变动关系。此后，索洛（R. M. Solow）和保罗·萨缪尔森（P. A. Samuelson）对菲利普斯曲线的含义进行了重新阐释，形成了表现失业和通货膨胀率之间存在反向变动关系的菲利普斯曲线（王旭升，2008）[4]。在"滞胀"这一经济现象产

---

① 孙文凯. 中国近年来经济增长与就业增长间数量关系解释 [J]. 经济理论与经济管理，2014（1）.
② 邱嘉锋，董直庆. 经济增长和就业增长周期波动关联效应——来自时域和频域的经验证据 [J]. 经济学动态，2010（4）.
③ 李俊锋，邹红美. 就业与经济增长的相关性分析 [J]. 统计与决策，2005（7）.
④ 王旭升. 中国经济增长与就业增长非一致性问题研究 [D]. 辽宁大学博士学位论文，2008.

生之前，"通货膨胀"一般被看作是经济高涨在现实经济中的表现形式，是经济增长处于"充分就业"水平上的资源价格的上涨比率，这样失业和通货膨胀之间的关系随之转换为就业和经济增长之间的关系。

基于经济发展的事实，也有一些学者就"奥肯定律"和"菲利普斯曲线"的适用性提出了质疑。石昶和宋德勇（2012）研究指出，因为中国经济的二元特征以及存在大量剩余劳动力的事实，中国经济增长与就业增长之间的关系表现为剩余劳动力的充分利用问题，这属于经济增长的长期问题，基于完善的市场经济的"菲利普斯曲线"并不适用于分析长期内中国经济增长是否带动了就业人数增长这一问题①。蔡昉（2007）通过研究认为，"奥肯定律"在中国并不能得到验证，中国的失业率和经济增长率之间不存在显著的相关关系②。

三、评述

可见，无论是"奥肯定律"还是"菲利普斯曲线"，作为经验法则，它们的成立都具有其自身经济背景，也就是说经济理论是经济实际发展的总结，本身具有较强的地域性和时代性。上述法则成立的条件之一是成熟的市场经济，而在中国这样的经济背景下，相关经济指标特别是产出和就业之间数量关系应该是不断变动的，所以无论是基于美国的"奥肯定律"还是基于英国的"菲利普斯曲线"拿到中国来验证都未必能够表现出相同的特征。但是，如果在其相应的国家的一定历史时期内，应该具有一定的普适性，本书将以"奥肯定律"为例，基于美国数据对此进行说明。

第三节　经济增长与就业数量关系的文献

一、关于就业弹性的文献

在国外和国内有很多学者依据前文的经验法则以及基本经济学理论，

---

① 石昶，宋德勇. 隐性失业影响中国就业增长与经济增长的关系吗？[J]. 经济学家，2012（5）.
② 蔡昉. 为什么"奥肯定律"在中国失灵——再论经济增长与就业的关系 [J]. 宏观经济研究，2007（7）.

检验了经济增长对就业增长的影响，这一过程中使用的数据和方法不同，得出的结论也就相应存在着差异。较早的研究基本就是依据相关系数以及就业弹性进行分析，近期随着经济学的方法不断创新，一些学者使用了更为复杂的计量模型对此类问题进行研究。

（一）相关系数与就业弹性的文献

著名的统计学家卡尔·皮尔逊设计了相关系数（Correlation Coefficient）这一统计指标，用来表现变量之间相关关系的程度，相关系数也是判定两个指标相关性的最基本方法。

有了弹性的概念，学者们从弹性的角度出发，使用劳动力和资本这两个要素对经济增长拉动就业的问题展开了一系列的研究。费尔南多（Femando Del Rio, 2001）[1] 认为由于存在着弹性关系，所以劳动力与资本可以相互替代，并认为替代效应即技术进步催生利率提高，这样相对劳动力的价格而言，资本的价格被提高，所以就会促使生产者使用劳动力来替代资本，这样劳动需求增加，以此便促进了就业。

在研究经济增长和就业之间关系的过程中，中国学者也广泛使用了相关系数和弹性的概念。基于 1978~1992 年中国经济增长和就业的相关数据，汤光华（1999）通过分析认为，中国的经济增长与就业之间的联系呈现总体变化上不相关，但 1992~1997 年经济增长与就业增长的变化具有一定的同向性的特点[2]。另有学者（龚玉泉、袁志刚，2002）[3] 认为在某种程度上一个国家或地方的经济增长与就业增长会呈现出一致的趋势。

相关系数在经济学中的一个表现形式就是弹性，所以弹性成为经济学中另一个经常用于表达两个变量之间变化关系的重要概念。王后虎（1992）在中国较早地使用了就业弹性这一概念，并用于主导产业选择分析[4]。此后不久，中国经济学者广泛使用就业弹性这一指标来分析经济增长对就业的作用（汤光华，1999；蔡昉，2002；等等）。一些学者认为就业弹性这一指标反映了经济增长的就业吸纳能力，如果给定其他条件，较

① Femando Del Rio. Embodied Technical Progress and Unemployment [N]. University Catholoque de Louvain, Institute Recherches Economiqueset Sociales（IRES）Discussion Paper, 2001（31）.

② 汤光华. 对中国经济增长与就业关系的实证研究 [J]. 统计研究, 1999（1）.

③ 龚玉泉，袁志刚. 中国经济增长与就业增长的非一致性及其形成机理 [J]. 经济学动态, 2002（10）.

④ 王后虎. 就业弹性与主导产业的选择 [J]. 中国工业经济研究, 1992（7）.

高的就业弹性也表明经济增长对于劳动力投入的依赖程度较大（陆铭、欧海军，2011）[①]。

（二）计算就业弹性的文献

从就业弹性的计算方法而言，不同的经济学者采用的研究方法是不一致的。埃伯斯贝格尔和安德烈亚斯（Bernd Ebersbeyer and Andreas Pyka，1999）[②]研究了技术对就业的补偿机制，认为新技术与新设备的使用产生了新的生产部门，所以带来了更多的劳动需求，进而促进了就业。皮尼（Pini，1996）[③]，皮亚琴蒂尼和皮尼（Piacentini and Pini，2000）[④]基于英国等国家的行业和全国的数据计算了 1960~1997 年各国的就业弹性，结果表明德国、英国、瑞典等国家 20 世纪 90 年代以来就业弹性是负的，也就是说，这些国家处于无就业的经济增长状态，但是弹性系数要高于 20 世纪 80 年代；从对行业的考察结果来看，所有国家制造业的就业弹性都是负的、递减的，而服务业的就业弹性是正的。

对于此问题的研究，中国大多数学者采用弹性公式的差分形式；而有的学者认为这种方法过于粗糙、计算结果生硬、准确性缺失，所以他们通过构建以就业作为自变量的经济增长模型对模型参数进行估计，进而测算就业弹性（唐鉱、刘勇军，2003）[⑤]。也有的学者使用中国不同省级单位经济增长和就业的面板数据来推算就业弹性（丁守海，2009）[⑥]。

从就业弹性的计算口径而言，不同学者的计算口径也有着较大区别和不一致性。有的学者基于总体就业弹性的变化趋势来推测经济增长对就业作用的大小（汤光华，1999）。有的学者基于经济结构的差别，从三次产业的角度判断不同产业的就业弹性（张车伟、蔡昉，2002；周建安，2007；丁守海，2009）。也有一些学者认为在中国经济发展过程中，总体就业弹性的意义有限，而且分行业计算会低估就业弹性的作用（蔡昉，

① 陆铭，欧海军.高增长与低就业：政府干预与就业弹性的经验研究 [J].世界经济，2011（12）.

② Ebersbeyer B. and A. Pyka. Innovation and Sectoral Employment a Trade-off between Compensation Mechanisms [J]. University Augsburg Discussion Paper Series，1999：191.

③ Pini P. An Integrated Cumulative Growth Model: Empirical Evidence for Nine OECD Countries，1960-1990 [J]. Labour，1996（10）：93-150.

④ Piacentini and Pini. The Employment Impact of Innovation: Evidence and Policies [C]. London: Routledge，2000.

⑤ 唐鉱，刘勇军.关于中国经济增长与就业弹性变动的非一致性研究理论综述及评论 [J].市场与人口分析，2003（6）.

⑥ 丁守海.中国就业弹性的再估算 [J].四川大学学报（哲学社会科学版），2009（2）.

2004），并认为城镇就业弹性更能够反映真实情况，因为研究者们关心的是城镇地区经济增长对就业的影响①。有的学者把隐性失业的问题纳入到就业弹性的分析当中，而且在考虑了隐性失业因素之后，把就业弹性划分为实际就业弹性和名义就业弹性两大类来进行分析（邓志旺、蔡晓帆、郑棣华，2002）②。还有一些学者基于有效就业的视角来分析就业弹性（龚玉泉和袁志刚，2002；李俊峰等，2005；石昶和宋德勇，2012）。

二、关于计量模型的文献

在早期对于经济增长和就业关系的研究中，广泛使用相关系数和就业弹性。但随着经济学研究方法的不断进步和多样化以及计量经济学的快速发展，计量模型的运用更为复杂。

最近对于劳动力市场问题的研究比较典型的成果是 2010 年 3 位诺贝尔经济学奖得主：美国经济学家彼得·戴蒙德（Peter A. Diamond）和戴尔·莫特森（Dale T. Mortensen）以及英国经济学家克里斯托弗·皮萨里德斯（Christopher A. Pissarides）。上述经济学家使用复杂的计量模型对就业问题进行的研究得到了整个经济学界的认可。

维瓦雷里（Vivarelli，1995）③ 设计了复杂的就业补偿机制模型，通过该模型计算后得出的结论是技术进步创造了就业，其认为技术进步降低了成本进而降低了产品价格，随之增强了竞争力，便会扩张生产，于是劳动需求增加，就业增加。当然，业内对此观点争论纷纷，于是检验维瓦雷里（Vivarelli）补偿机制有效性的文章纷纷出现，如帕达利诺和维瓦雷里④（Padalino and Vivarelli，1997），西蒙奈第和坦乔尼等⑤（Simonetti and Tancioni，2002），但是这些学者的检验结果各不相同，形成了促进就业和减少就业两种观点。此时学者皮萨里德斯（Pissarides，1990）又提出了具

---

① 蔡昉. 入世后我国制造业的就业弹性是下降还是上升 [J]. 中国就业，2004（6）.

② 邓志旺，蔡晓帆，郑棣华. 就业弹性系数急剧下降：事实还是假象 [J]. 人口与经济，2002（5）.

③ Vivarelli, M. The Economics of Technology and Emloyment: Theroy and Empirical Ecidence [M]. Elgar Aldreshot, 1995.

④ Padalino S. and M. Vivarelli. The Employment Intensity of Economic Growth in G-7 Countries [J]. International Labour Review, 1997, 136（2）.

⑤ Simonetti R. and M. Tancioni. A Macroeconometric Model for the Analysis of Theimpact of Technological Change and Trade on Employment [J]. Journal of Interdisciplinary Economics, 2002（13）: 185-221.

有创造就业功能的资本化效应，皮萨里德斯（Pissarides）运用搜寻匹配理论研究技术进步对就业的影响，结论是经济增长过程中技术进步最终促进就业。

埃弗塞·多马① 使用计量模型研究企业的就业问题，得出结论认为，就企业层面而言，表面上从微观层次看，企业投入的资本和技术越来越多，而投入的劳动相对减少，但实际上，从宏观层次看，资本和技术的投入使得企业规模扩大，增加了对劳动力的需求，这样最终结果对劳动力的需求未必减少，因此，企业在发展过程中如果能够保证一定速度的增长，将会拉动就业。

另外一些学者根据 20 世纪 90 年代以来中国经济增长模式的特点，使用经济增长与就业的非线性关系进行计量分析，得出中国正逐渐从高就业增长型向低就业增长型转变的结论（卞纪兰、赵桂燕、林忠，2011）②。在此之后关于经济增长和就业之间关系的计量模型开始走向分析多变量之间相互关系的道路。例如一些学者使用分解模型并观察经济增长、技术进步和结构调整影响就业的三个因素，测算出 1994~2009 年中国经济增长拉动就业人口年均增加 9.49%，据此认为 2010~2012 年中国较高的经济增长仍然是就业增加的最有力保障（刘元华、吴玉锋、贾杰林、程会强，2012）③。还有学者通过建立以经济增长、就业增长、消费、出口、投资为内生变量的 VAR 模型，分析中国 1980~2009 年各内生变量增长率对就业增长率的影响（居科伟、王小利，2013）④。

三、评述

可见，普遍而言，从就业弹性和计量模型的角度研究经济增长与就业关系，国外学者研究得更为全面，基本观点是，任何一种促进经济增长的力量，包括创新、技术、资本等要素对就业的作用都是双重的，既有正向的拉动作用，又有负向的替代或挤出作用，而最终经济增长能否拉动就业依赖于正、负两种力量的和。而中国的研究者较普遍的观点是只分析正向

① 埃弗塞·多马. 经济增长理论 [M]. 北京：商务印书馆，1983.
② 卞纪兰，赵桂燕，林忠. 中国就业与经济增长关系分析 [J]. 生产力研究，2011（7）.
③ 刘元华，吴玉锋，贾杰林，程会强. 经济增长、技术进步和结构调整与中国就业 [J]. 人口·资源与环境，2012（1）.
④ 居科伟，王小利."奥肯定理"中国有效性的实证研究 [J]. 统计与决策，2013（8）.

的力量或者只分析负向的力量，即一些学者认为经济增长拉动了就业，另一些学者认为经济增长没有拉动就业，而像国外学者那样从正、负两个角度分析，最后综合看得观点不多。但总体而言国内外学者大都是从三次产业出发研究经济增长对就业的作用，而且观点存在分歧；以至于从美国行业体系出发研究美国不同细分行业经济增长对就业作用的文章很少，本书在此方面进行研究，以期形成对以往研究的拓展和延伸。

第四节　经济增长与就业经验数据解释的文献

在经济发展的过程中，关于经济发展与就业积累了大量丰富的经验数据，一些学者根据这些数据对经验结果进行分析，但是由于各个学者所使用的分析方法不同，要说明的问题也不一致，导致各学者的观点有所分歧，归纳各种观点基本可以分为三大类，即"高增长低就业"的观点、"高增长高就业"的观点以及"高增长无就业"的观点。

一、"高增长低就业"的观点

"高增长低就业"的观点大都基于中国经济与就业问题提出。通过对中国经济增长与就业的经验数据的分析一部分学者认为，中国存在"高增长、低就业"现象，其存在理由主要有四个：技术进步因素、政府制度因素、结构调整因素、要素价格扭曲因素。

（一）技术进步因素

布朗温·霍尔等（Bronwyn H. Hall et al., 2006）[①] 认为技术进步会对就业产生作用，但是，对于技术进步究竟是增加就业还是减少就业要进行综合分析，因为从技术进步发生到影响就业发生变化要经过一条很长的产业链的传导，因此如果要考察最终技术进步是增加了就业还是减少了就业，要分析技术进步所引起的每个产业链上就业的变化。哈里森等（Harrison

---

① Bronwyn H. H., L. Francesca and J. Mairesse. Employment, Innovation and Productivity: Evidence from Italian Microdata [J]. Industrial and Corporate Change, 2006, 17 (14): 813-839.

et al., 2005)① 通过模型分析, 认为技术进步的就业效应在经济发展中被分解了, 因为技术进步要影响就业需经过以下传导过程: 技术进步、成本下降、价格下降、需求增加、规模扩大、劳动投入变化, 可见, 这一过程有的环节就业增加、有的环节就业减少, 总的就业效应具有不确定性。

一些学者从技术进步的角度阐述了中国"高增长低就业"现象出现的原因, 认为技术进步对就业的"挤出"效应大于技术进步对就业的"拉动"效应, 于是产生了"高增长低就业"的现象 (刘键、蓝文永、徐荣华, 2009)②。宋小川 (2004)③ 以动态的方法分析非均衡的劳动力市场, 也得出了与此相类似的结论。另有学者通过计算技术进步引起的就业减少的比例, 解释经济增长快而就业增长慢的原因 (刘元华等, 2012)。

但也有学者对"技术进步对就业的作用"持相反的观点。有的学者认为用技术进步解释经济增长的就业弹性下降是不科学的。如前文所阐述的龚玉泉和袁志刚 (2002), 李俊峰等 (2005) 基于经验数据分析都认为中国经济增长和就业增长不一致性的主导因素不是技术进步。

(二) 政府制度因素

基于中国经济发展的实际情况以及所处的制度环境, 有的学者认为经济结构调整、有效劳动需求、技术进步等因素都不能完整地解释中国经济增长过程中表现出来的就业增长与经济增长不一致的特点④, 因为中国的经济增长在一定程度上反而对就业形成了一种挤出效应, 造成经济增长与就业增长的不一致, 因此也应该立足于中国的国情, 从制度因素的影响对这种不一致进行合理解释 (齐艳玲, 2008)⑤。有的学者认为在中国必须把"制度"因素纳入宏观分析中, 才能很好地解释中国经济增长与就业增长之间的不一致性 (肖灵机、徐文华、熊桂生, 2005)⑥。还有学者认为中国

---

① Rupert, H., Jaumandreu J. and Mairesse J., et al. Does Innovation Stimulate Employment? A Firm-level Analysis Using Comparable Micro-data From four European Countries [R]. National Bureau of Economic Research Working Paper 14216. Cambridge, MA, 2005.

② 刘键、蓝文永、徐荣华. 对我国经济增长与就业增长非一致性的探讨分析 [J]. 宏观经济研究, 2009 (3).

③ 宋小川. 无就业增长与非均衡劳工市场动态学 [J]. 经济研究, 2004 (7).

④ 齐艳玲 (2008) 认为, 从国际经验来看, 几乎所有国家经济增长总是要伴之以结构调整和技术进步, 带来就业的增长, 而我国在结构调整和技术进步的过程中, 经济增长与就业增长却出现了非一致性, 显然有其他原因。

⑤ 齐艳玲. 我国经济增长和就业增长非一致性的制度解释 [J]. 当代经济研究, 2008 (8).

⑥ 肖灵机, 徐文华, 熊桂生. 我国经济增长与就业增长非一致性的制度解释及制度安排 [J]. 当代财经, 2005 (6).

政府对经济发展的干预程度较高，一些干预行为很有可能就会降低经济增长对就业的作用，所以导致经济增长和就业增长的不同步（陆铭、欧海军，2011）。

（三）结构调整因素

可以说改革开放以来，中国一直处于产业结构、所有制结构和地区结构等各种结构调整的状态中。所以有的学者认为中国经济发展过程中的结构调整特别是产业结构调整影响了中国的就业弹性（张本波，2002）。也有的学者研究认为，随着经济增长产业结构必然会发生变化，中国的第一产业产出份额减少的同时形成了大量剩余劳动力，第二产业产值增长的同时形成了技术进步对劳动的替代，就业相对并没有增加，而就业弹性大的第三产业又发展缓慢，这种产业结构调整使得中国出现高增长低就业现象（于林，2010）[①]。还有学者认为由于长期受传统体制或对待工作的传统观念的影响，中国在结构调整过程中形成大量结构性失业，进而产生高增长低就业的特点（李俊峰等，2005）。有的学者认为结构调整也会产生隐性失业，特别是从计划经济向市场经济过渡的过程中，原来的隐性失业不断地显性化，使得就业的数额逐年下降，特别明显的就是20世纪90年代国企改革时期，经济虽然持续增长并产生大量新的就业机会，但改革也使很多工人被迫下岗，所以产生了高增长低就业现象（汤光华，1999）。

还有一些学者认为结构因素虽然能够较好地解释大量结构性失业存在的原因，但并不是中国经济增长和就业增长不一致的主要因素（李俊峰等，2005）。另外有学者认为因结构性调整造成的失业大部分应该属于自然失业的范畴，而这种自然失业无法通过反周期的一些政策来解决，所以在一定时期内会表现为经济增长率高而就业增长率低的特征（蔡昉等，2004）。

（四）要素价格扭曲因素

有的学者认为，由于中国正在从计划经济向市场经济转轨，所以一些过渡性的政策造成了生产的低效率，并且由于政府干预经济的程度较大，所以市场发挥调节作用的范围较小，特别是很多的银行贷款都流向了国有部门或国有企业，进而使生产要素的价格高于市场价格或低于市场价格，形成价格的扭曲或价格双轨制。这样得到资本较多的企业迅速发展，而且

---

① 于林. 我国经济增长与就业增长的非对称性分析与建议 [J]. 山西财经大学学报，2010 (2).

出现了产能过剩，资本对劳动形成了一个快速替代的作用，于是便产生了经济增长较快但就业增长较慢的"高增长低就业"的现象，即增长的就业效应下降（常进雄，2005）[①]。

二、"高增长高就业"的观点

同上，此观点也是基本基于对中国的研究而得出的。相对于"高增长低就业"的观点而言，另外一些学者认为从 20 世纪 90 年代至今，中国经济增长的一大显著特点就是：经济增长有效地促进了就业的增长，即中国经济增长过程中呈现"高增长高就业"的特点。形成这一特点的基本原因就是充分考虑了隐性失业和隐性就业两大因素。

（一）隐性失业因素

很多学者在研究中国经济发展过程中，认为研究经济增长和就业问题时一定要考虑隐性失业的问题。有的学者认为只有把隐性失业纳入失业的考察范围，就业弹性才能有效地反映经济增长对就业的影响（邓志旺、蔡晓帆、郑棣华，2002）[②]。另外，邓志旺等认为中国在转轨的过程中隐性失业主要表现在两个方面：一是国有企业下岗职工形成的隐性失业；二是农村剩余劳动力形成的隐性失业。还有一些学者从名义劳动投入和有效劳动投入的角度，分析中国从计划经济向市场经济转变过程中的剩余劳动力的效率问题，认为国企改革过程中产生大量冗员，这些人成为潜在的隐性失业者（龚玉泉、袁志刚，2002）[③]。但是也有些学者认为中国大部分学者在研究增长与就业问题时，对于隐性失业比例的估算不是很科学，这些学者认为隐性失业是短期的产物，所以对就业的影响也是短期的（石昶、宋德勇，2012）。

（二）隐性就业因素

隐性就业的概念是相对于隐性失业而言的。20 世纪 90 年代中国国有企业改革形成了大量的下岗失业工人，据此有人说中国经济是"无就业增长的经济增长"，相反，另外一些学者提出反对的观点，认为在当时的背

[①] 常进雄. 促进农村劳动力转移的有效手段 [N]. 人民日报，2005-09-16.
[②] 邓志旺，蔡晓帆，郑棣华. 就业弹性系数急剧下降：事实还是假象 [J]. 人口与经济，2002（5）.
[③] 龚玉泉，袁志刚. 中国经济增长与就业增长的非一致性及其形成机理 [J]. 经济学动态，2002（10）.

景下，非正规就业是一种主要的就业渠道，这样的就业基本没有包含在就业弹性当中（Cai and Wang，2010）[1]。张本波（2002）通过对增长与就业关系的研究认为，隐性就业对就业弹性的影响是不确定的，隐性就业有可能是被排除在就业统计之外的，因此隐性就业对经济增长的作用可能被忽略，而且隐性就业的数量无法准确衡量。

三、"高增长无就业"的观点

经济增长与就业往往表现在经济危机或金融危机之后的恢复期。波尔索和格林（Boltho and Glyn，1995）[2]基于 OECD 国家 1960~1993 年的数据考察其经济增长和就业的关系，结果表明，经济增长对就业存在着正效应，但是另外一些学者持反对意见，认为 Boltho 和 Glyn 的研究结果与 OECD 国家当时技术进步所带来的无就业增长的经济事实是不相符的。

帕达利诺和维瓦雷里（Padalino and Vivarelli，1997）[3]从 7 个工业国 1960~1994 年的数据出发考察经济增长拉动就业作用，结果表明，整体来看，各个国家经济增长拉动就业作用的大小各不相同，其中北美的国家经济增长对就业的拉动作用要大于欧洲国家，从行业来看，各个国家（除日本外）制造业的就业弹性都是负的，即制造业的增长表现出了"高增长无就业"的特点。

在中国经济发展过程中特别是 2003 年左右出现了经济增长较快就业增长不明显的特点，好多学者对此进行了研究（蔡昉、都阳、高文书，2004）[4]。美国经历次贷危机后，经济恢复过程中也出现了"就业乏力的经济增长"（宋铮，2013）。宋小川（2004）[5]考虑了技术进步对劳动力替代的因素，以动态的方法分析非均衡劳动力市场，也得出了经济增长快速、就业增长不明显的结论。

① Cai Fang and Wang Dewen. Employment Should Top Crisis Agenda [J]. China Economist，2010（1）.

② Boltho A. and A. Glyn. Can Macroeconomic Policies Raise Employment? [J]. International Labor Review，1995，134（4–5）：451–470.

③ Padalino S. and M. Vivarelli. The Employment Intensity of Economic Growth in G–7 Countries [J]. International Labour Review，1997，136（2）.

④ 蔡昉，都阳，高文书. 就业弹性、自然失业和宏观经济政策——为什么经济增长没有带来显性就业？[J]. 经济研究，2004（9）.

⑤ 宋小川. 无就业增长与非均衡劳工市场动态学 [J]. 经济研究，2004（7）.

四、评述

比较可见，无论是"高增长低就业"的观点还是"高增长高就业"的观点抑或"高增长无就业"的观点，所论述的基本内容都是经济增长对就业拉动作用的大小，其中国外学者偏重短期考察，而国内学者基于中国经济的特点偏重于中期、长期考察，这样就会导致得出的结论不相同；在对文献研究的过程中发现，"无就业的经济增长"或者"就业乏力的经济增长"基本出现在经济危机或萧条之后的恢复期，而且是短期的；对此，本书提出不同观点，认为这种现象和"就业增长随经济增长波动而波动并具有滞后性"有关，并对此作出了解释。

第五节　行业经济增长与就业的文献

一、按传统行业划分的文献

一些学者从行业的角度，对经济增长拉动就业的问题进行了研究。安托努奇和皮安塔（Antonucci and Pianta，2002）[1]基于欧洲高收入国家制造业的面板数据考察了经济增长带来的创新对就业的作用，认为经济增长所形成的创新效应包括两种：一是过程创新，其就业效应是负的；二是产品创新，其就业效应是正的。格伦南和盖莱克（Greenan and Guellec，2000）[2]以企业和行业为研究对象，基于经济增长所产生的创新来考察就业的变化，认为经济增长带来的就业效应是正负两个方面的。埃万杰利斯塔和萨沃纳（Evangelista and Savona，2003）[3]基于不同行业经济增长对就业拉动进行了研究，认为由于行业层次不同，分析结果也会因选择行业的不同而不同，

---

① Antonucci T. and M. Pianta. The Employment Effects of Product and Process Innovations in Europe [J]. International Review of Applied Economics，2002（16）：3.

② Greenan N. and D. Guellec. Technological Innovation and Employment Reallocation [J]. Labour，2000（14）：4，547–590.

③ Evangelista R. and M. Savona. Innovation，Employment and Skills in Services Firm and Sectoral Evidence [J]. Structural Change and Economic Dynamics，2003，14（4）：449–474.

如农业、制造业、服务业等其行业经济增长对就业的拉动作用都是不同的。皮安塔（Pianta，2000）[①]，安托努奇和皮安塔（Antonucci and Pianta，2002）[②] 基于欧洲5个国家的制造业的数据对经济增长和就业进行研究，认为经济增长会形成阻碍就业的作用。埃万杰利斯塔（Evangelista，2000）[③]，埃万杰利斯塔和萨沃纳（Evangelista and Savona，2002）[④] 基于行业的角度分析增长对就业的作用，认为知识密集型的服务业的发展会促进就业，但是金融相关的行业以及传统服务业的发展会阻碍就业的增长。

按照三次产业的标准划分，关于服务业就业问题的研究者（贾辉，2013）[⑤] 认为，消费性服务业的直接就业效应更加明显，生产性服务业在国民经济各部门中成本利税率最高，就业吸纳空间最大。一些学者利用投入产出方法定量考察行业的就业吸纳能力，进一步考察各行业的就业弹性，并以就业弹性为基础计算各行业经济增长的就业效应（黄涛、陈良焜、王丽艳，2002）[⑥]。也有学者使用投入产出法，构建了中国行业吸纳就业能力的基本指标，然后根据经验数据计算中国各行业吸纳就业的数量，进而比较各个行业吸纳就业的能力，得出吸纳就业能力较强的行业（吕忠伟，2006）[⑦]。

皮安塔（Pianta，2000）[⑧] 认为，一般而言，从行业角度对经济增长拉动就业的研究结果比从企业角度的研究结果更符合实际，因为行业角度可以区分技术的不同，以及各个区域经济结构的差异，而且需求因素对于经济增长拉动就业十分重要，因为需求的增长创造了更为广阔的就业空间，而需求的减少也意味着劳动需求的减少，就业空间被挤出。

---

① Pianta M. The Employment Impact of Product and Process Innovation [J]. In Vivarelli and Pianta (eds.)，2000.

② Antonucci T. and M. Pianta. The Employment Effects of Product and Process Innovations in Europe [J]. International Review of Applied Economics，2002（16）：295–308.

③ Evangelista R. Innovation and Employment in Services：Results from the Italian Innovation Survey [J]. In Vivarelli and Pianta（eds.），2000.

④ Evangelista R. and Savona M. The Impact of Innovation on Emloyment and Skill in Services：Evidence from Italy [J]. International Review of Applied Economics，2002.

⑤ 贾辉. 我国生产性服务业就业与影响因素研究 [D]. 首都经贸大学博士学位论文，2013.

⑥ 黄涛，陈良焜，王丽艳. 中国行业吸纳就业的投入产出分析 [J]. 经济科学，2002（1）.

⑦ 吕忠伟. 中国各行业吸纳就业能力的实证研究 [J]. 兰州学刊，2006（5）.

⑧ Pianta M. The Employment Impact of Product and Process Innovation [J]. In Vivarelli and Pianta (eds.)，2000.

二、按虚拟经济、实体经济行业划分的文献

随着经济的不断发展，金融业也不断发展，金融杠杆不断地延长，于是便出现了经济虚拟化，由此一些学者把美国各行业进行了重新划分，划分后的三大行业分别是虚拟经济、实体经济、一般服务业（刘骏民，1998）。这里的虚拟经济（Fictitious Economic）既不是"虚假经济"也不是"泡沫经济"，而是相对于实体经济的一个概念，是在虚拟资本（Fictitious Capital）的发展以及不断积累中得到的演化[①]。最早的"虚拟资本"[②] 被认为是与"实际资本"相对照，通过信用手段为生产性活动融通的资金；其中，实际资本通常是指生产资料，在范畴上包括了马克思所说的货币资本；这里的虚拟资本是以实际生产性活动为基础的[③]。虚拟资本得到比较好的论述，最早出现在马克思（Marx，1894）的《资本论》之中及希法亭（Hilferding，1910）的《金融资本》的进一步讨论，这与他们所处的那个时代的资本形式得到了新发展有莫大的关系。而对于虚拟资本最终演化为虚拟经济，刘晓欣（2005）认为，价值增值是经济虚拟化的根本动力，价值化积累是经济虚拟化的运行基础，是经济虚拟化的实现机制[④]。

刘骏民（1998）在《从虚拟资本到虚拟经济》一书中，探讨了虚拟资本在金融创新的推动下自 20 世纪 80 年代以来出现各种新的神秘形式，在其不断的膨胀中最后如何演化成为虚拟经济[⑤]。

一些学者认为美国的核心经济已经发生了由实体工业向虚拟经济的转变，这一过程中随着产业结构的变化，就业结构也会发生变化（刘骏民，2008；宛敏华，2009；张国庆，2010）。刘骏民（2011）在《经济增长、货币中性与资源配置理论的困惑——虚拟经济视角的经济理论框架》一文中则具体地给出了主流经济学的缺陷之所在以及改革的方向。刘骏民（2014）在《决定中美经济未来差距的两个基本因素——虚拟经济视角下的大趋势》一文中阐述了经济增长的主要因素，并且指出在美国实体经济占

---

① 刘骏民教授总结为泡沫经济体现在价格的上涨上，而虚拟经济体现为规模数量的扩张；张国庆（2010）则从产生机制和经济的影响两个角度进行了区别。

② 瓦伊纳（Viner，1337）、劳德戴尔（Lauderdale）和李嘉图（Riarda）等都使用过此概念。

③ 新帕尔格雷夫.经济学大辞典 [M].北京：经济科学出版社，1996.

④ 刘晓欣.虚拟经济与价值化积累——经济虚拟化的历史与逻辑 [M].天津：南开大学出版社，2005.

⑤ 刘骏民.从虚拟资本到虚拟经济 [M].济南：山东人民出版社，1998.

比不断下降的情况下，即使美国实施了所谓的再工业化，也不会使其实体经济恢复太多，所以其就业将遇到问题。

成思危（2003）对虚拟经济的理解不同于刘骏民，认为虚拟经济是指以金融系统为主要依托的与循环运动有关的经济活动，就是直接"以钱生钱"的活动；并认为实体经济是硬件，虚拟经济是软件，它们是互相依存的，在虚拟经济和实体经济发展过程中其创造的 GDP 比例也会发生变化，随之实体经济和虚拟经济发展过程中所带动的就业也会改变①。

三、评述

可见，研究行业经济增长和就业问题的文献基本都是按三次产业的划分方法或针对个别行业，在三次产业即农业、工业、服务业的框架下研究增长和就业问题，特别是关于服务业就业问题的研究较多。而细化到行业的基本就是关于地方行业增长和就业问题的研究。国外的学者基本从产品创新、过程创新、技术进步等角度研究经济增长对就业的正负双重作用；国内学者基本基于投资、技术进步、创新等角度研究三次产业经济增长对就业的作用；而虚拟经济学派基本从大类行业的角度对经济增长拉动就业的问题进行研究。所以本书基于行业角度，从大类细分行业、中类细分行业、小类细分行业的角度对行业经济增长拉动行业就业问题进行研究，这在角度和范畴上拓展和延伸了以往的研究。

第六节　文献的总体评述

综上所述，经济增长和就业是宏观经济学的两个主要内容，因此关于经济增长的就业效应，一直以来，国内外很多学者做了大量的有价值的研究，并为后续研究提供了素材、积累了经验。但对比本书的研究目的，在以往关于经济增长拉动就业的研究中也有很多观点仍需要进一步深入探讨。

---

① 成思危. 虚拟经济论丛 [M]. 北京：民主与建设出版社，2003.

一、某些文献的经济学理论与经济实际背离

本书认为经济学理论在不同国家、不同时期不具有完全的普适性。现有文献对关于经济增长和就业的相关经济理论还有待进一步深化，尤其是在不同国家的适用性问题需要进一步论证。不同于自然科学的绝对性，经济学理论源于经济发展的实际，是对某个国家或地区某一时期内，经济发展的实际特点的总结，因此其本身具有空间的地域性和时间的阶段性。在传统经济学理论中，对于经济增长与就业之间的关系，西方经济学者的观点是：增长就意味着就业，这是新古典主义理论长期统治经济学界的结果（Leach and Wagstaf，1986）。这种理论催生了实践中教条的经济政策，致使政府错误地认为只要经济增长就业问题就能解决。但是经济发展的实际证明存在"就业乏力的经济增长"，甚至"无就业的经济增长"，美国在次贷危机之后恰恰表现出了上述特征。因此，本书将基于美国行业经济增长和行业就业数据来研究经济增长对就业的拉动作用，以期弥补此方面研究的不足。

二、一些文献的经济模型和经济理论矛盾

一些文献的研究存在模型与理论分析的矛盾，其体系不严密。在研究方法上，一些文献的研究模型和自身的理论分析脱离，也就是说有的文献经验分析并不是以自身的理论框架为基础的，致使经济分析缺乏经济理论依据。比如，有的文献前文原本是基于经济增长模型做的理论分析，而到了后文却使用了就业弹性进行分析。从相关系数和就业弹性发展到计量模型，是方法进步的一个体现。但相关系数和就业弹性反映的仅仅是经济增长与就业（失业）增长的相关关系，而并不考虑变化关系及引起变化的因素；也就是说，只考虑两个变量是否有关系，而不考虑经济增长率变化是如何引起就业率（失业率）变化的，以及引起变化的其他因素。这种做法会导致计算结果不稳定，所以不同的结果导致不同学者对于同一国家或地区同一时期的产出与就业的关系判断不同。可以说计量模型的使用较好地解决了上述问题，把更多变量以及变量之间的关系纳入到了考察范畴。可是在模型的使用上，大部分学者仅仅进行了时间序列分析，而并非建立在宏观经济理论基础之上；有学者指出，现代宏观经济学在计量建模时，应该

更大程度地依赖宏观经济理论，而不是时间序列方法（Michael，2008）①。

三、有些文献数据不完整统计口径不一致

数据的阶段性和统计口径影响了研究结果。在研究经济增长和就业问题时，所采用数据的统计口径和历史背景直接影响研究结果。特别是在中国，结构不断调整，指标也在不断变化，不同时期的经济增长特点和就业特点明显不同；所以，选取不同时期的数据对于研究结果会有很大影响。因此，对于时间序列的宏观经济数据必须要考虑其阶段性特征，而保持数据阶段性一致是非常重要的。关于数据统计口径的问题，首先要注意增长和就业尤其是就业数据前后统计口径必须一致和准确。比如前文中提到的，是否考虑隐性就业和隐性失业，并且如何准确地测度这两个指标，都可能直接影响到分析的结论。所以，统计口径问题也是本书采用美国统计数据进行研究的一个原因。

四、一些文献缺乏宏观思维缺少本质研究

许多文献对经济现象考察的时间过短，缺乏大局思维，导致不能看到经济现象背后的经济规律。比如一些研究美国次贷危机后行业就业与行业增长特点的文献，描述的是一些短期的特征，甚至是稍纵即逝的，所以很难抓到经济现象的本质。由于文献所考察的是经济发展在短期内的表象，因此很难发现规律，只能就现象论现象，宏观视角不明显，大局观缺失。尤其是一些文章就是为了发表而写，而不是为研究经济特征、发现经济规律、找到解决方法，因此缺乏实践意义。

五、关于行业经济增长拉动就业的问题需进一步研究

从行业角度研究经济增长与就业增长问题的文献不少，但是分行业研究，特别是分层次从大类行业、中类行业、小类行业各个细分行业研究经济增长与就业增长一致性的文献几乎没有，而且以往文献都是基于技术进步研究就业的影响，因此本书在这一领域基于美国的数据分别研究 3 类大行业 47 个细分行业经济增长拉动就业的特点，以期延伸和拓展这一领域的研究。

---

① Michael W. Macroeconomic Theory: A Dynamic General Equilibrium Approach［M］. Princeton Press，2008.

第七节　本章小结

综上，关于经济增长和就业问题，国内外很多学者做出了详尽的研究，无论在研究方法上还是在经济理论上都取得了显著的成果。但是，随着经济的发展，增长和就业的特点在不断发生变化，相对而言，以往文献研究有些方面就会略显粗糙，比如行业划分较为笼统，导致研究不够细致等。从文献的归纳中可以看出仅仅从传统的三次产业划分来研究增长对于就业的作用有些粗糙。就国内而言，中国的三大行业可以细分为 90 多个小行业，每个行业增长对就业的影响都不同；就国外而言，美国行业细分则更为详细，其统计年鉴中把小行业分为 300 余个。无论国内还是国外，每个行业的经济增长所引起的就业变化都是存在差异的。有的行业增长与就业增长同步，有的行业增长与就业增长不同步；有的行业增长带动了更多的就业，有的行业增长带动了较少的就业。因此经济实际运行中究竟要增长还是要就业，究竟要哪个行业产值增长或者要哪个行业就业增加，在一定时期需要国家根据宏观经济目标进行宏观调控。所以，不同行业的经济增长拉动就业存在着很大差别，仅仅从传统三次产业来考量淡化甚至掩盖了不同行业在经济增长过程中拉动就业的程度的差别，进而影响了宏观经济政策的效果。

从文献综述来看，对于经济增长，不同经济学派甚至不同经济学家有着不同的看法和定义；但经济学界基本一致的看法是：认为经济增长是经济中物质产品或者劳务的增加，表现为某国家或者地区在某一时间跨度上国民生产总值在绝对数和人均值上的增长。如萨缪尔森就认为"经济增长就是指一个国家潜在的国内生产总值，或者潜在的实际国民生产总值的扩展；它可以看成是随着时间的演进，生产可能性边缘向外不断推移的过程[①]"。刘易斯认为"经济增长就是人均产出的增加[②]"。可见，萨缪尔森是从总量增加的角度来考察经济增长的，而刘易斯是从人均产出的角度来考察的。

[①] 萨缪尔森. 经济学（第十二版）[M]. 高鸿业等译. 北京：中国发展出版社，1992.
[②] 刘易斯. 经济增长理论 [M]. 梁小民译. 上海：上海人民出版社，1981.

在文献中提到的经济增长拉动就业的作用，经济学中一般称之为就业创造，所以就业创造可以理解为某项经济活动或者某个经济系统中对劳动力需求的不断增加；而本书把经济增长拉动的就业仍然称之为就业，而非就业创造。与就业相对应的概念是失业，所以经济学里两者往往被作为同等概念进行分析。但是，在本书中主要是从就业的角度分析而不是从失业的角度分析，因此本书研究经济增长拉动就业时，主要就是研究因行业经济增长所引起的就业的变化，而不是文献中谈及的失业问题，也就是说当某一行业经济增长时，可能带动的该行业的就业数量，或者单位产出引致劳动力需求增加的数量。

总结上述文献可以发现，分行业研究经济增长和就业增长问题的文献不是很多，国外一些学者的研究基本上是基于某一个行业或者某几个行业进行的；相对国外而言，国内的相关研究更少，多数研究是从产业的角度进行的，这样就会被传统的三次产业划分所局限。因此本书把行业细化为3个大类和47个小类，采用美国经济分析局（BEA）的统计数据，从分行业入手，研究各个行业经济增长对行业就业增长的拉动作用，以期通过分行业研究使得研究的目标更为具体，更能清晰地解释不同行业经济增长对就业拉动作用的差异化。

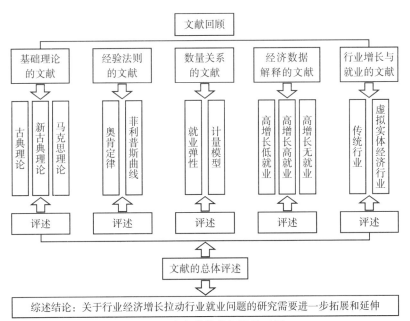

图2-1　本章结构的逻辑关系图

第三章 行业经济增长与行业就业增长的事实

一般衡量某个国家或行业经济增长都是通过考察总量 GDP 和人均 GDP 这两个指标来实现的。对此库兹涅茨描述过："某国家的经济增长可以定义为能够给居民提供多样化经济产品能力的不断上升，其过程通常是伴随着每个人或单位劳动力产值的持续增加。"[①] 因此本书考察经济增长也是遵循以上原则，采用总量 GDP 和人均 GDP 来衡量行业经济增长。本书中的 GDP 是指价值增加值[②]，其构成是指在整个经济体系中，国民生产总值在各层级行业分布的比例关系。价值增加值的概念采用了美国行业分类体系中的解释[③]。

价值增加值衡量的是每个私人企业和政府对 GDP 所做的贡献。增加值等于行业总产值（销售收入和其他营业收入，商品税收和存货变动）减去中间投入（从其他行业购进或者进口的商品和服务）。增加值（现价）等于国内总收入中行业资本和劳动的分配所得。

拉动增长和促进就业是宏观经济的重要目标，而且经济增长被看作拉动就业的一个重要手段，但是，经济增长的经验数据表明，经济增长不一定能够拉动就业增长，特别是在美国，各行业经济增长对就业的拉动作用是不同的。也就是说经济增长会使就业表现出负增长、同步增长、低增长和高增长。

---

① 库兹涅茨. 现代经济的增长：发现与反思 [J]// 现代国外经济学论文集 [C].

② 行业增长用该行业 GDP 增加值来衡量。

③ 本书中的价值增加值在美国行业分类体系中有所阐释：Value added is the contribution of each private industry and of government to the gross domestic product（GDP）of the United States. Value added is equal to an industry's gross output（sales or receipts and other operating income，commodity taxes，and inventory change）minus its intermediate inputs（consumption of goods and services purchased from other industries or imported）. Current-dollar value added is calculated as the sum of distributions by an industry to its labor and capital which are derived from the components of gross domestic income。

标准地讲，联合国开发署根据经济增长率和就业增长率的关系，把增长与就业的关系划分为四种类型：高经济增长、高就业机会型；高经济增长、低就业或无就业机会型；低经济增长、就业机会下降型；经济增长率下降、就业机会有所扩大型[1]。以表格形式表现出来，对应关系如表 3-1 所示：

表 3-1　经济增长与拉动就业的对应关系表

就业/GDP	负就业（失业）	低就业	高就业
负经济增长	同比增长	就业促进型经济增长	—
低经济增长	无就业型经济增长	同比增长	—
高经济增长	高失业型经济增长	低就业的经济增长	同比增长

从表 3-1 中可以看到，经济增长对就业的拉动作用是不同的，而政策经验则认为经济增长在一定程度上会拉动就业，而经济增长拉动就业变化不明显甚至下降不是宏观经济政策的目标。因此，有必要从各个行业入手分析行业增长对就业有没有拉动作用，拉动作用有多大，各行业的拉动作用区别在哪里。

本书的统计数据如果不作说明，都来源于美国商务部下属经济分析局（Bureau of Economic Analysis，BEA）。本书使用的分行业数据，涉及美国 3 个行业分类体系标准：72SIC[2] 行业分类体系标准 （1947~1987 年数据），87SIC[3] 行业分类体系标准 （1987~1997 年数据），2007 NAICS[4] 行业分类体系标准 （1998~2013 年数据）。

由于前两个体系几乎完全一致，所以本书在使用时没有做调整，而在分析大类细分行业和中类细分行业时，由于使用了前两个体系的标准，与第三个体系不一致，所以对第三个体系进行了调整，具体的调整情况在后文中做了阐述；而在分析小类细分行业时，由于前两个体系的划分没有第

---

① 联合国开发署"关于经济增长率和就业增长率关系"的划分。

② 72SIC，contains estimates for 1947–1987 for industries defined according to the 1972 Standard Industrial Classification （SIC） system.

③ 87SIC，contains estimates for 1987–1997 for industries defined according to the 1987 SIC system. Detailed information about the 1987 SIC system is available at http：//www.osha.gov/pls/imis/sicsearch.html.

④ The 2007 North American Industry Classification System （NAICS），for the years 1998–2013.

三个体系详细，涉及的小类细分行业在第三个体系中是最全面的，因此直接采用了第三个体系。

第一节　行业经济增长的事实

可以说美国是现代经济增长的一个范例，其经济发展的时代特征被诸多经济学家描述和预期，而其间关于美国经济增长和就业关系的描述也颇多，其中一个经典便是"奥肯定律"。然而时至今日，美国社会分工越来越细化，行业划分越来越复杂，根据 2007 年北美产业分类体系标准，美国行业体系划分并不是以前讲的传统的农业、工业、服务业三大产业，而是逐层分为 15 个大类行业、71 个中类行业和 389 个小类行业[1]，因此如果说直接讲"经济增长拉动就业"从行业结构的角度而言太过笼统。

那么，如此多行业中，经济增长和就业的关系又是怎样的呢？"奥肯定律"的经验在各个行业是否依然存在呢？为此，首先我们从不同层次行业的经济增长入手来分析。

一、全行业的经济增长

（一）GDP 总量的增长特点

先来从 GDP 总量上看一下美国经济增长的特点。用价值增加值指标衡量，按照美国行业体系分类标准（SIC 和 NAICS）估计的统计数据，统计指标的统计年度分别是 1972 年、1987 年、2007 年。具体看以下 1948~2013 年美国 GDP 总量的增长特点。

表 3-2　美国 GDP 总量表（1948~2013 年）

单位：百万美元

年份	1948	1949	1950	1951	1952	1953	1954	1955	1956	1957	1958
GDP	269178	267284	293790	339304	358335	379364	380390	414756	437460	461088	467200
年份	1959	1960	1961	1962	1963	1964	1965	1966	1967	1968	1969
GDP	506584	526403	544717	585622	617743	663614	719110	787781	832591	909997	984604

---

① 划分来源：http://www.bea.gov。

续表

年份	1970	1971	1972	1973	1974	1975	1976	1977	1978	1979	1980
GDP	1038538	1127114	1238282	1382696	1499971	1638335	1825264	2030944	2294705	2563327	2789504
年份	1981	1982	1983	1984	1985	1986	1987	1988	1989	1990	1991
GDP	3128436	3255009	3536667	3933168	4220262	4462824	4739471	5103790	5484351	5803067	5995927
年份	1992	1993	1994	1995	1996	1997	1998	1999	2000	2001	2002
GDP	6337744	6657407	7072225	7397650	7816862	8608515	9089168	9660624	10284779	10621824	10977514
年份	2003	2004	2005	2006	2007	2008	2009	2010	2011	2012	2013
GDP	11510670	12274928	13093726	13855888	14477635	14718582	14418739	14964372	15517926	16163158	16768053

注：数据均以美元当前价格计算；GDP 是价值增加值，如果没有特别注明数据出处，本书 GDP 均是价值增加值。

资料来源：美国商务部经济分析局，http：//www.bea.gov。

从表 3-2 中可以看到，如果不考虑价格因素的影响，总量来看，1948~2013 年，整体而言，除了 1949 年和 2009 年外，美国 GDP 是逐年增加的，即使是 20 世纪 70 年代的石油危机、20 世纪 90 年代的金融危机，都没有阻止美国经济总量增长的步伐。直至 2007 年的次贷危机使得美国经济在总量上出现了近 60 年来首次下滑。因此从总量上看美国经济增长基本是平稳的。但是其增长趋势又如何呢？如图 3-1 所示：

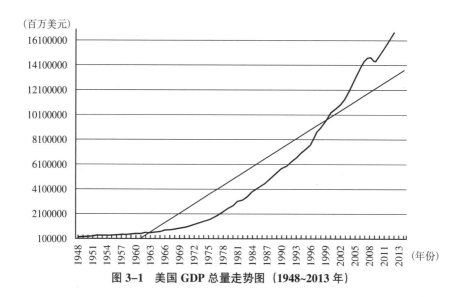

图 3-1　美国 GDP 总量走势图（1948~2013 年）

如图 3-1 所示，1948~2013 年，除了 2009 年以外，美国 GDP 总量整体一直呈上升的趋势，从走势上看，可分为四个阶段：1948~1970 年是稳步上升阶段，1971~1997 年是快速上升阶段，1998~2007 年是更快上升阶段，2008 年至今平稳回升阶段。从阶段特征看，1949 年经济总量上有一个小幅下降，而 2009 年美国 GDP 出现了 60 多年来经济发展史上最大的波动，联系时代背景，可见 2007 年的次贷危机对美国的影响是深远的。1948~2013 年，无论是美国国内还是全世界范围内都发生了大小众多次经济或金融或类似影响经济发展的重大历史事件，但是对美国经济的影响较大的应属 2007 年的次贷危机。因此本书没有统计 1929~1947 年的数据，所以不能说 2007 年的次贷危机对于美国经济总量的影响仅次于 1929 年的大萧条，但在统计范围内其对经济的影响是最大的。

那么在总量持续增加的情况下，美国经济的增长速度又是如何呢？因此，有必要从增长速度上分析一下 GDP 的增长情况。

此处所讨论的 GDP 增长速度也是指 GDP 增加值的增长速度。也就是说如果前一年的 GDP 用 Y_{n-1} 表示，后一年的 GDP 就用 Y_n 表示，那么 GDP 的增长速度 r_n 就可以表示为 $r_n = (Y_n - Y_{n-1})/Y_{n-1}$。据此，可以得出 GDP 增长率，如表 3-3 所示：

表 3-3　美国 GDP 增长率表（1949~2013 年）

单位：%

年份	1949	1950	1951	1952	1953	1954	1955	1956	1957	1958	1959
GDP 增长率	-0.007	0.099	0.155	0.056	0.059	0.003	0.090	0.055	0.054	0.013	0.084
年份	1960	1961	1962	1963	1964	1965	1966	1967	1968	1969	1970
GDP 增长率	0.039	0.035	0.075	0.055	0.074	0.084	0.095	0.057	0.093	0.082	0.055
年份	1971	1972	1973	1974	1975	1976	1977	1978	1979	1980	1981
GDP 增长率	0.085	0.099	0.117	0.085	0.092	0.114	0.113	0.130	0.117	0.088	0.122
年份	1982	1983	1984	1985	1986	1987	1988	1989	1990	1991	1992
GDP 增长率	0.040	0.087	0.112	0.073	0.057	0.062	0.077	0.075	0.058	0.033	0.057

续表

年份	1993	1994	1995	1996	1997	1998	1999	2000	2001	2002	2003
GDP增长率	0.050	0.062	0.046	0.057	0.101	0.056	0.063	0.065	0.033	0.033	0.049

年份	2004	2005	2006	2007	2008	2009	2010	2011	2012	2013	
GDP增长率	0.066	0.067	0.058	0.045	0.017	-0.020	0.038	0.037	0.042	0.037	

资料来源：本表中数据根据表 3-2 计算求得。

从表 3-3 中可以看到，总体上看，除了 1949 年和 2009 年以外，美国 GDP 增长率 1948~2013 年在数值上表现为持续正增长，但是数值也表现出不断减小的特点，表明增长率在下降这一点在 2008 年以后表现得尤为明显。从阶段性来分析，20 世纪 70 年代是美国经济增长峰值时期，而 20 世纪 90 年代至今仍为美国经济增长的低谷时期。其中增长最快的是 1951 年，GDP 增长率达到了 15.5%，下降幅度最大的一年是 2009 年，可见，从经济增长率的角度来看，2007 年的次贷危机是 1948 年以来对美国经济增长影响最大的一次危机。

仅从数值上很难看出美国经济增长的趋势和阶段性特点，为此，再来看一下增长的趋势，如图 3-2 所示：

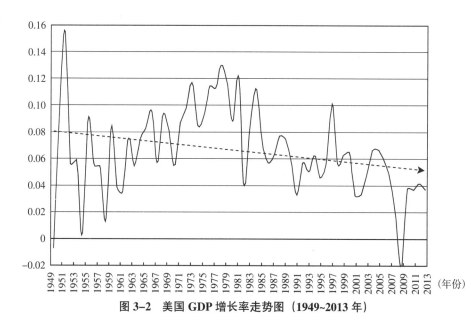

图 3-2　美国 GDP 增长率走势图（1949~2013 年）

可以看出，1949~2013 年美国 GDP 增长率的总体趋势是下降的，也就是说长期来看美国经济增长越来越慢，从 20 世纪 50 年代一直上升到 20 世纪 70 年代，而后又开始下降直至 2007 年的次贷危机，呈现出先上升后下降的一个倒"U"形曲线。其中，1951 年是增长最快的一年，几乎达到了 16% 的年增长率，而 2009 年是增长最慢的一年，大概为 -2%；除了 1949 年出现一次负值和 2009 年受"次贷危机"影响出现了一次负值外，其他年份增长率都为正值，所以从趋势上看，从 20 世纪 80 年代开始美国经济增长率是越来越小的。

1949~1951 年这 3 年期间，美国经济可以说是大落大起，究其原因，可能是受到了"杜鲁门主义""马歇尔计划""北大西洋公约"以及"朝鲜战争"等政治事件的影响[1]。而 2009 年美国经济增长率达到统计数据范畴内也就是 1947 年以来的最低点，是受到了 2007 年次贷危机的影响，可见，2007 年始于美国而扩展到全世界的危机对于美国的负面影响是 1929~1933 年大萧条以后影响最大的一次危机[2]。

通过分析美国 GDP 增长速度的趋势可以看出美国经济增长的总体趋势和高低值特点，但是很难发现，美国经济增长在哪个时期表现出上升的趋势，哪个时期表现出下降的趋势，所以，下面对美国经济增长速度按照从高到低的顺序排列，并和增长趋势比较，以此来分析 1948 年以来，美国不同时期经济增长的快慢程度。具体情况如图 3-3 所示：

图 3-3 中垂直坐标和下方水平坐标是衡量按照数值排序的 GDP 的增长率，从左到右是按照升序排，最左侧为最低值，是 2009 年的 GDP 增长率，最右侧为最高值，是 1951 年的 GDP 增长率；图 3-3 中垂直坐标和下方水平坐标是衡量按时间排序的 GDP 增长率，其特征和图 3-3 的特征是完全一致的，所以此条曲线的作用是为了对比按照数量排序的 GDP 增长率，因

---

① 1947 年 5 月 22 日杜鲁门签署了援助希腊、土耳其的法案，后被称为"杜鲁门主义"；1947 年 6 月 5 日国务卿乔治·C.马歇尔提出一项恢复欧洲经济的援助计划，即"马歇尔计划"；1949 年 8 月 24 日美国、加拿大和 14 个西欧国家在华盛顿签署一项公约，建立北大西洋公约组织；1950 年 6 月 27 日杜鲁门发表声明，宣布武装干涉朝鲜，并决定以武力阻挠中国人民解放中国台湾，美国第七舰队向中国台湾出动。

② 在 2007 年 9 月 16 日播出的美国 CBS 电视访谈节目中，格林斯潘说："我当时也了解到了一些次级抵押贷款的问题，但我确实没有意识到这种融资行为的严重后果。大约到了 2005 年末或 2006 年初，我才意识到这个问题的严重性，更没想到它会引发如此大范围的市场震荡，这是自大萧条之后所未遇见的。"

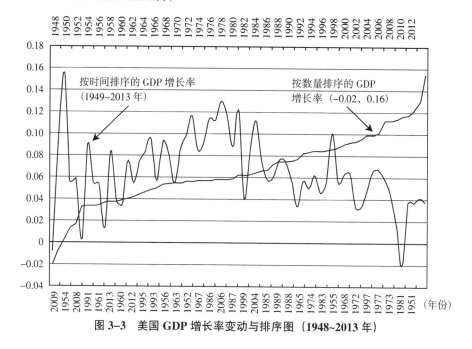

图3-3　美国GDP增长率变动与排序图（1948~2013年）

此主要分析图中按数量排序GDP增长率曲线的特征。总体而言，美国GDP增长率最低值和最高值的变化区间是0.2，可以说是波动不大。如果把统计数分为三个阶段，那么，曲线表明增长的高峰期主要集中在20世纪70年代，这受益于美国在"二战"中的获益以及第三次科技革命在美国的广泛应用；而最低阶段则是20世纪90年代末到现在，美国在亚洲金融危机之后到不久前的次贷危机，这一期间经济增长乏力；其余时间可以看作是GDP增长居中的阶段。可见，美国经济增长的速度近十几年在放缓，而且分析表明，这种特点不是暂时的，而是一个趋势①。

　　综上分析，美国经济在以GDP衡量的总量上持续增加，在增速上表现出了持续上升的态势，但从长期趋势看，美国经济增长速度在放缓，特别是2007年的"次贷危机"引发了很多美国经济自身的顽疾和历史遗留缺陷，导致其在危机后经济增长恢复缓慢，经济系统本身抵御危机的能力变得相对以往更为脆弱。

---

　　① 2007年美国次贷危机期间及以后，由于其增长恢复缓慢，就业乏力，中国很多经济学家就"美国是长期衰落还是短暂衰退"的问题展开了诸多的争论。据上述分析，从价值增加值的总量增长速度看，加之美国经济总量基础较大，这是一个长期趋势。

（二）私人部门和政府部门的增长

以价值增加值计算的美国经济总量在整体上分为私人部门和政府部门两大类①，为了研究美国行业经济增长特点，先来比较一下这两大类经济部门的变化与增长情况，如图 3-4 所示：

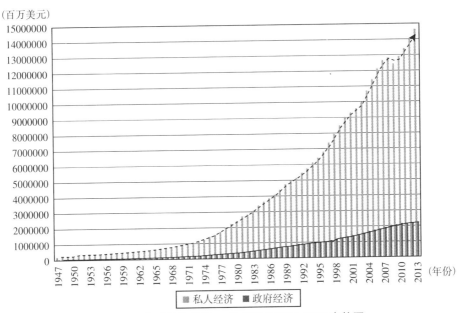

图 3-4　美国私营部门 GDP 和政府部门 GDP 走势图

从 1947~2013 年，总体而言，美国私营部门的经济总量和政府部门的经济总量都在增加，但是总量的差距在不断拉大，特别是 1975 年以后，私营部门的总量增加相对于政府部门速度更快，一直持续到 1999 年稍放慢，然后继续加速增长，一直持续到 2006 年增速开始放缓，从 2007 年开始总量增长缓慢，在 2009 年出现了 1950 年以来的第一次减少，这印证了前文的分析，即 2007 年的"次贷危机"对美国经济的影响是空前的。而政府创造的 GDP 总量变化在整体趋势上和私营经济的变化趋势是相反的，所不同的是，自 1948 年美国政府 GDP 出现过一次减少后，直到 2013 年再没有减少，即使在重创美国经济的 2007 年"次贷危机"期间也表现出了强劲的增长。

---

① 美国商务部经济分析局，http://www.bea.gov。

私人部门和政府部门的 GDP 及各自所占 GDP 总量比例的具体情况可以参见表 3-4：

表 3-4 GDP 总量、私人部门和政府部门的 GDP 及占比

单位：百万美元，%

年份	GDP 总量	私人部门 GDP	政府部门 GDP	私人部门占比	政府部门占比
1947	244142	213697	30445	87.53	12.47
1948	269178	239168	30010	88.85	11.15
1949	267284	235947	31337	88.28	11.72
1950	293790	262173	31617	89.24	10.76
1951	339304	300382	38922	88.53	11.47
1952	358335	313841	44494	87.58	12.42
1953	379364	332797	46567	87.72	12.28
1954	380390	332119	48271	87.31	12.69
1955	414756	363837	50919	87.72	12.28
1956	437460	383126	54334	87.58	12.42
1957	461088	403002	58086	87.40	12.60
1958	467200	405416	61784	86.78	13.22
1959	506584	441371	65214	87.13	12.87
1960	526403	457051	69351	86.83	13.17
1961	544717	471157	73560	86.50	13.50
1962	585622	506825	78797	86.54	13.46
1963	617743	533178	84565	86.31	13.69
1964	663614	572876	90738	86.33	13.67
1965	719110	622189	96921	86.52	13.48
1966	787781	680234	107547	86.35	13.65
1967	832591	714151	118440	85.77	14.23
1968	909997	778284	131713	85.53	14.47
1969	984604	840759	143845	85.39	14.61
1970	1038538	880189	158350	84.75	15.25
1971	1127114	954779	172335	84.71	15.29
1972	1238282	1050970	187312	84.87	15.13
1973	1382696	1180496	202200	85.38	14.62

续表

年份	GDP 总量	私人部门 GDP	政府部门 GDP	私人部门占比	政府部门占比
1974	1499971	1277338	222633	85.16	14.84
1975	1638335	1391485	246851	84.93	15.07
1976	1825264	1556214	269050	85.26	14.74
1977	2030944	1739433	291511	85.65	14.35
1978	2294705	1977001	317705	86.15	13.85
1979	2563327	2217656	345671	86.51	13.49
1980	2789504	2405835	383669	86.25	13.75
1981	3128436	2702533	425903	86.39	13.61
1982	3255009	2792626	462384	85.79	14.21
1983	3536667	3043520	493147	86.06	13.94
1984	3933168	3395067	538102	86.32	13.68
1985	4220262	3636962	583301	86.18	13.82
1986	4462824	3842855	619969	86.11	13.89
1987	4739471	4080354	659118	86.09	13.91
1988	5103790	4399096	704695	86.19	13.81
1989	5484351	4732308	752042	86.29	13.71
1990	5803067	4997769	805298	86.12	13.88
1991	5995927	5138722	857206	85.70	14.30
1992	6337744	5440445	897300	85.84	14.16
1993	6657407	5729269	928138	86.06	13.94
1994	7072225	6110455	961770	86.40	13.60
1995	7397650	6407240	990409	86.61	13.39
1996	7816862	6795235	1021627	86.93	13.07
1997	8456429	7379499	1102970.5	87.26	13.04
1998	9089168	7955184	1195152	87.52	13.15
1999	9660624	8473773	1257462	87.71	13.02
2000	10284779	9032146	1328768	87.82	12.92
2001	10621824	9299607	1398277	87.55	13.16
2002	10977514	9569133	1477987	87.17	13.46
2003	11510670	10022534	1559702	87.07	13.55

续表

年份	GDP 总量	私人部门 GDP	政府部门 GDP	私人部门占比	政府部门占比
2004	12274928	10700143	1646938	87.17	13.42
2005	13093726	11440548	1727430	87.37	13.19
2006	13855888	12123575	1810443	87.50	13.07
2007	14477635	12658400	1905245	87.43	13.16
2008	14718582	12802328	2002405	86.98	13.60
2009	14418739	12435575	2065760	86.25	14.33
2010	14964372	12908226	2137864	86.26	14.29
2011	15517926	13435734	2169488	86.58	13.98
2012	16163158	14064361	2191188	87.01	13.56
2013	16768053	14656376	2211647	87.41	13.19

资料来源：美国商务部经济分析局，http://www.bea.gov。

仅从总量上考察，只能观察到数量特征，但不能明显地看到美国私营经济创造的 GDP 和政府经济创造的 GDP 各自所占比例的变化，所以下面再从两者占比变化的角度来分析 1947~2013 年美国经济增长的构成情况。

从以下美国私营经济和政府经济创造的 GDP 所占比例图入手分析。

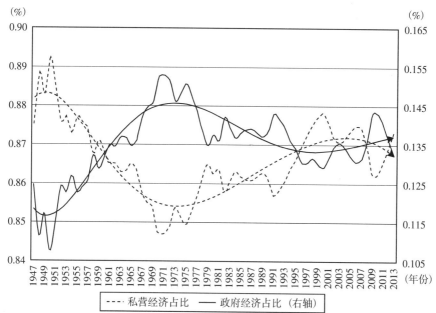

图 3-5 美国私营部门 GDP 和政府部门 GDP 各自份额变化

　　图 3-5 中虚线是私营经济占比变动线和趋势线，对照左侧的垂直坐标可以看到，美国私营经济占比最高的是 1950 年，占比达到了 89.24%，而占比最低的是 1971 年，占比只有 84.71%；图中实线是政府经济占比变动线和趋势线，对照右侧的垂直坐标可以看到，美国政府经济占比最高的是 1971 年，占比达到了 15.29%，而占比最低的是 1950 年，占比只有 10.76%。分阶段看，整个 20 世纪 50 年代私营经济占比最高，达到了 87.01%，而 20 世纪 70 年代私营经济占比最低，只有 85.26%；而政府经济整个 20 世纪 70 年代占比最高，达到了 14.74%，而 20 世纪 50 年代政府经济占比最低，只有 12.99%。总体而言，1947~2013 年美国私营经济年均所占比例为 86.48%，政府经济年均所占比例为 13.52%，波动变化区间在 4% 左右。

　　可见，由于把美国整个经济分成了私营经济和政府经济两个部分，所以美国私营经济和政府经济各自占比的变动趋势是相反的。即大体可以概括为，私营经济比例增加政府经济比例就会下降，私营经济比例下降政府经济比例就会增加。

　　上述分析中发现：一是每当经济危机开始影响经济时，政府经济占比就会有所增加，过后便又会下降；二是上述特点在 20 世纪 70 年代是逆向的，即 20 世纪 70 年代美国政府 GDP 占比是所考察范围内最大的，而"滞胀"危机后政府 GDP 占比反而下降了。这种特征是如何形成的呢？进一步联系美国的经济发展政策变化就不难发现其成因。

　　20 世纪 70 年代石油危机的发生引起了经济危机，并进而使美国经济滞胀特点更加突出，而此期间恰是美国政府 GDP 占比最大的一个时期；"滞胀"的发生使凯恩斯干预经济的政策受到了质疑和抨击，到了 20 世纪 70 年代末 80 年代初的时候，政府随之放松了对经济的干预，由此政府创造 GDP 的比例也开始下降；受到 2007 年次贷危机的影响，美国一些大型私营企业破产或面临被国外企业兼并，此时美国政府开始调控经济，连续入股或收购了一些因次贷危机而面临破产的企业；之后，政府创造 GDP 所占比相对于私营经济再次提高，表现为 2008 年、2009 年、2010 年政府创造 GDP 比例的连续升高。

　　上述分析是针对美国经济总体进行的，而这些特点是美国不同行业经济增长形成的一个总的外在特征，正如经济本身具有的区域性特征一样，美国经济增长是由不同行业共同增长引起的，所以按照科学的研究方法，在分析总体特点的基础上，还要进行个体特征的分析，相对于美国经济总体，个体即为各个行业，对于行业而言，差异化是其最大的特点，因此下文将把美国全部行业按照其行业划分标准分为 3 个层级，并逐类进行分析。

二、大类细分行业的经济增长

（一）大类细分行业的划分

美国经济分析局根据产业分类体系①按照三个级别在 2007 年给出了现在行业统计使用的分类标准，按照这一标准，各个层级行业划分情况如下：部门（15 个产业组）、摘要（71 个产业组）和详情（389 个产业组）②，与此对应本书称之为：大类细分行业、中类细分行业、小类细分行业。首先来看一下大类细分行业的增长。

由于所整理的数据从 1948 年到 2013 年，跨度较大，这样遇到的麻烦是，整个这一期间美国的产业分类体系的标准不同，1947~1987 年的价值增加值是按照 1972 年标准产业分类体系（SIC）定义的行业进行统计估算的③；1987~1997 年的价值增加值是按照 1987 年标准产业分类体系（SIC）定义的行业进行统计估算的④；1997~2013 年的价值增加值是按照 2007 年标准产业分类体系（NAICS）定义的行业进行统计估算的⑤。

这里前两个阶段的估计体系基本一致⑥，但是与第三个阶段的估计体系差别很大，为了考察长期内美国大类细分行业的结构特征，本书对大类行业的划分做了调整，调整后的大类行业由原来最多的 2007 年标准的 15

---

① 美国 SIC 体系分类的详细信息参见 http：//www.osha.gov/pls/imis/sicsearch.html。
② 划分来源：hhtp：//www.bea.gov。
③ 参见附录一。
④ 参见附录二，关于 1987 年 SIC 体系的详细信息参见 http：//www.osha.gov/pls/imis/sicsearch.html。
⑤ 参见附录三，更多信息请参见 "Preview of the Comprehensive Revision of the Annual Industry Accounts: Integrating the Annual Input -Output Accounts and Gross -Domestic -Product -by -Industry Accounts", Survey of Current Business 84 (March 2004), http://www.bea.gov/bea/pub/0304cont.htm and "Improved Annual Industry Accounts for 1998-2003," Survey of Current Business 84 (June 2004), http://www.bea.gov/bea/pub/0604cont.
⑥ 这两个阶段数据是在 2003 年 12 月 10 日发布的，经全面修订后的国民收入和生产账户（National Income and Product Accounts, NIPAs）结果是一致的，但是与综合年度投入产出和分行业 GDP 账户的估计结果不一致。目前有 1998~2003 年的综合年度投入产出和分行业 GDP 账户估计结果，它反映了整合这些账户的独特方法，并且是针对根据 1997 年北美产业分类体系（North American Industrial Classification System, NAICS）定义的行业而言的，但总体上 1947~1987 年和 1987~1997 年这两个阶段的统计口径几乎一致，稍有差异也不影响相关数据。

个大类细分行业变为 9 个大类细分行业。根据本书研究需要，对于政府部分不作分析，而且在前文已通过美国私营经济和政府经济两大类别的比较做了较为详细的阐释。调整前后的分类区别参照如表 3-5 所示：

表 3-5　美国各阶段行业分类及本书调整后的行业类别表

序号	72SIC （1947~1987 年） Industry Title 产业名称	87SIC （1987~1997 年） Industry Title 产业名称	2007 NAICS （1997~2013 年） Industry Title 产业名称	调整后的分类 （1947~2013 年） Industry Title 产业名称
Private industries （私营企业）				
1	Agriculture, forestry and fishing 农业、林业和渔业	Agriculture, forestry and fishing 农业、林业和渔业	Agriculture, forestry, fishing and hunting 农业、林业、渔业和狩猎业	Agriculture, forestry and fishing 农业、林业和渔业
2	Mining 采矿业	Mining 采矿业	Mining 采矿业	Mining 采矿业
3	Construction 建筑业	Construction 建筑业	Construction 建筑业	Construction 建筑业
4	Manufacturing 制造业	Manufacturing 制造业	Manufacturing 制造业	Manufacturing 制造业
5	Transportation and public utilities 交通运输和公共服务业	Transportation and public utilities 交通运输和公共服务业	Utilities 公共服务业	Transportation and public utilities 交通运输和公共服务业
6	Wholesale trade 批发业	Wholesale trade 批发业	Wholesale trade 批发业	Wholesale trade 批发业
7	Retail trade 零售业	Retail trade 零售业	Retail trade 零售业	Retail trade 零售业
8	Finance, insurance, and real estate 金融、保险和房地产业	Finance, insurance, and real estate 金融、保险和房地产业	Finance, insurance, real estate, rental, and leasing 金融、保险、房地产、租赁和出租业	Finance, insurance, and real estate 金融、保险和房地产业
9	Services 服务业	Services 服务业	Professional and business services 专业、商业服务业	Services 服务业
10	—	—	Educational services, health care, and social assistance 教育服务、健康医疗及社会救助业	

续表

序号	72SIC （1947~1987 年） Industry Title 产业名称	87SIC （1987~1997 年） Industry Title 产业名称	2007 NAICS （1997~2013 年） Industry Title 产业名称	调整后的分类 （1947~2013 年） Industry Title 产业名称
11	—	—	Arts, entertainment, recreation, accommodation, and food services 艺术、娱乐、休闲、住宿及饮食服务业	—
12	—	—	Other services, except government 除政府外的其他服务业	—
13	—	—	Transportation and warehousing 交通运输及仓储业	—
14	—	—	Information 信息业	—
Government （政府）				
15	Federal 联邦政府	Federal 联邦政府	Federal 联邦政府	—
16	State and local 州和地方政府	State and local 州和地方政府	State and local 州和地方政府	—

资料来源：http：//www.bea.gov，调整后的部分是根据前三个部分做的整理。

可以看出 1947~1987 年的行业分类和 1987~1997 年的行业分类是完全一致的，但是和 1997~2007 年的分类标准差异很大，主要体现在服务业上。按照 2007 年的标准（NAICS）把 1947~1987 年和 1987~1997 年的服务业细化为：专业、商业服务业，教育服务、健康医疗及社会救助业，艺术、娱乐、休闲、住宿及饮食服务业，除政府外的其他服务业 4 类；把原来的交通运输和公共服务业分为：公共服务业、交通运输及仓储业、信息业 3 类。这样在大类细分行业总数上就多出了 5 类。因此本书遵照多数的原则，把 1997 年以后的大类细分行业按原来的分类体系进行了合并，得到了新的行业分类。而对于三个阶段：1947~1987 年，1987~1997 年，1997~2007 年中的重叠年份，即 1987 年和 1997 年的数据，采用算术平均数的方法求得。

由于美国整个行业的全部 GDP 包括两个部分：私营企业和政府，而所列的行业中政府部门的 GDP，根据我们前文所分析的，其占比是比较稳定的，而且和私营经济是同一层级类别，但是和私营经济中的大类细分行业不属于同一个层级，所以在本书分析的过程中把政府部分剔除掉，只分析私营经济中的大类行业。调整后的大类细分行业一共有 9 个，都属于私营经济范畴。

下面分析 9 大类细分行业的经济增长情况。

（二）大类细分行业的增长特点

由于大类细分行业都属于私人经济范畴，所以按照总量、均值和占比这三项指标进行分析。首先看一下大类行业总量增长情况，如表 3-6 所示：

表 3-6 大类细分行业 GDP（1947~2013 年）

单位：百万美元

年份	农业	采矿业	建筑业	制造业	批发业	零售业	交通运输及公共服务业	金融、保险及房地产业	服务业	合计
1947	19584	6870	9057	65486	16598	28166	20926	24301	20442	211430
1948	22816	9441	11450	74441	18527	30151	23652	27069	22107	239654
1949	18338	8159	11449	71961	17833	30420	23947	29242	22756	234105
1950	19552	9408	13079	83726	20056	31759	26702	32135	24347	260764
1951	22591	10334	15498	98645	22734	34411	30222	35779	26549	296763
1952	21805	10282	16779	102858	23004	36396	32197	39377	28355	311053
1953	19740	10857	17348	111865	23558	37395	34275	43302	30429	328769
1954	19348	11119	17516	106317	23838	38262	33854	46909	31777	328940
1955	18462	12632	18856	120788	26936	40693	36864	50792	35362	361385
1956	18320	13752	21021	126733	29408	42611	39615	54470	38886	384816
1957	18203	13882	21970	131247	30889	44818	41724	58257	42001	402991
1958	20476	12805	21582	123813	31537	45561	41966	62350	44295	404385
1959	18743	12608	23422	139645	36204	49647	45234	66836	48572	440911
1960	19693	12939	23933	141749	37870	50879	47481	71685	51752	457981
1961	19956	13071	24916	142197	38959	52181	49061	76149	55216	471706
1962	20304	13242	26729	155943	41576	55873	52201	81050	59549	506467
1963	20385	13564	28582	165250	43382	58413	55120	85548	63706	533950
1964	19503	13956	31233	177034	46630	64085	58602	91575	69411	572029
1965	22274	14175	34234	195421	50302	68523	62601	98010	75059	620599

年份	农业	采矿业	建筑业	制造业	批发业	零售业	交通运输及公共服务业	金融、保险及房地产业	服务业	合计
1966	23338	14829	37396	214768	54762	73301	67494	105009	83061	673958
1967	22800	15314	39133	220095	58093	78849	70886	113102	91243	709515
1968	23508	16390	42856	240203	63773	87084	76706	123216	99994	773730
1969	26196	17234	47967	252709	68985	94650	83045	135388	111420	837594
1970	27298	18877	50572	247512	72781	100689	88805	145147	121203	872884
1971	29422	19069	55393	260905	78568	109645	98061	160971	131141	943175
1972	34305	19966	61428	287989	87741	119155	109203	176330	145733	1041850
1973	51973	23969	69689	319175	98750	131077	119709	193401	164108	1171851
1974	50098	37096	74447	333723	111818	136863	129743	212723	179974	1266485
1975	51706	42683	74749	351691	121577	152954	142769	235871	199774	1373774
1976	50276	47408	85026	402407	129685	172611	161523	257395	224755	1531086
1977	50780	55137	93972	459063	142941	190690	179282	288669	256605	1717139
1978	59411	62915	111067	512879	162683	214425	201593	330181	295270	1950424
1979	70397	73010	125491	564990	184286	232852	217433	368904	334248	2171611
1980	62232	115434	128763	579483	197262	244393	240029	418223	378582	2364401
1981	76503	155632	130560	642391	218963	269616	271833	478027	428082	2671607
1982	72769	153900	129289	640047	224142	286311	292614	519473	473777	2792322
1983	58697	132356	138075	686147	236780	320662	322750	578503	523817	2997787
1984	79658	139636	164473	772526	270952	360097	354705	644551	593880	3380478
1985	81272	138745	184543	795888	290110	392703	376881	704615	655521	3620278
1986	79080	90994	206405	823503	302244	413395	394668	769713	715862	3795864
1987	85910	95813	218643	881237	311351	432209	422823	816161	794533	4058679
1988	87709	98250	235961	968455	349816	462034	445364	883123	887911	4418623
1989	100372	103387	244645	1010874	367460	486871	463234	938815	976990	4692648
1990	106526	115918	246856	1026326	377499	501903	486253	996848	1073414	4931543
1991	100125	100525	228990	1035813	391378	512782	513260	1060674	1122657	5066204
1992	110246	92298	230118	1081291	410153	539594	534196	1124983	1214818	5337697
1993	103425	93395	244029	1123396	431328	569480	568189	1181992	1274495	5589729
1994	116805	95538	269846	1215568	475409	607575	608293	1233185	1345739	5967958
1995	105703	98561	284391	1282300	495259	634765	640600	1322861	1441614	6306054
1996	129580	121954	309333	1318087	528457	672782	668974	1411520	1540861	6701548

续表

年份	农业	采矿业	建筑业	制造业	批发业	零售业	交通运输及公共服务业	金融、保险及房地产业	服务业	合计
1997	119366	112386	338475	1445997	547794	652660	687867	1582619	1830971	7318133
1998	99940	81363	380461	1543616	565537	635762	720071	1722982	2144283	7894015
1999	92808	84261	418395	1633268	585912	661729	754402	1852948	2319442	8403165
2000	98517	110473	462338	1671462	624982	695614	787580	1992384	2512662	8956012
2001	100027	125162	488008	1594180	617923	713514	813599	2156688	2614446	9223547
2002	95800	113411	494856	1609349	617210	738289	828415	2246377	2755819	9499526
2003	116075	140083	527133	1676384	647140	775840	860058	2331730	2876524	9950967
2004	142695	167561	587529	1779823	703487	802663	941284	2424253	3078696	10627991
2005	128571	226646	654105	1876648	759368	848767	984704	2641063	3246425	11366297
2006	128345	273405	698228	1965591	815675	878064	1060239	2770707	3455190	12045444
2007	141999	314018	714988	2044695	860843	877606	1083021	2877106	3658109	12572385
2008	154525	401457	652984	2001267	877814	856111	1119995	2804513	3847512	12716178
2009	137655	290349	577295	1902469	822846	842134	1088370	2874032	3817830	12352980
2010	160217	331720	541617	2012950	868469	868800	1132431	2951552	3958748	12826504
2011	197241	398632	546614	2095886	907257	891689	1152845	3052428	4105848	13348440
2012	195280	406690	586676	2188469	965696	932560	1164803	3218172	4313625	13971971
2013	226635	439398	619923	2235221	998496	971357	1215668	3381737	4467972	14556407

资料来源：美国商务部经济分析局，http：//www.bea.gov。

就总量而言，不考虑价格因素的影响，1947~2013 年美国私营经济的 9 个大类细分行业的经济总量持续增长，但是各个行业的增长程度不同，所表现出的最大特点就是差异化。

首先，纵向从时间上看。农业虽然总量上是增长的，但在统计范畴（1947~2013 年）的 67 年内，有 31 年同比上一年 GDP 总量是下降的，总量增长是 9 个大类行业中最慢的；采矿业在所统计的范畴内，其 GDP 总量有 14 年同比上一年下降，下降的程度仅次于农业，但总量整体上增长的幅度远远超过了农业，可见在统计期间内其 GDP 增长波动较大，但并没有影响其总量的大幅上升；建筑业总量下降的年份相对前两个行业较少，在 1949 年、1957 年、1958 年、1982 年、1990 年、1991 年、2008 年、2009 年、2010 年相对于上一年出现了 GDP 总量的下降；制造业的情况和建筑业相似，在 1949 年、1957 年、1958 年、1981 年、1982 年、2001 年、2008

年、2009 年相对于前一年 GDP 总量表现为下降;批发业相对于前面讨论的行业表现更为稳定,仅在 1949 年、2001 年、2002 年、2009 年这 4 年里相对下降,而总体上其 GDP 总量表现出平稳增加的特点;零售业不同于批发业,在前几个行业 GDP 均下降的 1949 年并没有下降,而在 1997 年、1998 年、2008 年、2009 年 GDP 总体出现了下降,说明零售业受金融危机影响明显,因为 1997 年发生了亚洲金融危机,而 2007 年发生了次贷危机;交通运输及公共服务业总量上相对于前几个行业而言表现最为稳定,仅在 1953 年、1954 年、2009 年出现了下降,但下降幅度都不大;金融、保险及房地产业是所有行业中总量增长最快的,而且只有 2008 年表现出了下降的特点,但下降幅度不大,2009 年便开始缓慢回升并在 2010 年总量上超过了危机前的水平;服务业是另一个和金融、保险及房地产业上升程度差不多的行业,仅在 1949 年、2009 年出现了下降,可以说是一个快速发展的行业。

其次,横向从波动特点上看。在 1949 年所统计的 9 大类行业有 5 大类都表现出了下降的特点,这与当时的历史背景不无关系,"二战"结束以后,美国忙于战后的利益分割和战争遗留问题,并实施了"杜鲁门主义""马歇尔计划",为争夺世界霸主签订了"北大西洋公约",开启了两极对抗的"冷战时代"。[1] 这一系列举措使得美国经济出现了短暂的下滑,就是表3-6 中表现出来的 5 大行业总量下降,并且整个私营经济总量也表现出了下降的趋势。而另一个相对波动较大的时期就是 1997 年、1998 年,9 大类细分行业中的 3 类连续 2 年表现出了下降的趋势,联系其时代背景,可以推断与 1997 年"亚洲金融危机"[2] 不无关系。而 9 大类细分行业都出现了下降的是在 2008 年、2009 年,尤其是 2009 年 9 大行业总量上全部出现了下降[3],是统计范畴内的 67 年里美国经济下降幅度最大,下降范围最广的一

---

① 1947 年 5 月 22 日杜鲁门签署了援助希腊、土耳其的法案,后被称为"杜鲁门主义";1947 年 6 月 5 日国务卿乔治·C.马歇尔提出一项恢复欧洲经济的援助计划,即"马歇尔计划";1949 年 8 月 24 日美国、加拿大和 14 个西欧国家在华盛顿签署一项公约,建立北大西洋公约组织。

② 1997 年 6 月,一场金融危机在亚洲爆发,这场危机的发展过程十分复杂。1997 年 7 月 2 日,泰国宣布放弃固定汇率制,实行浮动汇率制,引发了一场遍及东南亚的金融风暴。1998 年初,印度尼西亚金融危机再次发酵,国际货币基金组织的干预未能生效,危机不断扩散使得美国股市动荡、日元汇率持续下跌。

③ 金融、保险及房地产业相对于 2007 年是下降的,也就是说受 2007 年"次贷危机"的影响,该行业相对于 2007 年而言,2008 年、2009 年下降,但 2009 年比 2008 年有所回升。

次，负面影响极其深远，显然此次美国 GDP 全行业下降是 2007 年次贷危机[1]形成的负面影响，这也从大类细分行业的角度证实了前文分析的美国次贷危机的负面影响是自大萧条[2]之后所未曾遇见的。另外，1991 年农业、采矿业、建筑业也出现了下降，这与美国联合多国部队进行的"海湾战争"[3]有着一定联系；还有 2001 年、2002 年，农业、采矿业、制造业、批发业也出现了下降，从当时的历史背景看，不难推断是受到了当时美国发生的"9·11 事件"[4]的影响。

总体而言，美国 9 个大类细分行业经济增长受各种经济危机的影响表现明显，金融、保险及房地产业和服务业增长明显，几乎表现了持续增长的特点；而且随着经济的发展，可以看出各个行业的增长受金融影响越来越明显，从 1997 年的亚洲金融危机到 2007 年的美国次贷危机，影响范围越来越广；在统计期间内，各个大类细分行业在 1949 年、1958 年、1973 年、1982 年、1991 年、1997 年、2007 年都发生了或大或小的波动，基本是 10 年左右波动一次，而且间隔时间越来越短，影响越来越大，其中，显著的特点是经济受金融的影响日趋明显。

（三）大类细分行业的构成特点

在所考察范围内的 9 大类细分行业中，各个行业对 GDP 总量影响的程度是不一样的，下面从各个行业占总量的比值来分析不同行业的构成对总

---

① 简单讲，美国次贷危机（Subprime Crisis）又称次级房贷危机，也译为次债危机。它是指一场发生在美国，因为美国推行了近 30 年的新自由主义经济政策，使得金融监管制度缺失、华尔街投机行为泛滥，造成次级抵押贷款机构破产、投资基金被迫关闭、股市剧烈震荡进而引发了颠覆性的金融风暴。它致使全球主要金融市场出现流动性不足危机。可以说美国"次贷危机"是从 2006 年春季开始逐步显现的，2007 年 8 月开始席卷美国，并迅速影响欧盟和日本等世界主要金融市场，次贷危机目前仍然是国际上的一个热点问题。

② 大萧条（Great Depression），是指 1929~1933 年发源于美国的经济危机。这次经济萧条以农产品价格下跌为起点，首先是由于美国和苏联进行木材价格竞争，更大的灾难是在 1929 年，加拿大小麦过量生产，美国强迫压低所有农产品产地出产的基本谷物的价格。不管是欧洲、美洲还是澳大利亚，农业衰退由于金融的大崩溃而进一步恶化，尤其在美国，一股投机热导致大量资金从欧洲抽回，随后在 1929 年 10 月发生了令人恐慌的华尔街股市暴跌，几乎所有金融机构倒闭，从此进入大萧条时期。

③ 海湾战争（Gulf War），是以美国为首的多国部队于 1991 年 1 月 17 日至 2 月 28 日在联合国安理会授权下，为恢复科威特领土完整而对伊拉克进行的局部战争，其本质是美国争夺石油资源。

④ "9·11 事件"（又称"911""9·11 恐怖袭击事件"）是 2001 年 9 月 11 日发生在美国本土的一起系列恐怖袭击事件。2001 年 9 月 11 日上午，两架被恐怖分子劫持的民航客机分别撞向美国纽约世界贸易中心一号楼和世界贸易中心二号楼，两座建筑在遭到攻击后相继倒塌，世界贸易中心其余 5 座建筑物也受震而坍塌损毁；9 时许，另一架被劫持的客机撞向位于美国华盛顿的国防部五角大楼，五角大楼局部结构损坏并坍塌。

量影响的大小。

由于各个行业的构成每年都会随着时间的变化而发生变化，在此取 1947~2013 年各年度数据的算术平均值来衡量各个大类细分行业所占比例变化。

假设 1947 年农业的 GDP 总量是 Y_{n1}，那么 2013 年农业的 GDP 总量是 Y_{n67}，则农业 GDP 总量在各个年度的均值 Y_{nj} 就可以表示为：

$Y_{nj} = (Y_{n1} + Y_{n2} + \cdots + Y_{n67})/67$，以此类推，

采矿业：$Y_{cj} = (Y_{c1} + Y_{c2} + \cdots + Y_{c67})/67$

建筑业：$Y_{jj} = (Y_{j1} + Y_{j2} + \cdots + Y_{j67})/67$

制造业：$Y_{zj} = (Y_{z1} + Y_{z2} + \cdots + Y_{z67})/67$

批发业：$Y_{pj} = (Y_{p1} + Y_{p2} + \cdots + Y_{p67})/67$

零售业：$Y_{lj} = (Y_{l1} + Y_{l2} + \cdots + Y_{l67})/67$

交通运输及公共服务业：$Y_{jgj} = (Y_{jg1} + Y_{jg2} + \cdots + Y_{jg67})/67$

金融、保险及房地产业：$Y_{jbfj} = (Y_{jbf1} + Y_{jbf2} + \cdots + Y_{jbf67})/67$

服务业：$Y_{fj} = (Y_{f1} + Y_{f2} + \cdots + Y_{f67})/67$

再假设 9 大类细分行业均值的总量是 Y_{zong}，那么有：

$Y_{zong} = Y_{nj} + Y_{cj} + Y_{jj} + Y_{zj} + Y_{pj} + Y_{lj} + Y_{jgj} + Y_{jbfj} + Y_{fj}$

于是各自占比也会随之求出，在此不赘述。

把数据代入后求得各个大类细分行业占比 P_n 的数值：

农业：$P_n = Y_{nj}/Y_{zong} = 1.69\%$

采矿业：$P_c = Y_{cj}/Y_{zong} = 2.32\%$

建筑业：$P_j = Y_{jj}/Y_{zong} = 4.97\%$

制造业：$P_z = Y_{zj}/Y_{zong} = 18.89\%$

批发业：$P_p = Y_{pj}/Y_{zong} = 7.21\%$

零售业：$P_l = Y_{lj}/Y_{zong} = 8.4\%$

交通运输及公共服务业：$P_{jg} = /Y_{zong} = 9.24\%$

金融、保险及房地产业：$P_{jbf} = /Y_{zong} = 21.58\%$

服务业：$P_f = Y_{fj}/Y_{zong} = 25.7\%$

上述各个大类细分行业所占比例整理成表 3-7：

表 3-7　大类细分行业各年度 GDP 总量均值及各自占总量比例

单位：百万美元，%

类别	农业	采矿业	建筑业	制造业	批发业	零售业	交通运输及公共服务业	金融、保险及房地产业	服务业	合计
总量	72297	99199	212573	808415	308676	359484	395560	923667	1099638	4279510
占比	1.69	2.32	4.97	18.89	7.21	8.40	9.24	21.58	25.70	100.00

资料来源：各个大类细分行业 GDP 总量数据来源于美国商务部经济分析局，http：//www.bea.gov；各个大类细分行业占比数据根据总量数据求得。

从表 3-7 中可以明显地看到，各个大类细分行业中 GDP 均值数值最大的是服务业，1947~2013 年服务业的 GDP 均值是 1099638 百万美元，其占比最多，为 25.70%，其次为金融、保险及房地产业，GDP 均值是 923667 百万美元，其占比为 21.58%，再次为制造业，GDP 均值是 808415 百万美元，其占比为 18.89%；而各个大类细分行业中数值最小的是农业，1947~2013 年农业的 GDP 均值是 72297 百万美元，其占比最少，为 1.69%，其次为采矿业，GDP 均值是 99199 百万美元，其占比为 2.32%。

可见，各个大类细分行业 GDP 的总量数据和占比数值表明，按照传统的三次产业①划分产业结构已经不能满足社会分工细化发展的要求，随着经济的发展，服务业正逐渐成为经济社会的主导产业，美国的产业发展正在逐渐服务化，实际也是如此，美国的服务业的分工越来越精细化，对于此方面的内容将在后文论述。这种行业占比的变化毫无疑问会影响到各个大类细分行业的就业变化，从而改变行业就业结构，相关内容将在后文阐述。

为了清晰地表现各个大类细分行业在整个私营经济中所占的份额，下面用占比的份额图辅助说明，如图 3-6 所示。

从图 3-6 中可以看出，如果按照降序排列，各个大类细分行业的 GDP 份额依次是：服务业 26%，金融、保险及房地产业 22%，制造业 19%，交通运输及公共服务业 9%，零售业 8%，批发业 7%，建筑业 5%，采矿业

---

① 传统的三大产业划分方法并不统一，但比较普遍的看法一般可以笼统地认为：农业为第一产业，工业为第二产业，服务业为第三产业。

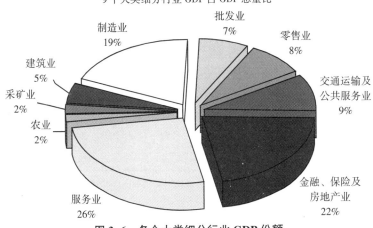

图 3-6　各个大类细分行业 GDP 份额

2%，农业2%。可见，服务业和金融、保险及房地产业占据了整个经济的
一半，表明美国社会在日趋服务化的同时，其金融、保险及房地产业对经
济的影响不断加深，其体量之大乃至其波动将直接导致整个经济随之波动。

（四）大类细分行业增长率的特征

仅仅从总量上观察很难发现哪个行业经济增长得快，哪个行业经济增
长得慢，因为每个行业在整个经济中所占的份额不同，而且每个行业的增
长基数不一样，这样如果从增长率的角度考察就很容易发现增长速度最快
的行业，能够看到哪些行业代表着经济发展的趋势。

由于各个行业的增长率每年都会随着时间的变化而变化，在此取
1947~2013 年各年度的算术平均值来衡量各个大类细分行业增长速度的变
化，用不同大类细分行业的增长率来衡量各个行业增长速度的变化。

假设 1947 年农业 GDP 的增长率是 R_{n1}，那么 2013 年农业 GDP 的增长
速度则是 R_{n67}，以此类推，各个大类细分行业各个年度的均值 R_{nj} 就可以表
示为：

农业：$R_{nj} = (R_{n1} + R_{n2} + \cdots + R_{n67})/67 = 4.51\%$

采矿业：$R_{cj} = (R_{c1} + R_{c2} + \cdots + R_{c67})/67 = 7.72\%$

建筑业：$R_{jj} = (R_{j1} + R_{j2} + \cdots + R_{j67})/67 = 6.81\%$

制造业：$R_{zj} = (R_{z1} + R_{z2} + \cdots + R_{z67})/67 = 6.62\%$

批发业：$R_{pj} = (R_{p1} + R_{p2} + \cdots + R_{p67})/67 = 6.49\%$

零售业：$R_{lj} = (R_{l1} + R_{l2} + \cdots + R_{l67})/67 = 5.57\%$

交通运输及公共服务业：$R_{jgj} = (R_{jg1} + R_{jg2} + \cdots + R_{jg67})/67 = 6.41\%$

金融、保险及房地产业：$R_{jbfj} = (R_{jbf1} + R_{jbf2} + \cdots + R_{jbf67})/67 = 7.81\%$

服务业：$R_{fj} = (R_{f1} + R_{f2} + \cdots + R_{f67})/67 = 8.56\%$

把数据代入后求得的数值，如表3-8所示。

各个年度各个大类细分行业增长率可从表3-8中得到：

表3-8 大类细分行业GDP增长率（1948~2013年）

单位：%

年份	农业	采矿业	建筑业	制造业	批发业	零售业	交通运输及公共服务业	金融、保险及房地产业	服务业
1948	16.50	37.42	26.42	13.67	11.62	7.05	13.03	11.39	8.14
1949	−19.63	−13.58	−0.01	−3.33	−3.75	0.89	1.25	8.03	2.94
1950	6.62	15.31	14.24	16.35	12.47	4.40	11.50	9.89	6.99
1951	15.54	9.84	18.50	17.82	13.35	8.35	13.18	11.34	9.04
1952	−3.48	−0.50	8.27	4.27	1.19	5.77	6.53	10.06	6.80
1953	−9.47	5.59	3.39	8.76	2.41	2.74	6.45	9.97	7.31
1954	−1.99	2.41	0.97	−4.96	1.19	2.32	−1.23	8.33	4.43
1955	−4.58	13.61	7.65	13.61	13.00	6.35	8.89	8.28	11.28
1956	−0.77	8.87	11.48	4.92	9.18	4.71	7.46	7.24	9.97
1957	−0.64	0.95	4.51	3.56	5.04	5.18	5.32	6.95	8.01
1958	12.49	−7.76	−1.77	−5.66	2.10	1.66	0.58	7.03	5.46
1959	−8.46	−1.54	8.53	12.79	14.80	8.97	7.79	7.19	9.66
1960	5.07	2.63	2.18	1.51	4.60	2.48	4.97	7.26	6.55
1961	1.34	1.02	4.11	0.32	2.88	2.56	3.33	6.23	6.69
1962	1.74	1.31	7.28	9.67	6.72	7.08	6.40	6.44	7.85
1963	0.40	2.43	6.93	5.97	4.34	4.55	5.59	5.55	6.98
1964	−4.33	2.89	9.28	7.13	7.49	9.71	6.32	7.05	8.96
1965	14.21	1.57	9.61	10.39	7.87	6.93	6.82	7.03	8.14
1966	4.78	4.61	9.24	9.90	8.87	6.97	7.82	7.14	10.66
1967	−2.31	3.27	4.64	2.48	6.08	7.57	5.03	7.71	9.85
1968	3.11	7.03	9.51	9.14	9.78	10.44	8.21	8.94	9.59
1969	11.43	5.15	11.93	5.21	8.17	8.69	8.26	9.88	11.43
1970	4.21	9.53	5.43	−2.06	5.50	6.38	6.94	7.21	8.78
1971	7.78	1.02	9.53	5.41	7.95	8.89	10.42	10.90	8.20
1972	16.60	4.70	10.89	10.38	11.68	8.67	11.36	9.54	11.13

年份	农业	采矿业	建筑业	制造业	批发业	零售业	交通运输及公共服务业	金融、保险及房地产业	服务业
1973	51.50	20.05	13.45	10.83	12.55	10.01	9.62	9.68	12.61
1974	-3.61	54.77	6.83	4.56	13.23	4.41	8.38	9.99	9.67
1975	3.21	15.06	0.41	5.38	8.73	11.76	10.04	10.88	11.00
1976	-2.77	11.07	13.75	14.42	6.67	12.85	13.14	9.13	12.50
1977	1.00	16.30	10.52	14.08	10.22	10.47	10.99	12.15	14.17
1978	17.00	14.11	18.19	11.72	13.81	12.45	12.44	14.38	15.07
1979	18.49	16.05	12.99	10.16	13.28	8.59	7.86	11.73	13.20
1980	-11.60	58.11	2.61	2.57	7.04	4.96	10.39	13.37	13.26
1981	22.93	34.82	1.40	10.86	11.00	10.32	13.25	14.30	13.08
1982	-4.88	-1.11	-0.97	-0.36	2.37	6.19	7.64	8.67	10.67
1983	-19.34	-14.00	6.80	7.20	5.64	12.00	10.30	11.36	10.56
1984	35.71	5.50	19.12	12.59	14.43	12.30	9.90	11.42	13.38
1985	2.03	-0.64	12.20	3.02	7.07	9.05	6.25	9.32	10.38
1986	-2.70	-34.42	11.85	3.47	4.18	5.27	4.72	9.24	9.21
1987	8.64	5.30	5.93	7.01	3.01	4.55	7.13	6.03	10.99
1988	2.09	2.54	7.92	9.90	12.35	6.90	5.33	8.20	11.75
1989	14.44	5.23	3.68	4.38	5.04	5.38	4.01	6.31	10.03
1990	6.13	12.12	0.90	1.53	2.73	3.09	4.97	6.18	9.87
1991	-6.01	-13.28	-7.24	0.92	3.68	2.17	5.55	6.40	4.59
1992	10.11	-8.18	0.49	4.39	4.80	5.23	4.08	6.06	8.21
1993	-6.19	1.19	6.05	3.89	5.16	5.54	6.36	5.07	4.91
1994	12.94	2.29	10.58	8.20	10.22	6.69	7.06	4.33	5.59
1995	-9.50	3.16	5.39	5.49	4.18	4.48	5.31	7.27	7.12
1996	22.59	23.73	8.77	2.79	6.70	5.99	4.43	6.70	6.88
1997	-7.88	-7.85	9.42	9.70	3.66	-2.99	2.82	12.12	18.83
1998	-16.27	-27.60	12.40	6.75	3.24	-2.59	4.68	8.87	17.11
1999	-7.14	3.56	9.97	5.81	3.60	4.08	4.77	7.54	8.17
2000	6.15	31.11	10.50	2.34	6.67	5.12	4.40	7.53	8.33
2001	1.53	13.30	5.55	-4.62	-1.13	2.57	3.30	8.25	4.05
2002	-4.23	-9.39	1.40	0.95	-0.12	3.47	1.82	4.16	5.41

续表

年份	农业	采矿业	建筑业	制造业	批发业	零售业	交通运输及公共服务业	金融、保险及房地产业	服务业
2003	21.16	23.52	6.52	4.17	4.85	5.09	3.82	3.80	4.38
2004	22.93	19.62	11.46	6.17	8.71	3.46	9.44	3.97	7.03
2005	−9.90	35.26	11.33	5.44	7.94	5.74	4.61	8.94	5.45
2006	−0.18	20.63	6.75	4.74	7.41	3.45	7.67	4.91	6.43
2007	10.64	14.85	2.40	4.02	5.54	−0.05	2.15	3.84	5.87
2008	8.82	27.85	−8.67	−2.12	1.97	−2.45	3.41	−2.52	5.18
2009	−10.92	−27.68	−11.59	−4.94	−6.26	−1.63	−2.82	2.48	−0.77
2010	16.39	14.25	−6.18	5.81	5.54	3.17	4.05	2.70	3.69
2011	23.11	20.17	0.92	4.12	4.47	2.63	1.80	3.42	3.72
2012	−0.99	2.02	7.33	4.42	6.44	4.58	1.04	5.43	5.06
2013	16.06	8.04	5.67	2.14	3.40	4.16	4.37	5.08	3.58
均值	4.51	7.72	6.81	5.62	6.49	5.57	6.41	7.81	8.56

资料来源：根据表3-6计算得出；原始数据来源于美国商务部经济分析局，http://www.bea.gov。

从增长率来看，各个大类细分行业的增长率，除了在前文所阐述的经济危机期间内表现波动较大以外，可以说在整体上增长比较平稳，除了农业和采矿业波动略大，其余的行业基本体现了稳步增长的特点。在所考察的时间范畴内，农业的增长率表现出了两个特点：一是波动较大，二是长期增长率是下降的；采矿业的增长率不同于农业，虽然增长率波动也很大，但是增长率的长期趋势是上升的；建筑业相对于前两个大类细分行业而言波动不大，增长率的总体趋势是缓慢上升的；制造业虽然在数量上很大，但是其增长速度却是持续下降的，从1984年以后再没有出现过两位数的增长速度；批发业相对于零售业的增长速度显得要更快，而零售业的增长相对于批发业，在经济波动期或经济危机期间表现出的特点也不相同，零售业对于较大经济危机的反应更为强烈；交通运输及公共服务业在20世纪70年代增长最快，而近期的增长速度是慢于平均速度的；金融、保险及房地产业的增长速度仅次于服务业的增长速度，但是在1997年"亚洲金融危机"之后其增长速度明显放缓，而且从增长速度分析，"亚洲金融危机"对美国金融业的影响是具有滞后性的，据此，可以判断美国当下金融、保险及房地产业增长放缓，有可能是2007年"次贷危机"对该行业影响的滞后性所导致的；服务业的增长速度是全行业最快的，但其增长的高峰期是 20 世纪 70 年代和 80 年代，这 20 年期间几乎保持了两位数的增长速度，而当下的 10 年明显放缓。

从均值来看，如果按照降序排列各个大类细分行业的 GDP 增长率依次是：服务业 8.56%，金融、保险及房地产业 7.81%，采矿业 7.72%，建筑业 6.81%，批发业 6.49%，交通运输及公共服务业 6.41%，制造业 5.62%，零售业 5.57%，农业 4.51%。可见，占据整个经济一半的服务业和金融、保险及房地产业在增长速度上也是最快的，这样无论从占比还是总量抑或增长速度来衡量，服务业和金融、保险及房地产业这两个行业都是美国经济增长的主要拉动力量，决定着经济增长的速度和程度。

各个大类细分行业在各个年度的变化和总量的波动是一致的，而且影响其波动的因素也是类似的，所以在此对于引起波动的经济背景及历史事件不再作阐述，相关内容可以参见表 3-6 的分析。

综观美国各个大类细分行业的增长速度，不难发现，美国经济的增长速度在最近 10 年一直在放缓，从长期趋势看，随着其经济总量的不断加大，其增长速度越来越慢，也就是说增长速度的趋势是下行的。

（五）大类细分行业经济增长的影响因子

通过对各个大类细分行业的总量变化、所占比例特征以及增长速度的分析，可以看到美国 9 个大类细分行业中，所占比例较大的是服务业，金融、保险及房地产业，制造业，但是其中制造业的增长速度并不快，那么如何衡量一个大类细分行业的综合影响呢？在此通过大类细分行业的影响因子来考察。

假设，每个大类细分行业对于整个经济的影响体现在其所占份额和增长速度两者的共同作用上。这里用 Y_{Npr} 表示各个大类细分行业的综合影响因子，Y_{Npr} 可以表示为各个大类细分行业的占比 P_N 和增长速度 R_{Nj} 的乘积，即：

$$Y_{Npr} = P_N \times R_{Nj}$$

据此，根据表 3-7 和表 3-8 可以求出各个大类细分行业的综合影响因子的数值，如表 3-9 所示：

表 3-9　大类细分行业经济增长的影响因子

单位：%

类别	农业	采矿业	建筑业	制造业	批发业	零售业	交通运输及公共服务业	金融、保险及房地产业	服务业
P_N	1.69	2.32	4.97	18.89	7.21	8.40	9.24	21.58	25.70
R_{Nj}	4.51	7.72	6.81	5.62	6.49	5.57	6.41	7.81	8.56
Y_{Npr}	0.08	0.18	0.34	1.06	0.47	0.47	0.59	1.68	2.20

资料来源：根据表 3-7 和表 3-8 计算得出；原始数据来源于美国商务部经济分析局，http: //www.bea.gov。

从各个大类细分行业的影响因子来看，如果按照影响因子大小排列各个大类细分行业，那么排序依次是：服务业 2.20%，金融、保险及房地产业 1.68%，制造业 1.06%，交通运输及公共服务业 0.59%，批发业 0.47%，零售业 0.47%，建筑业 0.34%，采矿业 0.18%，农业 0.08%。可见，大类细分行业中影响整个经济的是服务业，金融、保险及房地产业，制造业。分析中可知制造业虽然增长速度较慢，但是由于其数量很大，因此制造业依旧对整个经济的增长起着很大的作用；另外也表明了美国经济日渐服务化的趋势，同时预示着金融、保险及房地产业的变动对美国整个经济的影响会越来越深、越来越广。

所以，通过把数量、所占比例和增长速度统一起来衡量各个大类细分行业对美国经济的整体影响，可以得出一个结论：制造业，服务业，金融、保险及房地产业这三个行业创造的 GDP 占整个经济的比例达到了66.17%，这三个大类细分行业的增长足以拉动美国经济的增长。

三、中类细分行业的经济增长

为了进一步从行业构成的角度分析拉动美国经济增长的行业，在下面的内容里，将对影响美国经济增长的三个大类细分行业即服务业，金融、保险及房地产业，制造业进行分析。

（一）中类细分行业的划分

上述所分析的是美国大类细分行业的经济增长特点，根据所得出的结论，按照本书的分析思路，大类行业是由不同中类细分行业构成的，而在大类细分行业的增长过程中各个中类细分行业的作用是不同的，因此只有对构成大类行业的不同中类行业作进一步研究，才能看到大类行业的增长究竟是哪个中类行业在拉动。

　　下面对拉动经济增长的主要中类细分行业做进一步分析，根据前文对美国行业划分标准的阐释，可知在大类细分行业中还包含71个中类细分行业，但是这种划分标准是2007年的标准①，与前两次②的划分标准差异较大，所以本书进行了调整（见表3-5），调整后的中类细分行业数量明显减少，本书通过前文的分析已经把对经济影响力比较大的三个行业筛选出来了，因此只需要对这三个大类行业进行分析就可以了，而没必要分析全部71个中类行业。参照美国行业分类标准以及表3-5，调整后的分类如表3-10所示：

表3-10　中类细分行业构成类别表

	Gross Domestic Product（GDP）
一	Private industries（私营经济）
1	Agriculture, forestry and fishing（农业、林业和渔业）
(1)	Farms（种植业）
(2)	Agricultural services, forestry and fishing（农业服务业，林业和渔业）
2	Mining（采矿业）
(3)	Nonmetallic minerals, except fuels/Metal mining/Coal mining（除能源金属矿煤矿的非金属）
(4)	Oil and gas extraction（石油和天然气开采）
3	Construction（建筑业）
4	Manufacturing（制造业）
(5)	Durable goods（耐用品制造业）
(6)	Nondurable goods（非耐用品制造业）
5	Wholesale trade（批发业）
6	Retail trade（零售业）
7	Transportation and public utilities（交通运输及公共服务业）
(7)	Transportation（交通运输业）
(8)	Electric, gas and sanitary services（电、气和卫生服务业）
(9)	Communications
8	Finance, insurance and real estate（金融、保险及房地产业）
(10)	Finance and insurance（金融、保险业）

① 参见附录三。
② 参见附录一、附录二。

	Gross Domestic Product（GDP）
(11)	Real estate/2/Holding and other investment offices（不动产，控股及其他投资机构）
9	Services（服务业）
(12)	Professional and business services（专业、商业服务业）
(13)	Educational services, health care and social assistance（教育服务、健康医疗及社会救助业）
(14)	Arts, entertainment, recreation, accommodation and food services（艺术、娱乐、休闲、住宿及饮食服务业）
(15)	Other services, except government（Auto repair, services and parking/Private households/Membership organizations/Personal services/Motion pictures）（除政府外的其他服务业）
二	Government（政府）
10	Federal（联邦政府）
(16)	General government（广义政府）
(17)	Government enterprises（国有企业）
11	State and local（州和地方政府）
(18)	General government（广义政府）
(19)	Government enterprises（国有企业）

资料来源：根据附录一、附录二、附录三整理。

由于前文已作说明，本书研究过程中对政府创造的 GDP 部分进行处理，所以，政府部分的 4 个中类细分行业（16、17、18、19）被剔除。农业、采矿业、交通运输及公共服务业（1、2、3、4、7、8、9）对经济增长的影响相对较小，所以在前一部分的分析中也被剔除；这样此部分研究的中类细分行业包含 5、6、10、11、12、13、14、15 共 8 个中类细分行业即：

制造业里的耐用品制造业和非耐用品制造业，金融、保险及房地产业里的金融和保险业与房地产业，服务业里的专业、商业服务业，教育服务、健康医疗及社会救助业，艺术、娱乐、休闲、住宿及饮食服务业，除政府外的其他服务业。下面对这 8 个中类细分行业增长特点进行分析。

（二）中类细分行业的增长特点

从大范围考察，中类细分行业也属于私营经济范畴，与考察大类细分行业的指标相似，也是按照总量、均值和所占比例份额这三项指标进行分析。首先看一下中类细分行业总量增长的情况，如表 3-11 所示：

表 3-11 中类细分行业 GDP（1947~2013 年）

单位：百万美元

年份	耐用品制造业	非耐用品制造业	金融、保险业	房地产业	专业、商业服务业	教育服务、健康医疗及社会救助业	艺术、休闲、娱乐、住宿及饮食服务业	除政府外的其他服务业	合计
1947	33053	32433	5902	18399	4224	4541	2746	8932	110230
1948	37921	36520	6864	20205	4719	5204	2946	9239	123618
1949	36930	35031	7651	21592	4858	5441	2996	9461	123960
1950	45641	38086	8298	23837	5395	5944	3050	9959	140210
1951	55227	43418	9309	26470	6247	6527	3223	10552	160973
1952	58652	44206	10476	28901	6998	7106	3438	10813	170590
1953	65632	46233	11658	31643	7680	7790	3613	11347	185596
1954	60637	45681	12492	34418	8247	8105	3780	11647	185007
1955	70421	50367	13578	37215	9202	9500	3983	12677	206943
1956	73509	53225	14856	39615	10583	10266	4271	13766	220091
1957	77560	53687	15959	42298	11780	11290	4539	14392	231505
1958	69584	54229	17197	45153	12251	12372	4705	14967	230458
1959	81055	58591	18447	48388	13695	13722	5217	15940	255055
1960	81975	59774	19931	51754	14603	14560	5549	17042	265188
1961	81016	61181	21088	55061	15999	15611	5836	17771	273563
1962	91377	64567	21512	59538	17440	17116	6203	18791	296544
1963	97555	67695	22507	63041	18932	18425	6724	19624	314503
1964	105141	71893	24605	66970	20889	20367	7146	21010	338021
1965	118084	77337	26877	71134	23071	22159	7747	22082	368491
1966	130603	84165	29412	75597	26201	24766	8269	23825	402838
1967	133560	86535	32831	80272	28842	28184	8901	25314	424439
1968	145714	94489	36857	86357	31304	31800	9714	27175	463410
1969	153602	99107	41648	93740	35437	36585	10429	28970	499518
1970	145258	102254	44629	100517	38566	41153	11354	30129	513860
1971	153218	107687	49090	111881	41585	45524	12127	31904	553016
1972	171696	116294	53705	122624	46928	51469	13286	34052	610054
1973	194463	124712	57802	135599	54489	57686	15061	36871	676683
1974	200603	133120	65197	147527	60180	64698	16231	38864	726420

年份	耐用品制造业	非耐用品制造业	金融、保险业	房地产业	专业、商业服务业	教育服务、健康医疗及社会救助业	艺术、休闲、娱乐、住宿及饮食服务业	除政府外的其他服务业	合计
1975	205807	145884	73914	161957	66003	74276	17943	41550	787334
1976	238355	164052	80623	176773	74095	83668	20374	46620	884560
1977	276003	183060	95478	193190	88757	93712	24075	50061	1004336
1978	315345	197534	113165	217016	103276	106021	28055	57920	1138332
1979	341274	223716	124185	244718	121119	119178	31616	62335	1268141
1980	345929	233553	139161	279062	140415	137953	34688	65523	1376284
1981	384551	257839	155420	322606	161402	158006	38878	69797	1548499
1982	373020	267027	171417	348056	179310	177906	42002	74559	1633297
1983	395588	290559	191927	386577	201336	194831	45210	82440	1788468
1984	468031	304495	214106	430444	237539	213126	49540	93675	2010956
1985	475089	320799	229166	475450	265292	230328	55652	104248	2156024
1986	483988	339515	257333	512379	294972	249078	58977	112835	2309077
1987	514332	366905	278994	537167	324769	284874	64077	120813	2491931
1988	562959	405496	306893	576230	375636	309846	69428	133001	2739489
1989	583531	427342	326221	612593	414160	344043	75829	142958	2926677
1990	579036	447290	345871	650978	456802	382874	83991	149749	3096591
1991	574252	461561	384176	676497	460430	420971	88268	152987	3219142
1992	602133	479158	409522	715461	499380	458414	97476	159549	3421093
1993	632778	490618	438327	743665	522888	479606	100571	171431	3579884
1994	697018	518550	455612	777574	557127	503254	105784	179574	3794493
1995	731831	550469	502154	820707	604695	529274	115936	191709	4046775
1996	760046	558040	548410	863111	666056	549216	125057	200533	4270469
1997	821501	624497	599631	982989	793456	575757	220415	221144	4839389
1998	852712	690904	639809	1083173	919411	605718	321320	248816	5361863
1999	876872	756396	679479	1173468	1002958	641757	353300	260938	5745168
2000	926985	744477	750436	1241947	1111168	681448	385823	279926	6122210
2001	835053	759127	817492	1339196	1161460	733629	389251	266451	6301659
2002	834705	774644	835186	1411191	1195477	791366	413199	285942	6541710
2003	865892	810492	866781	1464949	1248286	844545	432226	284899	6818070

续表

年份	耐用品制造业	非耐用品制造业	金融、保险业	房地产业	专业、商业服务业	教育服务、健康医疗及社会救助业	艺术、休闲、娱乐、住宿及饮食服务业	除政府外的其他服务业	合计
2004	908498	871325	890279	1533974	1340537	905587	461447	298477	7210124
2005	959473	917175	991844	1649219	1442711	949879	481271	311721	7703293
2006	1005359	960232	1048838	1721869	1541585	1012912	509974	325716	8126485
2007	1030035	1014660	1040521	1836585	1657218	1064588	532105	330527	8506239
2008	994444	1006823	907226	1897287	1753090	1145309	535064	330843	8570086
2009	874274	1028195	969254	1904778	1661133	1214033	522304	329510	8503481
2010	956595	1056355	1005832	1945721	1729714	1248460	540671	332405	8815753
2011	1003844	1092042	1038026	2014402	1812629	1287042	561380	338892	9148257
2012	1054288	1134181	1125779	2092393	1917440	1333546	595350	355667	9608644
2013	1088529	1146692	1206931	2174806	1981713	1380352	621719	369308	9970050
均值	435816	372600	327698	595969	472624	344989	140945	122122	2812763

资料来源：原始数据来源于美国商务部经济分析局，http：//www.bea.gov；均值与合计是根据本表数据计算得出的。

就总量而言，不考虑价格因素的影响，1947~2013 年 8 个中类细分行业的 GDP 总量持续增长，但是各个细分行业的增长程度不同。

首先，横向从时间上看。在统计范畴（1947~2013 年）的 67 年内，耐用品制造业总量上是增长的，但相对于其他几个中类细分行业是波动最大的，有 12 年同比上一年 GDP 总量是下降的，在 1949 年、1954 年、1958 年、1961 年、1970 年、1982 年、1990 年、1991 年、2001 年、2002 年、2008 年、2009 年相对于上一年出现了 GDP 总量的下降。根据上文对大类细分行业增长原因的分析可知，耐用品制造业的波动和经济危机发生的频率是吻合的，也就是说该行业受危机影响比较明显。非耐用品制造业在所统计的范畴内，表现出了与耐用品制造业不同的特点，相对更稳定，并没有出现随经济危机波动的现象，受危机影响的程度远远小于耐用品制造业，其 GDP 总量仅在 1949 年、1954 年、2000 年、2008 年、2012 年的 5 年中同比上一年是下降的，下降的程度远远小于耐用品制造业，可见非耐用品在增长上表现出了和耐用品不同步的特点，要比耐用品的增长稳定。金融、保险业在总量上持续增长，仅在 2007 年、2008 年出现了下降，金融、保险业总量下降的年度相对于前两个行业较少，但 2007 年次贷危机对其的冲击要早于其他行业，危机发生后金融、保险业是所有中类细分行业中 GDP 最先下降的。房地产业是所有行业中增长最快的，而且同比上一年持续增长，在任何经济波动中都没有下降，增长态势和金融、保险业相似但表现更为稳健，从增长的平均值来看，增长更快。专业、商业服务业也是同比持续增长仅在 2009 年出现了下降，相对于金融、保险业，其对于 2007 年的危机反应相对滞后。教育服务、健康医疗及社会救助业是另一个 GDP 总量相对于上一年持续增长从未下降的行业，即使在重创美国经济的 2007 年"次贷危机"时期，GDP 的同比增长也没有下降，增长态势稳定而强健。艺术、休闲、娱乐、住宿及饮食服务业 GDP 总量小，但是增长的幅度较大，而且增长比较稳定，GDP 总量仅在 2009 年比上一年有所下降，但随即恢复增长，在 2010 年便超过了下降前一年度的 GDP 总量。除政府外的其他服务业，相对于前面讨论的行业波动程度更大。在 2001 年、2003 年、2009 年这 3 年里 GDP 总量相比上一年有所下降，从其波动的时间考察，可以看出该行业基本上是随着经济整体形势而变化的。

其次，纵向从波动特点上看。不同于前面分析的大类细分行业，在所统计的时间范围内，8 个中类行业没有出现过集体下降的情况，即使在影响很大的 2007 年的次贷危机中，房地产业和教育服务、健康医疗及社会救助业这两个中类细分行业 GDP 同比上年度仍是增长的；而耐用品制造业和非耐用品制造业的波动与前文分析的大类行业的波动相似，波动的原因和前文分析是一致的，因为这两个中类细分行业构成了前文中的大类细分行业的制造业，所以其 GDP 变动原因在此不赘述。

从中类细分行业 GDP 总量的横向波动可以观察到，相对于大类细分行业，中类细分行业受经济危机等经济变动和重大经济政治事件的影响更小，把行业细分成中类行业后受经济变动的影响缩小；在 20 世纪五六十年代耐用品和非耐用品的波动足以引起整个经济系统随之波动，但随着经济的发展制造业的这种影响力在减小；到了 2000 年，金融、保险业和专业、商业服务业的变动足以影响整个经济的变化；而且随着经济的发展，可以看出各个行业的增长受金融、保险业的影响越来越明显，从 1997 年的"亚洲金融危机"到 2007 年的美国"次贷危机"，金融、保险业的影响范围越来越大。

如果从传统的产业分类观点来看，服务业对美国社会经济的影响日趋明显，而且整个经济趋于服务化的趋势也越来越明显；在统计期间内，各个中类细分行业的 GDP 周期性变动的特点并没有像大类细分行业那么明显，不过整个经济体系受金融保险业的影响日趋明显的特征是和大类行业一致的。

（三）中类细分行业的构成特点

一个行业对整个经济的影响程度和该行业的经济总量直接相关。在所考察范围内的 8 个中类细分行业中，各个行业占整个经济的比例不同，其对 GDP 总量影响的程度也是不一样的，下面从各个中类细分行业 GDP 占 GDP 总量的比值来分析不同中类细分行业的构成对整体经济的影响。

因为各个中类细分行业的构成每年都会随着时间的变化而发生变化，在此取 1947~2013 年各年度的算术平均值来衡量各个中类细分行业所占比例的变化特点。

假设 1947 年耐用品制造业的 GDP 总量是 Y_{ny1}，那么 2013 年耐用品制造业的 GDP 总量是 Y_{ny67}，则耐用品制造业 GDP 总量各个年度的均值 Y_{nyj} 就可以表示为：

$Y_{nyj} = (Y_{ny1} + Y_{ny2} + \cdots + Y_{ny67})/67$，以此类推，

非耐用品制造业：$Y_{fnyj} = (Y_{fny1} + Y_{fny2} + \cdots + Y_{fny67})/67$

金融、保险业：$Y_{jbj} = (Y_{jb1} + Y_{jb2} + \cdots + Y_{jb67})/67$

房地产业：$Y_{fdj} = (Y_{fd1} + Y_{fd2} + \cdots + Y_{fd67})/67$

专业、商业服务业：$Y_{zsj} = (Y_{zs1} + Y_{zs2} + \cdots + Y_{zs67})/67$

教育服务、健康医疗及社会救助业：$Y_{jjsj} = (Y_{jjs1} + Y_{jjs2} + \cdots + Y_{jjs67})/67$

艺术、休闲、娱乐、住宿及饮食服务业：$Y_{yxyzyj} = (Y_{yxyzy1} + Y_{yxyzy2} + \cdots + Y_{yxyzy67})/67$

除政府外的其他服务业：$Y_{qtfwj} = (Y_{qtfw1} + Y_{qtfw2} + \cdots + Y_{qtfw67})/67$

再假设 8 个中类细分行业均值的总量是 Y_{zong}，那么有：

$Y_{zong} = Y_{nyj} + Y_{fnyj} + Y_{jbj} + Y_{fdj} + Y_{zsj} + Y_{jjsj} + Y_{yxyzyj} + Y_{qtfwj}$

按照同样的方法，各自占比也会相应求出。

把数据代入后求得各个中类细分行业占比 P_N 的数值：

耐用品制造业：$P_{ny} = Y_{nyj}/Y_{zong} = 15.49\%$

非耐用品制造业：$P_{fny} = Y_{fnyj}/Y_{zong} = 13.25\%$

金融、保险业：$P_{jb} = Y_{jbj}/Y_{zong} = 11.65\%$

房地产业：$P_{fd} = Y_{fdj}/Y_{zong} = 21.19\%$

专业、商业服务业：$P_{zs} = Y_{zsj}/Y_{zong} = 16.80\%$

教育服务、健康医疗及社会救助业：$P_{jjs} = Y_{jjsj}/Y_{zong} = 12.27\%$

艺术、休闲、娱乐、住宿及饮食服务业：$P_{yxyzy} = Y_{yxyzyj}/Y_{zong} = 5.01\%$

除政府外的其他服务业：$P_{qtfw} = Y_{qtfwj}/Y_{zong} = 4.34\%$

把上述各个中类细分行业各自所占比例的计算结果整理成表 3-12：

表 3-12　中类细分行业各年度 GDP 总量均值及各自占总量比例

单位：百万美元，%

类别	耐用品制造业	非耐用品制造业	金融、保险业	房地产业	专业、商业服务业	教育服务、健康医疗及社会救助业	艺术、休闲、娱乐、住宿及饮食服务业	除政府外的其他服务业	合计
均值	435816	372600	327698	595969	472624	344989	140945	122122	2812763
份额	15.49	13.25	11.65	21.19	16.80	12.27	5.01	4.34	100.00

资料来源：各个中类细分行业 GDP 总量数据来源于美国商务部经济分析局，http://www.bea.gov；各个中类细分行业占比数据和均值数据根据总量数据求得。

表 3-12 中列出的数据显示，各个中类细分行业中 GDP 均值最大的是房地产业，在统计范围内的 1947~2013 年，房地产业的 GDP 均值是 595969 百万美元，所以房地产业占比也是最大的，为 21.19%，其次是专业、商业服务业，该行业的 GDP 均值是 472624 百万美元，其占比是 16.80%，再次是耐用品制造业，GDP 的均值是 435816 百万美元，该行业的 GDP 占比是 15.49%。接下来从大到小排序依次为：非耐用品制造业，GDP 均值是 372600 百万美元，其占比是 13.25%；教育服务、健康医疗及社会救助业，GDP 均值是 344989 百万美元，其占比是 12.27%；金融、保险业，GDP 均值是 327698 百万美元，其占比是 11.65%；艺术、休闲、娱乐、住宿及饮食服务业，GDP 均值是 140945 百万美元，其占比是 5.01%；各个中类细分行业中 GDP 均值最小的是除政府以外的其他服务业，GDP 均值是 122122 百万美元，其占比也最小，是 4.34%。

可见，各个中类细分行业 GDP 的总量数据和所占总量的比例表明，金融、保险业，房地产业以及专业、商业服务业发展迅速，增量很大；而按照传统的三次产业①的划分方法分析美国行业结构对于社会分工细化日趋

---

① 传统的三大产业划分方法并不统一，但比较普遍的看法一般可以笼统地认为：农业为第一产业，工业为第二产业，服务业为第三产业。

细化发展的今天，显得粗糙，而且中类细分行业各自所占比例表明，随着经济的不断发展，金融、服务业等正在逐渐成为影响美国经济变动的主导因素，美国的产业发展在逐渐服务化的过程中，传统的生产制造业的发展相对缓慢，正如前文所述这种行业结构的改变势必要影响其就业结构，从而使就业结构产生变化。对于此方面的内容会在后文关于"就业增长部分"作进一步研究。

为了更清楚地说明各个中类细分行业在整个经济总量中所占的份额不同，下面用所占比例的份额图进行辅助说明，如图3-7所示：

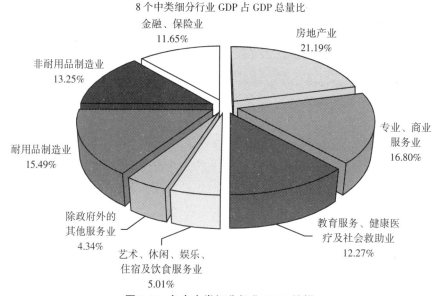

8个中类细分行业GDP占GDP总量比

金融、保险业 11.65%

房地产业 21.19%

非耐用品制造业 13.25%

专业、商业服务业 16.80%

耐用品制造业 15.49%

除政府外的其他服务业 4.34%

艺术、休闲、娱乐、住宿及饮食服务业 5.01%

教育服务、健康医疗及社会救助业 12.27%

图3-7　各个中类细分行业GDP份额

因此，在后文小类细分行业的研究中将把占比份额较小的艺术、休闲、娱乐、住宿及饮食服务业和除政府外的其他服务业剔除掉，在剩余的6个中类细分行业中考察小类细分行业的经济增长。

可以看出，不同于大类细分行业制造业，金融、保险及房地产业，服务业占据整个经济60%的情况，在中类细分行业的8个行业中，除了艺术、休闲、娱乐、住宿及饮食服务业，除政府外的其他服务业这2个行业外，其他6个中类细分行业各自的经济体量差距不是很大。但是，如果按照刘骏民教授美国经济虚拟化的观点[①]来考量，作为虚拟经济的组成部分：金融、保险业，房地产业，专业、商业服务业，这三个中类细分行业占了整个经济总量的 50%，这表明美国社会在日趋服务化的同时，以金融、保险及房地产业为主要内容的虚拟经济对整个经济的影响在不断加深，以至于虚拟经济的波动将直接导致整个经济随之波动，1997 年的"亚洲金融危机"以及 2007 年的美国"次贷危机"就是两个典型的案例。

（四）中类细分行业增长率的特征

由于每个行业在经济总量中所占的份额不一样，因此在研究行业经济增长时仅仅从总量上观察很难发现哪个行业经济增长的快，或者哪个行业经济增长的慢，研究中类细分行业也是如此。因为每个中类细分行业在整个经济中所占的份额不同，而且每个中类细分行业的增长基数不一样，所以在考察中类细分行业的经济增长时就有必要从增长率的角度对中类细分行业增长的特点进行分析，而且如果从增长率的角度考察细分行业就很容易发现增长速度最快的中类细分行业，也能够看到哪些中类细分行业代表着大类细分行业经济发展的趋势。

由于各个中类细分行业的增长率每年都会随着时间的变化而变化，所以在此取 1947~2013 年各年度增长率的算术平均值来衡量各个中类细分行业增长速度的变化。

如前文所述，假设 1947 年耐用品制造业 GDP 的增长率是 R_{ny1}，那么 2013 年耐用品制造业 GDP 的增长率就是 R_{ny67}，如果按照这种方法进行计算，各个中类细分行业各个年度的 GDP 增长率均值 R_{Nj} 就可以表示为：

耐用品制造业：$R_{nypj} = (R_{nyp1} + R_{nyp2} + \cdots + R_{nyp67})/67 = 5.68\%$

非耐用品制造业：$R_{fnypj} = (R_{fnyp1} + R_{fnyp2} + \cdots + R_{fnyp67})/67 = 5.62\%$

金融、保险业：$R_{jbj} = (R_{jb1} + R_{jb2} + \cdots + R_{jb67})/67 = 8.49\%$

房地产业：$R_{fdj} = (R_{fd1} + R_{fd2} + \cdots + R_{fd67})/67 = 7.54\%$

专业、商业服务业：$R_{zsj} = (R_{zs1} + R_{zs2} + \cdots + R_{zs67})/67 = 9.86\%$

教育服务、健康医疗及社会救助业：$R_{jjsj} = (R_{jjs1} + R_{jjs2} + \cdots + R_{jjs67})/67 = 9.11\%$

艺术、休闲、娱乐、住宿及饮食服务业：$R_{yxyzyj} = (R_{yxyzy1} + R_{yxyzy2} + \cdots + R_{yxyzy67})/67 = 5.86\%$

---

① 刘骏民. 从虚拟资本到虚拟经济 [M]. 济南：山东人民出版社，1998.

除政府外的其他服务业：$R_{qtfwj} = (R_{qtfw1} + R_{qtfw2} + \cdots + R_{qtfw67})/67 = 7.13\%$

把上述公式所需的数据代入后便可以求得中类细分行业GDP年均增长率的数值。经过整理后的各个年度各个中类细分行业的增长率及各个中类细分行业的年均增长率如表3-13所示：

表3-13　中类细分行业 GDP 增长率（1948~2013 年）

单位：%

年份	耐用品制造业	非耐用品制造业	金融、保险业	房地产业	专业、商业服务业	教育服务、健康医疗及社会救助业	艺术、休闲、娱乐、住宿及饮食服务业	除政府外的其他服务业	合计
1948	14.73	12.60	16.30	9.82	11.72	14.60	7.28	3.44	12.15
1949	−2.61	−4.08	11.47	6.86	2.95	4.55	1.70	2.40	0.28
1950	23.59	8.72	8.46	10.40	11.05	9.24	1.80	5.26	13.11
1951	21.00	14.00	12.18	11.05	15.79	9.81	5.67	5.95	14.81
1952	6.20	1.81	12.54	9.18	12.02	8.87	6.67	2.47	5.97
1953	11.90	4.59	11.28	9.49	9.75	9.63	5.09	4.94	8.80
1954	−7.61	−1.19	7.15	8.77	7.38	4.04	4.62	2.64	−0.32
1955	16.14	10.26	8.69	8.13	11.58	17.21	5.37	8.84	11.86
1956	4.39	5.67	9.41	6.45	15.01	8.06	7.23	8.59	6.35
1957	5.51	0.87	7.42	6.77	11.31	9.97	6.27	4.55	5.19
1958	−10.28	1.01	7.76	6.75	4.00	9.58	3.66	4.00	−0.45
1959	16.49	8.04	7.27	7.16	11.79	10.91	10.88	6.50	10.67
1960	1.14	2.02	8.04	6.96	6.63	6.11	6.36	6.91	3.97
1961	−1.17	2.35	5.81	6.39	9.56	7.22	5.17	4.28	3.16
1962	12.79	5.53	2.01	8.13	9.01	9.64	6.29	5.74	8.40
1963	6.76	4.84	4.63	5.88	8.56	7.65	8.40	4.43	6.06
1964	7.78	6.20	9.32	6.23	10.34	10.54	6.28	7.06	7.48
1965	12.31	7.57	9.23	6.22	10.45	8.80	8.41	5.10	9.01
1966	10.60	8.83	9.43	6.27	13.57	11.76	6.74	7.89	9.32
1967	2.26	2.82	11.62	6.18	10.08	13.80	7.64	6.25	5.36
1968	9.10	9.19	12.26	7.58	8.54	12.83	9.13	7.35	9.18
1969	5.41	4.89	13.00	8.55	13.20	15.05	7.36	6.61	7.79
1970	−5.43	3.18	7.16	7.23	8.83	12.49	8.87	4.00	2.87

续表

年份	耐用品制造业	非耐用品制造业	金融、保险业	房地产业	专业、商业服务业	教育服务、健康医疗及社会救助业	艺术、休闲、娱乐、住宿及饮食服务业	除政府外的其他服务业	合计
1971	5.48	5.31	10.00	11.31	7.83	10.62	6.81	5.89	7.62
1972	12.06	7.99	9.40	9.60	12.85	13.06	9.56	6.73	10.31
1973	13.26	7.24	7.63	10.58	16.11	12.08	13.36	8.28	10.92
1974	3.16	6.74	12.79	8.80	10.44	12.16	7.77	5.41	7.35
1975	2.59	9.59	13.37	9.78	9.68	14.80	10.55	6.91	8.39
1976	15.81	12.45	9.08	9.15	12.26	12.64	13.55	12.20	12.35
1977	15.79	11.59	18.43	9.29	19.79	12.00	18.17	7.38	13.54
1978	14.25	7.91	18.52	12.33	16.36	13.13	16.53	15.70	13.34
1979	8.22	13.25	9.74	12.76	17.28	12.41	12.69	7.62	11.40
1980	1.36	4.40	12.06	14.03	15.93	15.75	9.72	5.11	8.53
1981	11.16	10.40	11.68	15.60	14.95	14.54	12.08	6.52	12.51
1982	−3.00	3.56	10.29	7.89	11.10	12.59	8.04	6.82	5.48
1983	6.05	8.81	11.96	11.07	12.28	9.51	7.64	10.57	9.50
1984	18.31	4.80	11.56	11.35	17.98	9.39	9.58	13.63	12.44
1985	1.51	5.35	7.03	10.46	11.68	8.07	12.34	11.29	7.21
1986	1.87	5.83	12.29	7.77	11.19	8.14	5.97	8.24	7.10
1987	6.27	8.07	8.42	4.84	10.10	14.37	8.65	7.07	7.92
1988	9.45	10.52	10.00	7.27	15.66	8.77	8.35	10.09	9.93
1989	3.65	5.39	6.30	6.31	10.26	11.04	9.22	7.49	6.83
1990	−0.77	4.67	6.02	6.27	10.30	11.29	10.76	4.75	5.81
1991	−0.83	3.19	11.07	3.92	0.79	9.95	5.09	2.16	3.96
1992	4.86	3.81	6.60	5.76	8.46	8.89	10.43	4.29	6.27
1993	5.09	2.39	7.03	3.94	4.71	4.62	3.18	7.45	4.64
1994	10.15	5.69	3.94	4.56	6.55	4.93	5.18	4.75	5.99
1995	4.99	6.16	10.22	5.55	8.54	5.17	9.60	6.76	6.65
1996	3.86	1.38	9.21	5.17	10.15	3.77	7.87	4.60	5.53
1997	8.09	11.91	9.34	13.89	19.13	4.83	76.25	10.28	13.32
1998	3.80	10.63	6.70	10.19	15.87	5.20	45.78	12.51	10.80
1999	2.83	9.48	6.20	8.34	9.09	5.95	9.95	4.87	7.15

年份	耐用品制造业	非耐用品制造业	金融、保险业	房地产业	专业、商业服务业	教育服务、健康医疗及社会救助业	艺术、休闲、娱乐、住宿及饮食服务业	除政府外的其他服务业	合计
2000	5.71	−1.58	10.44	5.84	10.79	6.18	9.21	7.28	6.56
2001	−9.92	1.97	8.94	7.83	4.53	7.66	0.89	−4.81	2.93
2002	−0.04	2.04	2.16	5.38	2.93	7.87	6.15	7.32	3.81
2003	3.74	4.63	3.78	3.81	4.42	6.72	4.60	−0.36	4.22
2004	4.92	7.51	2.71	4.71	7.39	7.23	6.76	4.77	5.75
2005	5.61	5.26	11.41	7.51	7.62	4.89	4.30	4.44	6.84
2006	4.78	4.69	5.75	4.41	6.85	6.64	5.96	4.49	5.49
2007	2.45	5.67	−0.79	6.66	7.50	5.10	4.34	1.48	4.67
2008	−3.46	−0.77	−12.81	3.31	5.79	7.58	0.56	0.10	0.75
2009	−12.08	2.12	6.84	0.39	−5.25	6.00	−2.38	−0.40	−0.78
2010	9.42	2.74	3.77	2.15	4.13	2.84	3.52	0.88	3.67
2011	4.94	3.38	3.20	3.53	4.79	3.09	3.83	1.95	3.77
2012	5.03	3.86	8.45	3.87	5.78	3.61	6.05	4.95	5.03
2013	3.25	1.10	7.21	3.94	3.35	3.51	4.43	3.84	3.76
均值	5.68	5.62	8.49	7.54	9.86	9.11	8.94	5.86	7.13

资料来源：表中数据根据表 3-11 计算得出，而均值是根据上述公式求得的；原始数据来源于美国商务部经济分析局，http://www.bea.gov。

　　根据表 3-13 中增长率的变化情况可以看出，各个中类细分行业的增长率表现出来的特点不同于前文所分析的大类细分行业 GDP 的增长率，相对而言波动较小，各个中类细分行业的 GDP 增长率出现负值的年份在整体上少于大类细分行业，除了耐用品制造业和非耐用品制造业波动略大，其余的中类细分行业基本体现了稳步增长的特点。在所考察的时间范畴内，耐用品制造业 GDP 的增长率波动是最大的；非耐用品制造业的增长率有别于耐用品制造业增长率，虽然都是制造业的组成部分，但是在经济波动期内并没有表现出明显的同步性，而且这两个行业的增长率低于各个中类细分行业 GDP 增长率的平均值；金融、保险业相对于前两个中类细分行业而言波动集中在 2007 年的"次贷危机"发生之后，虽然有波动，但是总体增长率高于中类细分行业的平均值；房地产业不仅在数量上很大，而且其增长速度也较快，虽然不是全部中类细分行业中最快的，但在统计期间内持续增加没有出现过负值，最快的增长表现在 20 世纪 70 年代，平均增长速度超过了两位数，但是最近一个时期增长速度在放缓，1999 年以后再也没有出现过两位数的增长；专业、商业服务业的增长速度是所有 8 个中类细分行业中最快的，年均增长率达到了 9.86%，在 2009 年出现了一次负增长但随后很快恢复；教育服务、健康医疗及社会救助业的增长速度也很快，仅次于增长最快的专业、商业服务业，年均增长率是 9.11%，而且在各个经济波动期或经济危机期间从来没有出现过负增长，表明该行业的发展势头强劲；艺术、休闲、娱乐、住宿及饮食服务业属于中类细分行业中增长较慢的行业之一，在 2001 年、2003 年、2009 年出现了负增长；除政府外的其他服务业的 GDP 增长率也较快，增长速度快于整个中类细分行业 GDP 增长率的平均值。

从各个中类细分行业 GDP 均值大小来看，如果按照各个中类细分行业 GDP 增长速度的高低排列，各个中类细分行业的 GDP 平均增长率依次是：专业、商业服务业 9.86%，教育服务、健康医疗及社会救助业 9.11%，艺术、休闲、娱乐、住宿及饮食服务业 8.94%，金融、保险业 8.49%，房地产业 7.54%，除政府外的其他服务业 5.86%，耐用品制造业 5.68%，非耐用品制造业 5.62%。可见，耐用品制造业和非耐用品制造业共同组成的制造业仍是增长最慢的，但是由于其所占份额较大，因此对经济增长的作用不容忽视。

综上分析，可以得出与对大类细分行业总量分析相近的结论：占据整个经济总量一半的金融、保险业，房地产业，专业、商业服务业以及教育服务、健康医疗及社会救助业在增长速度上也是比较快的，这样无论从总量上还是从增长速度上来衡量，金融、保险业，房地产业，专业、商业服务业，以及教育服务、健康医疗及社会救助业这 4 个行业都是美国经济的主体部分，代表着经济增长的速度和发展的方向。

在各个年度各个中类细分行业的 GDP 增长速度和总量相对于各个大类细分行业的变化是稳定的，但也稍有波动，而引起波动的因素和引起大类细分行业波动的因素也是相似的。因此，对于引起中类细分行业波动的经济背景及历史事件此处不再作阐述。

综观美国各个中类细分行业的增长速度，很容易发现，中类细分行业的波动幅度更小，其增长速度在最近 10 年内持续减缓，由于这些中类细分行业代表了大类细分行业的发展方向，进而代表了整个经济的发展方向，因此这表明美国经济的增长速度整体上也一直在放缓，从长期趋势看，随着其经济总量的不断加大，其增长速度会越来越慢，也就是说增长速度的趋势是下行的，但是服务业的一些中类细分行业却发展得越来越快。

（五）中类细分行业经济增长的影响因子

据前文分析可知，各个中类细分行业的总量、总量占比，以及增长速度都是不同的。在所分析的美国 8 个中类细分行业中，所占比例较大的中类细分行业有 6 个，分别是：房地产业 GDP 的占比是 21.19%，专业、商业服务业 GDP 的占比是 16.80%，耐用品制造业 GDP 的占比是 15.49%，非耐用品制造业 GDP 的占比是 13.25%，教育服务、健康医疗及社会救助业 GDP 的占比是 12.27%，金融、保险业 GDP 的占比是 11.65%，而其余两个中类细分行业所占比例较小。

但是就增长速度而言，各个中类细分行业 GDP 的平均增长率降序排列依次是：专业、商业服务业 9.86%，教育服务、健康医疗及社会救助业 9.11%，金融、保险业 8.49%，房地产业 7.54%，除政府外的其他服务业 5.86%，艺术、休闲、娱乐、住宿及饮食服务业 8.94%，耐用品制造业 5.68%，非耐用品制造业 5.62%。

比较之后会发现，有些总量大的中类细分行业增长速度并不快，如耐用品制造业和非耐用品制造业；而有些增长较快的中类细分行业其所占比例并不大，如除政府外的其他服务业和艺术、休闲、娱乐、住宿及饮食服务业。

那么如何衡量一个中类细分行业的综合影响呢？在此借鉴衡量大类细分行业的方法，即通过中类细分行业的影响因子来考察。

假设，每个中类细分行业对于整个经济的影响体现为该行业所占份额和该行业的增长速度。这里用 Y_{Npr} 表示各个行业的综合影响因子，Y_{Npr} 可以表示为各个中类细分行业的占比 P_N 和增长速度 R_{Nj} 的乘积，即：

$$Y_{Npr} = P_N \times R_{Nj}$$

据此，根据表 3-12 和表 3-13 显示的各个中类细分行业的增长速度和各自所占比例可以求出各个中类细分行业的综合影响因子的数值，具体如表 3-14 所示：

从以上各个中类细分行业的影响因子来看，如果按照影响因子大小排列各个中类细分行业，那么排序依次是：专业、商业服务业 1.66%，房地

表 3-14　中类细分行业经济增长的影响因子

单位：%

类别	耐用品制造业	非耐用品制造业	金融、保险业	房地产业	专业、商业服务业	教育服务、健康医疗及社会救助业	艺术、休闲、娱乐、住宿及饮食服务业	除政府外的其他服务业
P_N	15.49	13.25	11.65	21.19	16.80	12.27	5.01	4.34
R_{Nj}	5.68	5.62	8.49	7.54	9.86	9.11	8.94	5.86
Y_{Npr}	0.88	0.74	0.99	1.60	1.66	1.12	0.45	0.25

资料来源：根据表 3-12 和表 3-13 计算得出；原始数据来源于美国商务部经济分析局，http://www.bea.gov。

产业 1.60%，教育服务、健康医疗及社会救助业 1.12%，金融、保险业0.99%，耐用品制造业 0.88%，非耐用品制造业 0.74%，艺术、休闲、娱乐、住宿及饮食服务业 0.45%，除政府外的其他服务业 0.25%。

显而易见，在中类细分行业中以及整个经济中影响因子最大的是专业、商业服务业，其次是房地产业，这两个行业的综合影响因子远远高于其他中类细分行业。由耐用品制造业和非耐用品制造业组成的制造业和在大类细分行业表现出的特点相似，虽然增长速度较慢，但是其占经济总量的比例较大，因此耐用品制造业和非耐用品制造业对整个中类细分行业的影响依旧很大。这一方面表明了美国中类细分行业中服务类行业如专业、商业服务业和教育服务、健康医疗及社会救助行业的发展速度很快，而且随着经济的发展所占的份额越来越大，另一方面金融、保险业和房地产业的强势发展预示着金融、保险及房地产业的变动对美国整个经济的影响会日趋广泛，如前所述，1997 年和 2007 年的两次金融方面的危机印证了这一点。

这样通过把增长的数量和增长的速度统一起来，衡量各个中类细分行业对美国经济的整体影响时，可以得出一个结论：专业、商业服务业，房地产业，教育服务、健康医疗及社会救助业，金融、保险业，耐用品制造业，非耐用品制造业，这 6 个行业创造的 GDP 占整个中类细分行业经济总量的比例达到了 90.65%，平均增长速度达到了 7.72%，足以拉动美国经济增长，由此决定美国经济增长的总量和速度。

因此，在下文研究中选择上述 6 个中类细分行业按照小类细分行业的层级展开进一步的分析。

四、小类细分行业的经济增长

为了进一步从行业构成的角度分析拉动美国经济增长的具体行业，在下面的内容里，将对影响美国经济增长的三个大类细分行业即服务业，金融、保险及房地产业，制造业进行分析。

（一）小类细分行业的划分

承前所述，按照本书的分析思路，要探讨是哪些小类细分行业拉动了前文中的 6 个中类细分行业的增长。为了达到此研究目标，首先要对中类细分行业进一步划分，把它细分成若干个小类细分行业。

下面先进行小类细分行业的划分，然后对拉动经济增长的主要小类细分行业做进一步考察。

根据前文对美国行业划分标准的阐释，可知在中类细分行业中还包含众多个小类细分行业。美国从 1947 年至 2013 年的行业数据是根据美国的行业分类体系中 3 个划分标准进行划分的，而且这种划分标准中 2007 年的标准[1]，与前两次[2]的标准差异较大，据此本书在研究大类细分行业和中类细分行业时依据前文调整后的行业类别（见表 3-10）进行。由于调整后的中类细分行业数量明显减少，也会导致小类细分行业减少，所以本书在研究小类细分行业时，按照第三个行业类别标准（2007 NAICS）来进行分析。

根据前文研究所筛选的结果，将对专业、商业服务业，房地产业，教育服务、健康医疗及社会救助业，金融、保险业，耐用品制造业，非耐用品制造业 6 个中类细分行业进行进一步细分。参照美国行业分类标准（2007 NAICS）以及前文的研究结果，小类细分行业构成如表 3-15 所示：

表 3-15　小类细分行业构成类别表

一	Durable goods（耐用品制造业）
1	Wood products（木制品业）
2	Nonmetallic mineral products（非金属矿产品业）
3	Primary metals（原料金属业）
4	Fabricated metal products（焊接金属制品业）
5	Machinery（机械制造业）

---

① 参见附录三。
② 参见附录一、附录二。

6	Computer and electronic products（计算机及电子产品业）
7	Electrical equipment, appliances and components（电气设备、电器及电器零部件业）
8	Motor vehicles, bodies and trailers, and parts（汽车、车体、拖车及零部件业）
9	Other transportation equipment（其他交通运输设备业）
10	Furniture and related products（家具及关联产品业）
11	Miscellaneous manufacturing（其他混杂制造业）
二	Nondurable goods（非耐用品制造业）
12	Food and beverage and tobacco products（食品、饮料、烟草业）
13	Textile mills and textile product mills（纺织品及纺织品生产业）
14	Apparel and leather and allied products（服装、皮革及系列产品生产业）
15	Paper products（制纸业）
16	Printing and related support activities（印刷及相关业）
17	Petroleum and coal products（石油制品、煤制品业）
18	Chemical products（化工业）
19	Plastics and rubber products（塑料及橡胶制品业）
三	Finance and insurance（金融、保险业）
20	Federal Reserve banks, credit intermediation, and related activities（联邦储备银行、信托中介及相关业）
21	Securities, commodity contracts and investments（证券、期货及投资业）
22	Insurance carriers and related activities（保险及相关行业）
23	Funds, trusts, and other financial vehicles（基金、信托及其他金融工具业）
四	Real estate and rental and leasing（房地产、房地产租赁、出租业）
24	Real estate（房地产业）
25	Rental and leasing services and lessors of intangible assets（房地产租赁、出租及无形资产租赁业）
五	Professional and business services（专业、商业服务业）
26	Professional, scientific and technical services（专业、科学及技术服务业）
27	Management of companies and enterprises（公司及企业治理业）
28	Administrative and waste management services（废物处理与管理业）
六	Educational services, health care and social assistance（教育服务、健康医疗及社会救助业）
29	Educational services（教育服务业）
30	Health care and social assistance（健康医疗及社会救助业）

资料来源：根据附录三整理。

如前文所述,本书在研究过程中对政府创造的 GDP 部分的处理是相同的,所以,对政府部分的小类细分行业在此不作研究。这样前文所筛选的 6 个中类行业被细分为 30 个小类行业,考察的时间范围是 1997~2013 年。

下面对这 30 个小类细分行业的增长特点进行分析。

(二)小类细分行业的增长特点

不同于对大类细分行业和中类细分行业的考察,由于小类细分行业数量较多,所以先从量上进行筛选,但是考察指标与大类细分行业和中类细分行业相同,也是参照总量、均值和所占比例份额这三项指标进行。首先看一下小类细分行业总量增长的情况,由于小类细分行业的名称较长,所以用数字编码代替,表 3-16 中的 1~30 行业和表 3-15 中的 1~30 行业是一一对应的,下表为 30 个小类细分行业 GDP 总量:

表 3-16　小类细分行业 GDP（1997~2013 年）

单位：百万美元

年份	1	2	3	4	5	6	7	8	9	10
1997	26866	39954	48164	110517	102552	196320	47096	112638	62702	28024
1998	27548	40944	48975	111993	114032	192199	40648	124294	66920	29720
1999	29409	43335	46163	116358	111265	186948	44680	135220	73958	31718
2000	28335	42717	47024	121683	113263	225875	45784	138065	71241	33599
2001	27364	41503	40520	111491	105758	173032	44294	125256	77007	31314
2002	27371	41985	41929	106563	99265	172391	43690	136156	73024	31339
2003	28854	42223	39523	109035	97805	193298	45610	144296	72666	30479
2004	32760	45551	55438	115275	104666	201530	42106	140278	75954	31083
2005	34865	49051	56636	122936	114887	211046	43247	136908	89914	33783
2006	31771	50618	62978	127137	122252	223441	51434	134632	96266	34584
2007	29131	50275	64707	135076	129732	227248	50193	125258	114048	32498
2008	25326	43809	67322	132981	129727	234108	55089	91667	111581	27943
2009	20667	37330	40111	117937	115561	228922	50177	48439	111855	23068
2010	22081	36181	48444	120326	122087	248999	49971	92904	112157	22225
2011	22127	36062	58119	127437	136712	248885	47393	111116	115436	22495
2012	23868	38784	63038	137551	143554	252647	49083	126297	116967	23860
2013	25917	40306	63591	139949	144638	255135	50593	138009	123241	24656
均值	27309	42390	52511	121426	118103	216001	47123	121261	92055	28964

年份	11	12	13	14	15	16	17	18	19	20
1997	52507	136109	27443	25236	55592	37472	47975	174914	58008	234130
1998	55439	140634	28100	23449	55972	39698	50432	182037	62090	269056
1999	57820	162571	28512	22422	59528	42194	45490	189790	66329	308675
2000	59399	164073	28004	22183	62366	43724	53088	189018	65895	328034
2001	57515	175658	25017	19526	53818	42874	69066	193419	64053	354651
2002	60992	177284	24156	18189	54397	42271	51176	207080	63490	401612
2003	62101	180382	18802	15530	51301	42360	82119	211458	63251	419209
2004	63856	177589	22287	14612	53086	42939	105662	230121	64366	390442
2005	66198	179914	20783	13860	51945	44649	142706	227299	63543	426193
2006	70247	194825	20170	12878	58187	46974	140854	260582	64392	436701
2007	71869	194404	19369	11856	55823	47786	154948	276412	63696	420460
2008	74889	201150	17813	11583	51056	44909	156777	280057	56330	417408
2009	80209	243160	15133	9924	58506	39263	114617	310296	61540	399458
2010	81221	229730	15555	10516	55313	38800	129979	330822	63274	410157
2011	78062	216720	15075	10316	52536	37936	169180	337154	64551	437783
2012	78639	230614	16254	10282	51759	37059	181701	341542	71085	470210
2013	82494	235106	16811	10409	51941	36844	169741	345728	73373	519334
均值	67850	190584	21134	15457	54890	41632	109736	252219	64074	390795

年份	21	22	23	24	25	26	27	28	29	30
1997	120282	216715	7455	937699	106817	503273	126705	215524	71750	509439
1998	119663	237630	13459	969683	113490	546844	140994	231573	74486	531232
1999	118352	235128	17324	1045740	127728	600152	150283	252523	80386	561372
2000	131042	275761	15600	1105440	136507	656024	173206	281938	86067	595381
2001	183338	262717	16786	1189291	149905	691557	174415	295488	91658	641971
2002	163355	251702	18517	1263149	148042	718163	176606	300709	98623	692744
2003	145017	280436	22119	1320367	144582	739508	187483	321295	106519	738026
2004	156039	320255	23543	1392758	141216	787405	206668	346464	116747	788841
2005	195402	343555	26693	1503645	145574	842818	219345	380548	121000	828880
2006	223633	363782	24722	1551875	169995	903735	238491	399359	129910	883002
2007	200617	392633	26811	1670844	165741	967317	259539	430362	138670	925919

年份	21	22	23	24	25	26	27	28	29	30
2008	119930	339636	30252	1718954	178333	1053337	261516	438237	149285	996023
2009	186701	357572	25524	1740571	164207	1000361	247136	413636	162991	1051042
2010	199473	365176	31026	1783933	161788	1022001	268205	439508	169271	1079189
2011	190332	379452	30458	1849196	165206	1074069	281044	457515	175464	1111578
2012	218250	398872	38447	1914768	177625	1127001	306195	484244	181249	1152297
2013	223825	421445	42326	1988655	186152	1154791	323165	503758	184567	1195785
均值	170309	320145	24180	1467445	151936	846374	220059	364275	125803	840160

资料来源：美国商务部经济分析局，http：//www.bea.gov，均值是计算求得。

在考察范围内，行业 10、13、14、15 衰退趋势明显，因为这四个小类细分行业的 GDP 在统计期间内的大部分年份是下降的，而行业 1、2、7、16 相对于其他几个小类细分行业总量增加值过小，因此这 8 个小类细分行业不会影响整个小类细分行业的增长和比重，所以对这 8 个小类细分行业不做分析。

一方面，横向从时间上看。在统计范畴（1997~2013 年）的 17 年内，就总量而言，不考虑价格因素的影响，1997~2013 年 30 个小类细分行业的 GDP 总量持续增长，但是相对于中类细分行业而言小类细分行业的增长程度略低，增长的差异化特点更明显。

由于小类细分行业的数量较多，因此以中类细分行业为组进行分类研究。

第一，在耐用品制造业中除掉不研究的行业，还有小类细分行业 3、4、5、6、8、9、11 这 7 个小类细分行业，其中总量最大的是 6（计算机及电子产品业），然后依次是 4（焊接金属制品业），8（汽车、车体、拖车及零部件业），5（机械制造业），9（其他交通运输设备业），11（其他混杂制造业），3（原料金属业），可见在小类细分行业中，计算机相关的细分行业以及汽车相关的细分行业仍然对美国经济起着至关重要的作用。

第二，在非耐用品制造业中除掉不研究的行业，还有小类细分行业 12、17、18、19 这 4 个小类细分行业，按照降序排列它们的 GDP 总量依次为：18（化工业），12（食品、饮料、烟草业），17（石油制品、煤制品业），19（塑料及橡胶制品业），因此，在美国化工行业仍然是非耐用品制造业中影响较大的一个小类细分行业。

第三，金融、保险业中的 4 个小类细分行业按照 GDP 降序排列依次为：20（联邦储备银行、信托中介及相关业），22（保险及相关行业），21（证券、期货及投资业），23（基金、信托及其他金融工具业），因此可以看出联邦储备银行、信托中介及相关业对美国经济的发展有很大的影响，而基金、信托及其他金融工具 GDP 总量并不大。

第四，房地产、房地产出租租赁业中包含 24、25 两个小类细分行业，而其中 24（房地产业）的 GDP 总量，几乎是 25（房地产租赁、出租及无形资产租赁业）GDP 总量的 10 倍，而且 24（房地产业）在整个小类行业中的总量也是最大的，其 GDP 年均值达到了 1467445 百万美元，GDP 在整个统计时间范围内持续增加，从来没有出现过下降的情况，因此，在美国经济中房地产业的变化足以影响整个经济。

第五，在专业、商业服务业中有 3 个小类细分行业 26、27、28，其中 GDP 最多的是 26（专业、科学及技术服务业），其次是 28（废物处理与管理业），27（公司及企业治理业）；相对于分析过的小类细分行业，这三个行业的 GDP 表现出更为稳定的特点，在考察的范围内仅在 2009 年同比上一年下降，其余年份 GDP 总量持续增长。

第六，在教育服务、健康医疗及社会救助业中的两个小类细分行业 29、30 中，30（健康医疗及社会救助业）的 GDP 总量远大于 29（教育服务业），而且这两个小类细分行业在统计数据的范围内持续增加，与房地产业一样，GDP 总量从没有出现过下降。

另一方面，纵向从波动特点上看。不同于前面分析的大类细分行业以及中类细分行业，在所统计的时间范围内，22 个小类细分行业中属于制造业范畴的小类细分行业的 GDP 总量波动较大，且整体处于下降的趋势；属于金融、保险及房地产业范畴的小类细分行业的 GDP 总量波动次之，呈现上升的态势，而属于服务业范畴内的小类细分行业的 GDP 总量则表现出了持续上升的特点。在受到经济波动或危机影响的期间内，没有出现集体下降的特点，而在对美国经济冲击较大的 2007 年的"次贷危机"中，制造业受到了较大影响，金融业也受到了一定的影响，但房地产业和服务业中的小类细分行业 GDP 同比上年度仍是增长的；小类细分行业的波动与前文分析的大类行业的波动原因是相同的，所以小类细分行业 GDP 变动的原因在此不赘述。

从小类细分行业 GDP 总量的横向波动可以看出，相对于大类细分行业和中类细分行业而言，小类细分行业体量相对较小，因此小类细分行业受经济危机、经济波动等经济变动和重大经济政治事件影响之后表现出了更大的差异性，把行业细分成小类行业后，经济变动的影响被分散化了；相对于在 20 世纪五六十年代的耐用品制造业和非耐用品制造业 GDP 总量的增长，在小类细分行业的考察期内，耐用品制造业和非耐用品制造业表现出衰退和乏力增长的趋势。而且，比较分析可知，随着经济的发展，制造业对整个经济的影响力在弱化；到了 2010 年，金融、保险及房地产业和服务业对经济的影响日渐明显；特别是在 1997 年"亚洲金融危机"之后的统计数据中，以及 2007 年美国"次贷危机"之后的统计数据中，可以印证这一点。

与前文分析的结果一致，如果从传统的"三大"产业分类法来衡量，金融、保险及房地产业影响着美国经济，产业细化到小类可以看出，服务业特别是新兴的专业、商业服务业，健康医疗及社会救助业对美国社会经济的影响越来越大，整个美国经济日趋服务化。

（三）小类细分行业的构成特点

通过对中类细分行业的分析，可以说是 6 个中类细分行业拉动了美国经济增长，但是把 6 个中类行业细分后，可以看到是 30 个小类行业在拉动美国经济增长，那么这 30 个小类行业哪些是主要的，哪些从比例上衡量可以忽略不计呢？下面从各个小类细分行业占总量的比值来分析不同小类细分行业的构成。

因为在 1997~2013 年，各个小类细分行业的构成每个统计年度都会发生变化，所以取各年度的算术平均值来衡量各个小类细分行业所占比例的变化特点。

由于小类细分行业种类比较多，所以仍然用数字编码代替各个小类细分行业名称，又因为对于小类细分行业的分析方法和前面的大类行业以及中类行业的分析方法是相同的，所以此处省略计算的过程，直接写出表达式。

假设 1997 年小类细分行业 1 的 GDP 总量是 Y^1_1，那么 2013 年小类细分行业 1 的 GDP 总量就是 Y^1_{17}，则小类细分行业 1 的 GDP 总量各个年度的均值 Y^1_j 就可以表示为：

$Y^1_j = (Y^1_1 + Y^1_2 + \cdots + Y^1_{17})/17$，以此类推，

小类细分行业 2：$Y^2_j = (Y^2_1 + Y^2_2 + \cdots + Y^2_{17})/17$

……

小类细分行业 30：$Y^{30}_j = (Y^{30}_1 + Y^{30}_2 + \cdots + Y^{30}_{17})/17$

再假设 30 个小类细分行业均值的总量是 Y_{zong}，那么有：

$Y_{zong} = Y^1_j + Y^2_j + \cdots + Y^{30}_j$

按照同样的方法，各个小类细分行业的占比也会相应求出。

把数据代入后求得各个小类细分行业占比 P_N 的数值：

小类细分行业 1：$P_1 = Y^1_j / Y_{zong}$

小类细分行业 2：$P_2 = Y^2_j / Y_{zong}$

······

小类细分行业 30：$P_{30} = Y^{30}_j / Y_{zong}$

把上述各个小类细分行业各自所占比例的计算结果按升序排列并整理成表 3-17：

表 3-17　小类细分行业各年度 GDP 总量均值及各自占总量比例

单位：百万美元，%

行业	14	13	23	1	10	16	2	7	3	15
均值	15457	21134	24180	27309	28964	41632	42390	47123	52511	54890
比例	0.23	0.32	0.37	0.41	0.44	0.63	0.64	0.71	0.79	0.83
行业	19	11	9	17	5	8	4	29	25	21
均值	64074	67850	92055	109736	118103	121261	121426	125803	151936	170309
比例	0.97	1.03	1.39	1.66	1.79	1.84	1.84	1.90	2.30	2.58
行业	12	6	27	18	22	28	20	30	26	24
均值	190584	216001	220059	252219	320145	364275	390795	840160	846374	1467445
比例	2.88	3.27	3.33	3.82	4.85	5.51	5.92	12.72	12.81	22.21

资料来源：根据表 3-16 数据和文中给出的计算方法求得，原始数据来源于美国商务部经济分析局，http://www.bea.gov。

相对于中类细分行业而言，小类细分行业更加分散，很多小类细分行业占 GDP 总量的比例较小，而且在前文对各个小类细分行业 GDP 总量均值分析的过程中已经把总量较小的 8 个小类细分行业剔除了，即行业 10、13、14、15、1、2、7、16 被剔除，不作分析。下面再看一下这 8 个小类细分行业占比大小情况，编码对应行业的名称进行排序，升序排列：

14（服装、皮革及系列产品生产业），13（纺织品及纺织品生产业），23（基金、信托及其他金融工具业），1（木制品业），10（家具及关联产品业），16（印刷及相关业），2（非金属矿产品业），7（电气设备、电器及电器零部件业），3（原料金属业），15（制纸业），19（塑料及橡胶制品业），11（其他混杂制造业），9（其他交通运输设备业），17（石油制品、煤制品业），5（机械制造业），8（汽车、车体、拖车及零部件业），4（焊接金属制品业），29（教育服务业），25（房地产租赁、出租及无形资产租赁业），21（证券、期货及投资业），12（食品、饮料、烟草业），6（计算机及电子产品业），27（公司及企业治理业），18（化工业），22（保险及相关行业），28（废物处理与管理业），20（联邦储备银行、信托中介及相关业），30（健康医疗及社会救助业），26（专业、科学及技术服务业），24（房地产业）。可见前文被筛选出的 8 个小类细分行业确实占比例较小，合计占比 3.68%。

不难发现，占比最大的前三个小类细分行业为 24（房地产业）22.21%，26（专业、科学及技术服务业）12.81%，30（健康医疗及社会救助业）12.72%，合计占 GDP 总量的 47.81%，近一半；大部分制造业细分出来的小类行业占比都不大，其中最大的两个小类行业分别是：非耐用品制造业中的食品、饮料、烟草业占比 2.88%，耐用品制造业中的化工业占比 3.82%，但是这两者合在一起仅有 6.7%，表明制造业被细化成小类行业后，各个小类行业对经济的影响力进一步被弱化了。而笼统地讲，占比例较大的是房地产金融业及各类服务业。

因此对行业进行小类细分后发现：房地产业，专业、科学及技术服务业，健康医疗及社会救助业拉动着美国经济的发展，特别是房地产业 GDP 占 GDP 总量的比值达到了 22.21%，所以房地产业的增长对美国经济能够起到一个拉动作用，反之，如果房地产业波动，也会引起美国经济的相应波动。

为了更清楚地描述各个小类细分行业在整个经济总量中所占的份额差异，下面用所占比例的份额图进行辅助说明，如图 3-8 所示：

图 3-8 清晰地反映了各个小类细分行业的 GDP 所占比例，其中的"其他"是从小到大排序，前 20 个小类细分行业 GDP 占比的总额。可见，房地产业的占比几乎相当于这 20 个小类细分行业的合计，占比明显较大的另外两个小类细分行业分别是专业、科学及技术服务业，健康医疗及社会救助业。

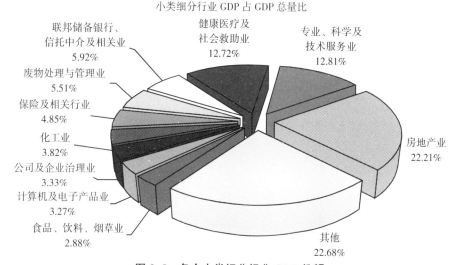

图 3-8 各个小类细分行业 GDP 份额

（四）小类细分行业增长率的特征

从小类细分行业 GDP 总量的分析中可见，每个小类细分行业的 GDP 占经济总量的份额都不相同，因此要考察每个小类细分行业 GDP 的增长速度，并计算各小类细分行业 GDP 的年均增长速度，然后对各小类细分行业的增长进行比较。因为小类细分行业所划分出的行业较多，而且有一些行业占经济总量的份额较小，不足以拉动经济或影响经济增长的速度，因此在考察小类细分行业的经济增长时就有必要进行筛选，然后对经过筛选的小类细分行业从增长率的角度分析其 GDP 的增长特点，这样就很容易发现增长速度最快的和最慢的小类细分行业，进而判断拉动经济增长的是哪些小类细分行业。

和研究大类细分行业以及中类细分行业的方法一样，在此取 1997~2013 年各年度增长率的算术平均值来衡量各个小类细分行业增长的快慢。

同上，假设 1997 年小类细分行业 1 的 GDP 增长率是 R_1^1，那么 2013 年小类细分行业 1 的 GDP 增长率就是 R_1^{30}，如果按照这种方法进行计算，各个小类细分行业各个年度的 GDP 增长率均值 R_j^N 就可以表示为：

$$R_j^1 = (R_1^1 + R_2^1 + \cdots + R_{17}^1)/17$$

$$R_j^2 = (R_1^2 + R_2^2 + \cdots + R_{17}^2)/17$$

……

$$R_j^{30} = (R_1^{30} + R_2^{30} + \cdots + R_{17}^{30})/17$$

　　根据上述公式把求出的数值代入后可以求得小类细分行业 GDP 年均增长率的平均数值。经过整理后的各个年度小类细分行业的增长率及小类细分行业的年均增长率如表 3–18 所示：

表 3–18　小类细分行业 GDP 增长率（1998~2013 年）

单位：%

年份	14	13	23	1	10	16	2	7	3	15
1998	-7.08	2.39	80.54	2.54	6.05	5.94	2.48	-13.69	1.68	0.68
1999	-4.38	1.47	28.72	6.76	6.72	6.29	5.84	9.92	-5.74	6.35
2000	-1.07	-1.78	-9.95	-3.65	5.93	3.63	-1.43	2.47	1.87	4.77
2001	-11.98	-10.67	7.60	-3.43	-6.80	-1.94	-2.84	-3.25	-13.83	-13.71
2002	-6.85	-3.44	10.31	0.03	0.08	-1.41	1.16	-1.36	3.48	1.08
2003	-14.62	-22.16	19.45	5.42	-2.74	0.21	0.57	4.39	-5.74	-5.69
2004	-5.91	18.54	6.44	13.54	1.98	1.37	7.88	-7.68	40.27	3.48
2005	-5.15	-6.75	13.38	6.43	8.69	3.98	7.68	2.71	2.16	-2.15
2006	-7.09	-2.95	-7.38	-8.87	2.37	5.21	3.19	18.93	11.20	12.02
2007	-7.94	-3.97	8.45	-8.31	-6.03	1.73	-0.68	-2.41	2.75	-4.06
2008	-2.30	-8.03	12.83	-13.06	-14.02	-6.02	-12.86	9.75	4.04	-8.54
2009	-14.32	-15.05	-15.63	-18.40	-17.45	-12.57	-14.79	-8.92	-40.42	14.59
2010	5.97	2.79	21.56	6.84	-3.65	-1.18	-3.08	-0.41	20.77	-5.46
2011	-1.90	-3.09	-1.83	0.21	1.21	-2.23	-0.33	-5.16	19.97	-5.02
2012	-0.33	7.82	26.23	7.87	6.07	-2.31	7.55	3.57	8.46	-1.48
2013	1.24	3.43	10.09	8.58	3.34	-0.58	3.92	3.08	0.88	0.35
均值	-5.23	-2.59	13.18	0.16	-0.52	0.01	0.27	0.75	3.24	-0.17
年份	19	11	9	17	5	8	4	29	25	21
1998	7.04	5.58	6.73	5.12	11.19	10.35	1.34	3.81	6.25	-0.51
1999	6.83	4.29	10.52	-9.80	-2.43	8.79	3.90	7.92	12.55	-1.10
2000	-0.65	2.73	-3.67	16.70	1.80	2.10	4.58	7.07	6.87	10.72
2001	-2.80	-3.17	8.09	30.10	-6.63	-9.28	-8.38	6.50	9.81	39.91
2002	-0.88	6.05	-5.17	-25.90	-6.14	8.70	-4.42	7.60	-1.24	-10.90
2003	-0.38	1.82	-0.49	60.46	-1.47	5.98	2.32	8.01	-2.34	-11.23
2004	1.76	2.83	4.52	28.67	7.01	-2.78	5.72	9.60	-2.33	7.60
2005	-1.28	3.67	18.38	35.06	9.77	-2.40	6.65	3.64	3.09	25.23

续表

年份	19	11	9	17	5	8	4	29	25	21
2006	1.34	6.12	7.06	−1.30	6.41	−1.66	3.42	7.36	16.78	14.45
2007	−1.08	2.31	18.47	10.01	6.12	−6.96	6.24	6.74	−2.50	−10.29
2008	−11.56	4.20	−2.16	1.18	0.00	−26.82	−1.55	7.65	7.60	−40.22
2009	9.25	7.10	0.25	−26.89	−10.92	−47.16	−11.31	9.18	−7.92	55.67
2010	2.82	1.26	0.27	13.40	5.65	91.80	2.03	3.85	−1.47	6.84
2011	2.02	−3.89	2.92	30.16	11.98	19.60	5.91	3.66	2.11	−4.58
2012	10.12	0.74	1.33	7.40	5.00	13.66	7.94	3.30	7.52	14.67
2013	3.22	4.90	5.36	−6.58	0.76	9.27	1.74	1.83	4.80	2.55
均值	1.61	2.91	4.53	10.49	2.38	4.57	1.63	6.11	3.72	6.18

年份	12	6	27	18	22	28	20	30	26	24
1998	3.32	−2.10	11.28	4.07	9.65	7.45	14.92	4.28	8.66	3.41
1999	15.60	−2.73	6.59	4.26	−1.05	9.05	14.73	5.67	9.75	7.84
2000	0.92	20.82	15.25	−0.41	17.28	11.65	6.27	6.06	9.31	5.71
2001	7.06	−23.39	0.70	2.33	−4.73	4.81	8.11	7.83	5.42	7.59
2002	0.93	−0.37	1.26	7.06	−4.19	1.77	13.24	7.91	3.85	6.21
2003	1.75	12.13	6.16	2.11	11.42	6.85	4.38	6.54	2.97	4.53
2004	−1.55	4.26	10.23	8.83	14.20	7.83	−6.86	6.89	6.48	5.48
2005	1.31	4.72	6.13	−1.23	7.28	9.84	9.16	5.08	7.04	7.96
2006	8.29	5.87	8.73	14.64	5.89	4.94	2.47	6.53	7.23	3.21
2007	−0.22	1.70	8.83	6.07	7.93	7.76	−3.72	4.86	7.04	7.67
2008	3.47	3.02	0.76	1.32	−13.50	1.83	−0.73	7.57	8.89	2.88
2009	20.88	−2.22	−5.50	10.80	5.28	−5.61	−4.30	5.52	−5.03	1.26
2010	−5.52	8.77	8.53	6.61	2.13	6.25	2.68	2.68	2.16	2.49
2011	−5.66	−0.05	4.79	1.91	3.91	4.10	6.74	3.00	5.09	3.66
2012	6.41	1.51	8.95	1.30	5.12	5.84	7.41	3.66	4.93	3.55
2013	1.95	0.98	5.54	1.23	5.66	4.03	10.45	3.77	2.47	3.86
均值	3.68	2.06	6.14	4.43	4.52	5.52	5.31	5.49	5.39	4.83

资料来源：根据表 3-16 中的数据计算求得，原始数据来源于美国商务部经济分析局，hhtp：//www.bea.gov。

依据表 3-18 中小类细分行业增长率的变化，可以看到小类细分行业的增长率表现出来的特点不同于前文所分析的中类和大类细分行业 GDP 增长率的特点，相对而言各个小类细分行业 GDP 增长率波动较大，其出现负值的年份在整体上多于中类细分行业，波动略大的是前文分析的 8 个占比比较小的小类细分行业，其中房地产业、服务业类的小类细分行业基本表现了稳健增长的特点。所以在所考察的时间范畴内（1997~2013 年），房地产业和专业、商业服务业以及教育服务、健康医疗及社会救助业，持续增长。各个小类细分行业增长率升序排列如下：

14（服装、皮革及系列产品生产业），13（纺织品及纺织品生产业），10（家具及关联产品业），15（制纸业），16（印刷及相关业），1（木制品业），2（非金属矿产品业），7（电气设备、电器及电器零部件业），19（塑料及橡胶制品业），4（焊接金属制品业），6（计算机及电子产品业），5（机械制造业），11（其他混杂制造业），3（原料金属业），12（食品、饮料、烟草业），25（房地产租赁、出租及无形资产租赁业），18（化工业），22（保险及相关行业），9（其他交通运输设备业），8（汽车、车体、拖车及零部件业），24（房地产业），20（联邦储备银行、信托中介及相关业），26（专业、科学及技术服务业），30（健康医疗及社会救助业），28（废物处理与管理业），29（教育服务业），27（公司及企业治理业），21（证券、期货及投资业），17（石油制品、煤制品业），23（基金、信托及其他金融工具业）。

表 3-19 小类细分行业 GDP 增长率排序

单位：%

行业	14	13	10	15	16	1	2	7	19	4
增长率	-5.23	-2.59	-0.52	-0.17	0.01	0.16	0.27	0.75	1.61	1.63
行业	6	5	11	3	12	25	18	22	9	8
增长率	2.06	2.38	2.91	3.24	3.68	3.72	4.43	4.52	4.53	4.57
行业	24	20	26	30	28	29	27	21	17	23
增长率	4.83	5.31	5.39	5.49	5.52	6.11	6.14	6.18	10.49	13.18

资料来源：根据表 3-18 计算求得，原始数据来源于美国商务部经济分析局，http：//www.bea.gov。

表 3-19 中的小类细分行业 GDP 增长率均值的排序更为明了，对比前文分析所筛选出来的小类细分行业 10、13、14、15、1、2、7、16，可以看出，这几个小类细分行业不仅占比小，而且增长速度也不快，就每个被筛选出的小类细分行业而言不会对经济增长影响太大，也不会起到单独拉动美国经济增长的作用。整体上看，各个小类细分行业的增长表现出二元化的特点：一是源自传统制造业的小类细分行业增长慢，在传统的制造业中，除了行业 17（石油制品、煤制品业），其余小类细分行业都增长较慢，增长最慢的是服装类小类细分行业；二是源自金融房地产业的小类细分行业和源自服务业的小类细分行业增长快，增长最快的小类细分行业是行业 23（基金、信托及其他金融工具业），而根据上一部分分析的结果，小类细分行业 23（基金、信托及其他金融工具业）的占比仅为 0.37%，可见基金信托行业虽然占比不大，但是正在以最快的速度成长，可以预期在今后的经济发展中将会越来越大地影响着金融和经济的发展，对此应该加强监管以预防金融风险；还有一个值得注意的产业就是小类细分行业 29（教育服务业），其所占比例虽然只有 1.9% 并在 30 个小类细分行业中排第 18，但是增长速度却达到了 6.11% 排第 5，所以从服务业发展的趋势看，教育服务业是美国未来服务业发展的一个方向。

如果按照传统的"三次产业"去划分，从增长的速度考察，那么拉动经济增长的主要力量就是服务业。

通过对小类细分行业的考察，可以发现所得出的结论与对大类细分行业和中类细分行业 GDP 总量分析所得出的结论相近：在量上占据整个经济总量 50% 的小类细分行业 24（房地产业）、26（专业、科学及技术服务业）、30（健康医疗及社会救助业）3 个行业的发展速度也很快，分别达到了 4.83%、5.39%、5.49%，远高于小类细分行业增长的平均速度。

在各个年度各个小类细分行业 GDP 的增长速度和总量相对于各个中类细分行业的变化其波动略大，而引起波动的因素和引起大类细分行业以及中类细分行业波动的因素是相近的；但是为什么上述三个产业会发展得如此之快，原因是多方面的，而且与美国经济整体特点和历史背景也有关系，由于这和本书的主旨直接联系不大（本书的目的是分析哪个行业拉动经济增长），所以在此对于增长的原因不作详细分析。

综上所述，无论是从增长速度上考察，还是从总量比例上衡量，小类细分行业房地产业，专业、科学及技术服务业，健康医疗及社会救助行业正在拉动着美国经济的增长。美国经济发展过程中存在服务化主导取代金融保险房地产业主导的趋势。

在研究的过程中发现，有的小类细分行业所占比例比较大，但是发展的速度相对慢，而有的小类细分行业发展速度虽然很快，但是所占比例较小，这样单独从一个方面考察小类细分行业对经济增长的拉动作用有失偏颇，所以下面把增长速度和数量结合在一起考察各个小类细分行业的影响力。

（五）小类细分行业经济增长的影响因子

前文已分析，各个小类细分行业的总量、总量占比，以及增长速度不尽相同。在所分析的美国 30 个小类细分行业中，所占比例较大的小类细分行业有 3 个，分别是：房地产业，专业、科学及技术服务业，健康医疗及社会救助业；而增长速度最快的三个行业分别是：证券、期货及投资业，石油制品、煤制品业，基金、信托及其他金融工具业。可见数量最大的小类细分行业并不是增长最快的小类细分行业，因此需要把两者结合起来考察。

那么如何衡量一个小类细分行业对整个经济的综合影响呢？在此继续使用前文研究大类细分行业和中类细分行业的方法，分析各个小类细分行业在经济增长中的影响力，即通过小类细分行业的影响因子来考察。

假设，每个小类细分行业对于整个经济的影响体现在该行业所占份额和该行业的增长速度上。这里用 Y_{Npr} 表示各个行业的综合影响因子，Y_{Npr} 可以表示为各个小类细分行业的占比 P_N 和增长速度 R_{Nj} 的乘积，即：

$$Y_{Npr} = P_N \times R_{Nj}$$

据此，根据表 3-17 和表 3-18 显示的各个小类细分行业的增长速度和各自所占比例可以求出各个小类细分行业的综合影响因子的数值，具体如表 3-20 所示：

表 3-20　小类细分行业经济增长的影响因子

单位：%

行业	14	13	10	15	16	1	2	7	19	3
P_N	0.234	0.320	0.438	0.831	0.630	0.413	0.642	0.713	0.970	0.795
R_{Nj}	−5.232	−2.591	−0.516	−0.174	0.007	0.155	0.267	0.746	1.610	3.237
Y_{Npr}	−0.012	−0.008	−0.002	−0.001	0.000	0.001	0.002	0.005	0.016	0.026

行业	11	4	5	23	9	6	8	25	12	29
P_N	1.027	1.838	1.788	0.366	1.393	3.270	1.836	2.300	2.885	1.904
R_{Nj}	2.909	1.632	2.381	13.175	4.526	2.058	4.575	3.723	3.684	6.108
Y_{Npr}	0.030	0.030	0.043	0.048	0.063	0.067	0.084	0.086	0.106	0.116
行业	21	18	17	27	22	28	20	26	30	24
P_N	2.578	3.818	1.661	3.331	4.846	5.514	5.916	12.812	12.718	22.213
R_{Nj}	6.176	4.432	10.487	6.139	4.516	5.524	5.308	5.390	5.490	4.831
Y_{Npr}	0.159	0.169	0.174	0.204	0.219	0.305	0.314	0.691	0.698	1.073

资料来源：根据表 3-17 和表 3-18 计算得出；原始数据来源于美国商务部经济分析局，http: //www.bea.gov。

从以上各个小类细分行业的影响因子来看，如果按照影响因子大小排列各个小类细分行业，那么升序排列依次是：14（服装、皮革及系列产品生产业），13（纺织品及纺织品生产业），10（家具及关联产品业），15（制纸业），16（印刷及相关业），1（木制品业），2（非金属矿产品业），7（电气设备、电器及电器零部件业），19（塑料及橡胶制品业），3（原料金属业），11（其他混杂制造业），4（焊接金属制品业），5（机械制造业），23（基金、信托及其他金融工具业），9（其他交通运输设备业），6（计算机及电子产品业），8（汽车、车体、拖车及零部件业），25（房地产租赁、出租及无形资产租赁业），12（食品、饮料、烟草业），29（教育服务业），21（证券、期货及投资业），18（化工业），17（石油制品、煤制品业），27（公司及企业治理业），22（保险及相关行业），28（废物处理与管理业），20（联邦储备银行、信托中介及相关业），26（专业、科学及技术服务业），30（健康医疗及社会救助业），24（房地产业）。

通过表 3-20 中的排序可以明显地看到，在小类细分行业中影响因子最大的是行业 24（房地产业），其影响因子达到了 1.073%，在所有 30 个小类行业中优势明显，其次是行业 30（健康医疗及社会救助业），其影响因子是 0.698%，再次是行业 26（专业、科学及技术服务业），其影响因子是 0.691%，这三个行业的综合影响因子也远远高于其他小类细分行业。

而由耐用品制造业分出来的小类细分行业 6（计算机及电子产品业），8（汽车、车体、拖车及零部件业），18（化工业），17（石油制品、煤制品业），影响因子相对排序靠前，而由非耐用品制造业分出来的小类细分行业 12（食品、饮料、烟草业），影响因子相对靠前；从前文分析可知由耐用品制造业和非耐用品制造业分出的小类细分行业占比例较大，但是增长速度不快，之所以影响因子较大，是因为其本身的数量较大，可以说是历史原因造成的，从数据显示出的长期趋势看，这种历史优势将随经济的发展逐渐消失，其对经济的影响也会越来越小。

这样，通过把增长的数量和增长的速度统一起来，衡量各个小类细分行业对美国经济的整体影响，可以得出一个结论：在小类细分行业中影响因子最大的是行业 24（房地产业），其影响因子为 1.073%，其次是行业 30（健康医疗及社会救助业），其影响因子为 0.698%，再次是行业 26（专业、科学及技术服务业），其影响因子为 0.691%，这三个行业的综合影响因子远远高于其他小类细分行业。综合前文分析，这三个小类细分行业 GDP 占总量 GDP 的比例也是最高的，分别为：行业 24（房地产业）22.21%，行业 26（专业、科学及技术服务业）12.81%，行业 30（健康医疗及社会救助业）12.72%，合计占经济总量的 47.81%；另外这三个行业的增长速度也高于小类细分行业平均值，分别为：行业 24（房地产业）4.831%，行业 26（专业、科学及技术服务业）5.39%，行业 30（健康医疗及社会救助业）5.49%。

综合以上对小类细分行业的分析可以得出如下结论：在小类细分行业中房地产业，专业、科学及技术服务业，健康医疗及社会救助业这三个行业，拉动了美国经济的增长。而其中的两个小类细分行业属于服务业，因此就小类细分行业而言，服务业是拉动经济增长的主导行业。

第二节　行业就业增长的事实

在宏观经济范围内，谈及经济增长时一般就会涉及就业问题，而且凯恩斯把经济增长看作是拉动就业的一个重要手段，如文献所述，关于经济增长和就业的研究不胜枚举。在此继续沿用前文研究经济增长的方法，按照不同层次的行业类别来研究就业增长问题。

与前文所述分类方法相同，根据美国行业结构分类体系，把行业分为大类细分行业、中类细分行业、小类细分行业三个层级[1]，并按照分析经济增长的层次逻辑逐层对各个层级行业就业[2]特点展开分析。

一、全行业的就业增长

（一）就业总量增长的特点

先来从总量上看一下美国就业增长的特点。所统计的就业人数包括全职工人和兼职工人两个部分。按照美国行业体系统计标准进行行业划分，统计指标和研究行业经济增长是一致的。首先看一下 1948~2013 年美国各个年度就业总量的增长情况。

表 3-21　美国就业人口数量表（1948~2013 年）

单位：千人

年份	1948	1949	1950	1951	1952	1953	1954	1955	1956	1957	1958
人数	51325	50373	52428	56470	57770	58996	57514	59218	60987	61441	59967
年份	1959	1960	1961	1962	1963	1964	1965	1966	1967	1968	1969
人数	61721	62823	63006	64664	65691	67338	69713	73531	75457	77618	79872
年份	1970	1971	1972	1973	1974	1975	1976	1977	1978	1979	1980
人数	79770	79573	81604	85226	86594	85069	87427	90444	94813	98047	98403
年份	1981	1982	1983	1984	1985	1986	1987	1988	1989	1990	1991
人数	99297	97826	98597	103192	105874	107789	110791	113960	116673	118158	116649
年份	1992	1993	1994	1995	1996	1997	1998	1999	2000	2001	2002
人数	117060	119051	121895	124783	127047	129888	131563	134350	137228	136890	135937
年份	2003	2004	2005	2006	2007	2008	2009	2010	2011	2012	2013
人数	135602	137067	139006	141440	142928	142000	136170	134846	136438	138778	141411

资料来源：美国商务部经济分析局，http://www.bea.gov。

从表 3-21 中可以看到，如果从就业人口的总量上考察，1948~2013年，美国就业人口总量在增加，2013 年的就业人口几乎是 1948 年的就业人口的 3 倍；就业人口在 1949 年、1954 年、1958 年、1970 年、1971 年、1975 年、1991 年、2001 年、2002 年、2003 年、2008 年、2009 年、2010

---

[1] 划分来源：http://www.bea.gov。
[2] 这里的就业包括全职工人和兼职工人两个部分。

年出现了下降，比较明显的是 2001~2003 年和 2008~2010 年这两个阶段都表现出了连续 3 年的就业人口下降。

从就业人口的波动性来看，根据前文对经济增长的分析，就业人口的波动周期和经济波动周期是吻合的，即经济危机时就业人口就会下降，也就是说失业就会增加；而 2001 年开始一直持续到 2003 年的就业人口下降和美国发生的"9·11 事件"不无关系，2008 年开始持续到 2010 年的就业人口下降，是美国"次贷危机"影响的结果。因此从长期趋势来看，经济波动对于就业的影响越来越明显，而且根据表 3-21 中数据可以判断从 2001 年开始到现在，就业问题始终困扰着美国政府。

接下来分析一下美国就业增长的趋势图，因为单从数量值上很难发现就业随时间变化而变化的趋势特点，因此参照图 3-9 分析美国就业的趋势变化。

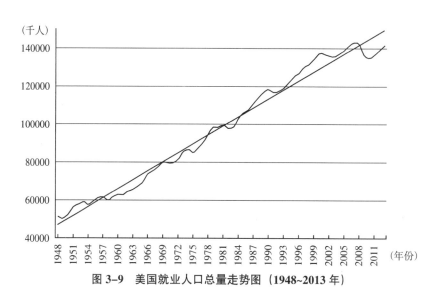

图 3-9　美国就业人口总量走势图（1948~2013 年）

从图 3-9 中可以看出，1948~2013 年，美国就业人口总量一直上升，但是波动幅度日趋加大，从走势上看，有四个阶段下行趋势比较明显，波动较大阶段为：1954 年左右，1970 年左右，2001~2003 年，2008~2010 年，特别是后两个阶段下行趋势明显且持续时间长。1948~2013 年在全世界范围发生不同程度的多次经济或金融危机，如果从对就业影响的角度分析，对美国影响最大的是 2007 年的次贷危机。所以此处的分析又印证了前文的说法，2007 年的次贷危机对于美国就业的影响仅次于1929 年的大萧条，而且对比经济增长的趋势图，可以清楚地看到就业变动和经济增长的变动趋势相同。

对比就业下降、上升的时间点和经济增长下降、上升的时间点，可以发现：经济增长先于就业下降而下降，而后又先于就业上升而上升，也就是说，经济增长下降了然后就业也下降了，经济增长恢复了，然后就业也随之恢复了，所以从趋势线看，就业无论是下降还是恢复上升都滞后于经济增长。

在此基础上，分析一下美国就业总量的增长速度，看一下在就业持续增加的前提下，就业增长率会呈现什么特征。

此处所讨论的就业增长速度也是指就业相对于前一年的增长速度，即同比上一年的增长速度。也就是说如果上一年的就业用 E_{n-1} 表示，今年的就业用 E_n 表示，那么，就业的增长速度 r^e_n 就可以表示为 $r^e_n = (E_n - E_{n-1})/E_{n-1}$。据此，可以得出就业的增长率，如表 3-22 所示：

表 3-22　美国就业总量年增长率表（1948~2013 年）

单位：%

年份	1948	1949	1950	1951	1952	1953	1954	1955	1956	1957	1958
增长率	—	-1.85	4.08	7.71	2.30	2.12	-2.51	2.96	2.99	0.74	-2.40
年份	1959	1960	1961	1962	1963	1964	1965	1966	1967	1968	1969
增长率	2.92	1.79	0.29	2.63	1.59	2.51	3.53	5.48	2.62	2.86	2.90
年份	1970	1971	1972	1973	1974	1975	1976	1977	1978	1979	1980
增长率	-0.13	-0.25	2.55	4.44	1.61	-1.76	2.77	3.45	4.83	3.41	0.36
年份	1981	1982	1983	1984	1985	1986	1987	1988	1989	1990	1991
增长率	0.91	-1.48	0.79	4.66	2.60	1.81	2.79	2.86	2.38	1.27	-1.28
年份	1992	1993	1994	1995	1996	1997	1998	1999	2000	2001	2002
增长率	0.35	1.70	2.39	2.37	1.81	2.24	1.29	2.12	2.14	-0.25	-0.70
年份	2003	2004	2005	2006	2007	2008	2009	2010	2011	2012	2013
增长率	-0.25	1.08	1.41	1.75	1.05	-0.65	-4.11	-0.97	1.18	1.72	1.90

资料来源：数据根据表 3-21 计算求得。

从表 3-22 中可以看到，总体上看，1949~2013 年美国就业增长率在数值上表现为持续增加，但是增长率减缓的趋势日益明显，特别是 21 世纪以来，美国的就业增长率平均值不到 0.5%，也就是说就业增长率的数值在不断减小。这一点在 2001 年以后表现得尤为明显。分阶段分析，20 世纪 70 年代是美国就业不断增长的高峰时期，而 20 世纪 90 年代至今是美国就业增长的低谷时期。其中增长最快的是 1951 年，就业增长率达到了 7.71%，下降幅度最大的一年是 2009 年，就业增长率的值是−4.11%。

对比前文分析的经济增长的特点不难看出：就业增长率是随着经济增长率的变化而变化的，同理就业增长是随着经济增长而增长的。

为进一步认识美国就业增长率变化的趋势以及各阶段的具体特点，再来看一下美国就业增长率的趋势图，如图 3−10 所示。

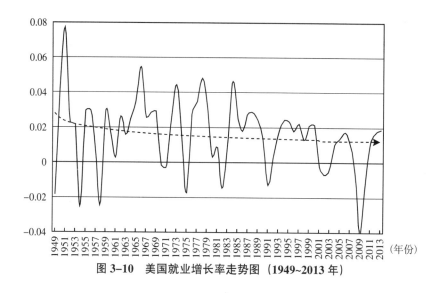

图 3−10　美国就业增长率走势图（1949~2013 年）

据图 3−10 可以看出，总体而言，1949~2013 年美国就业增长率的总趋势是下降的，而且表现出了明显的波动性，也就是说美国就业增长率在波动的环境下日趋下降。分阶段看，20 世纪 50 年代是波动最大的一个时期，20 世纪 70 年代是增长最快的一个时期，20 世纪 90 年代到 21 世纪初是增长最慢的一个时期。1951~1954 年这 4 年期间，美国就业增长可以说是"一波三折"，因为其波动期与经济增长的波动期几乎是一致的，所以以此推测，影响经济增长的原因也影响了就业的增长，即受到了当时美国一系列政策措施实施的影响，如"杜鲁门主义""马歇尔计划""北大西洋公约"以及"朝鲜战争"等政治、军事事件都对经济和就业造成了一定程度的影响；而始于 2001 年的就业低谷期是受到了当时美国发生的恐怖袭击"9·11 事件"的影响；2009 年美国就业增长率达到统计数据范畴内也就是

1947 年以来的最低值，显然是受 2007 年次贷危机影响所致，但2010 年以后，随着美国经济增长缓慢回升，逐渐拉动就业走出低谷。

可见，美国就业增长率的波动与趋势是随着其经济增长率的变化而变化的，对比前文分析的经济增长率的特点会发现，经济增长则就业增长，经济下滑则就业下降，因此可以说美国就业增长率的波动区间和经济增长率的波动幅度是吻合的。

（二）就业增长与人口增长的比较

为了更清楚地分析就业增长的特点，在此以美国总人口作为参照，通过比较分析来研究就业人口的变化特点。由于在美国统计局网站关于人口的统计是 5 年进行一次，所以人口数据相对于就业的年度数据是间段的，而人口数据的特点决定其不受价格因素变化的影响，数据本身很稳定，这样本书采用了联合国统计司的美国人口数据，但统计司的数据又是从 1970 年开始统计的，所以本书的人口样本数据为 1970 年到 2013 年。

在此，根据美国人口数据和就业数据，求得了美国人口增长率和就业增长率，以及就业人口占总人口比例的变化。为了比较说明，本书把这些数据整理后体现在一个表格中，具体情况如表 3-23 所示：

表 3-23 美国总人口及就业人口相关指标

单位：千人，%

年份	总人口	人口增长率	就业人口	就业增长率	就业人口/总人口
1970	209891	—	79770	—	38.01
1971	211782	0.90	79573	−0.25	37.57
1972	213659	0.89	81604	2.55	38.19
1973	215547	0.88	85226	4.44	39.54
1974	217467	0.89	86594	1.61	39.82
1975	219439	0.91	85069	−1.76	38.77
1976	221475	0.93	87427	2.77	39.47
1977	223578	0.95	90444	3.45	40.45
1978	225739	0.97	94813	4.83	42.00
1979	227942	0.98	98047	3.41	43.01
1980	230176	0.98	98403	0.36	42.75
1981	232441	0.98	99297	0.91	42.72

年份	总人口	人口增长率	就业人口	就业增长率	就业人口/总人口
1982	234743	0.99	97826	−1.48	41.67
1983	237080	1.00	98597	0.79	41.59
1984	239456	1.00	103192	4.66	43.09
1985	241870	1.01	105874	2.60	43.77
1986	244329	1.02	107789	1.81	44.12
1987	246833	1.02	110791	2.79	44.89
1988	249371	1.03	113960	2.86	45.70
1989	251931	1.03	116673	2.38	46.31
1990	254507	1.02	118158	1.27	46.43
1991	257077	1.01	116649	−1.28	45.38
1992	259652	1.00	117060	0.35	45.08
1993	262290	1.02	119051	1.70	45.39
1994	265070	1.06	121895	2.39	45.99
1995	268040	1.12	124783	2.37	46.55
1996	271232	1.19	127047	1.81	46.84
1997	274606	1.24	129888	2.24	47.30
1998	278054	1.26	131563	1.29	47.32
1999	281419	1.21	134350	2.12	47.74
2000	284594	1.13	137228	2.14	48.22
2001	287533	1.03	136890	−0.25	47.61
2002	290270	0.95	135937	−0.70	46.83
2003	292883	0.90	135602	−0.25	46.30
2004	295487	0.89	137067	1.08	46.39
2005	298166	0.91	139006	1.41	46.62
2006	300943	0.93	141440	1.75	47.00
2007	303787	0.94	142928	1.05	47.05
2008	306657	0.94	142000	−0.65	46.31
2009	309492	0.92	136170	−4.11	44.00
2010	312247	0.89	134846	−0.97	43.19
2011	314912	0.85	136438	1.18	43.33

续表

年份	总人口	人口增长率	就业人口	就业增长率	就业人口/总人口
2012	317505	0.82	138778	1.72	43.71
2013	320051	0.80	141411	1.90	44.18
均值	261391	0.99	115844	1.36	44.05

资料来源：就业人口数据来源于美国商务部经济分析局，http：//www.bea.gov，总人口数据来源于联合国统计司，http：//unstats.un.org，其余项为计算求得。

表3-23中清晰地呈现了美国人口总量及增长情况，美国就业人口总量及增长情况，以及美国就业人口占总人口的比例变动情况。从总量上看，美国人口1970~2013年一直在持续稳定增长，人口基数在不断增加；而就业人口也在不断增长，但增长过程中的波动要远大于人口增长的波动。就业所占总人口比例持续增加，一直到2000年占比在数值上出现了下降的态势，2010年以后进一步下降，直到2013年出现回升。

下面按表3-23中的统计指标逐一分析。

首先，看一下人口总量和就业人口总量的变化，具体情况如图3-11所示：

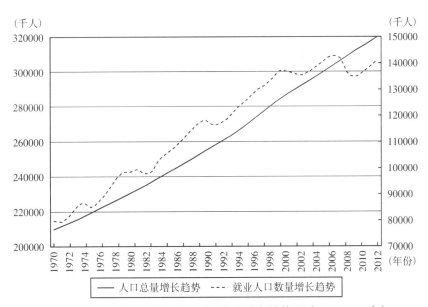

图3-11　美国人口总量和就业人口数量增长趋势图（1970~2013年）

图 3-11 中显示了 1970~2013 年美国人口总量和就业人口总量的增长趋势。人口总量参照左侧垂直坐标和水平坐标,就业人口总量参照右侧垂直坐标和水平坐标。总体而言,从总量上看,人口总量和就业总量在数值上表现出的波动都不大,但是相对而言,人口总量的增长更为稳定,而就业总量的增长更为波动;从曲线形状看,总人口曲线几乎是一条沿着 45 度线持续上升的直线,而就业人口总量曲线则为持续波动的曲线;对比前文分析的经济增长曲线,可以发现就业增长的曲线与经济增长的曲线形状很相似,而总人口增长的曲线像是一条趋势线。

据此可以判断,如果总人口与总就业持续这种增长趋势将会影响美国的就业状况,因为总人口和就业人口之间的缺口越来越大,特别是在 2010 年以后这一点表现得尤为明显。

其次,看一下人口总量增长率和就业总量增长率的变化特点,具体情况如图 3-12 所示:

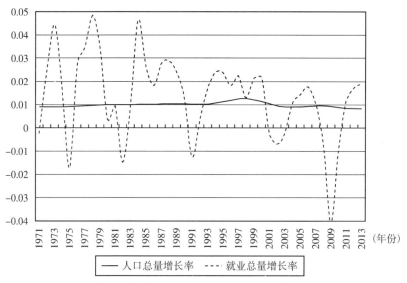

图 3-12 美国人口总量增长率、就业总量增长率比较图(1970~2013 年)

总体而言,相对于人口总量和就业总量的变化趋势,其各自的增长率表现出了截然不同的特点。人口总量增长率曲线几乎是一条平行于横坐标截距为 1% 的直线,而就业总量增长率则表现为,在区间 -4%~5% 的范围内波动;对比前文经济增长率曲线,会发现就业增长率曲线和经济增长率曲线形状很相似，只是在变化周期上慢了 1~2 年。具体而言，人口总量增长率曲线在1998 年出现了一个考察区间内最明显的小幅上升，并在 3 年后又回到了原来的增长率水平；而就业总量增长率波动最大的情况出现在 20世纪七八十年代，下降最严重的是 2009 年，受 2007 年美国次贷危机的影响明显。

可见，有别于就业人口增长率的是：美国人口增长率具有很强的独立性，在其增长的过程中没有看到经济变动对其影响的痕迹，而且持续稳定增长是美国人口增长的最大特点；而就业及就业增长率最大的特征是随经济波动而波动，并且增长率在下降。对比美国人口总量增长率和就业总量增长率可以发现美国出现了人口增加而就业减少的特点，即就业数量与人口数量之间的缺口越来越大，这对于美国发展会带来诸多问题。

最后，看一下就业人口占总人口的比例。为了进一步分析就业人口与总人口之间的关系，先来看就业人口占总人口比例变化，如图 3-13 所示：

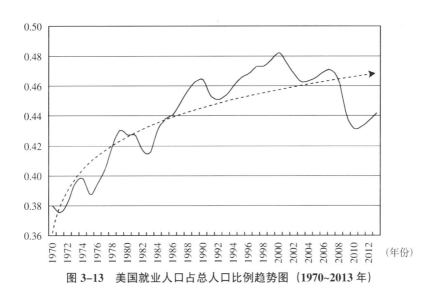

图 3-13　美国就业人口占总人口比例趋势图（1970~2013 年）

图 3-13 中清楚地显示了就业人口占总人口的比例情况，总体而言，1970~2013 年美国就业人口占总人口的比例呈现了不断上升的趋势，但是，波动幅度较大，而且 2000 年以后出现了下降的趋势，在整个考察期间内就业人口占总人口比例在 37.57%~48.22%波动。具体而言，就业人口占总人口比例在 1971 年达到了统计时期内的最低值 37.57%，而此后就业人口

占总人口比例不断上升直到 2000 年达到了统计期间内的最高值 48.22%，然后就业人口占总人口的比例又开始下降，一直下降到 2012 年的 43.71%，2013 年又回到了 44.18% 的水平上。

对比前文对经济增长率变化趋势的研究可以看出，就业人口占总人口比例的变化趋势和经济增长率的变化趋势大体上是相似的，也就是说，就业人口占总人口的比例也是随着经济的波动而波动的。

综上，美国就业增长相对于人口增长是缓慢的，并且美国就业增长率相对于人口增长率是波动的；而人口增长和人口增长率相对于就业增长和就业增长率表现更为稳定，总量上表现出持续增加的特点，在增长速度上也表现出了持续上升的态势；但是从二者长期趋势看，美国在总人口增加的前提下，就业增长速度在放缓，2010 年以后，人口总量和就业人口总量之间的缺口加大了，即失业问题严重了。对比前文分析的经济增长和经济增长率的特点不难发现，相对于经济增长，美国人口增长具有独立性，而就业增长及其变化在一定程度上是依赖于经济增长及其变化的。

二、大类细分行业的就业增长

与前文分析经济增长的方法类似，在分析行业就业增长之前把美国各个行业就业按照大类细分行业、中类细分行业、小类细分行业的层级进行分类。各个行业的划分标准、依据以及数据整理方法等与前文完全一致，大类细分行业的划分标准参见表 3-5，中类细分行业的划分标准参见表 3-10，小类细分行业的划分标准参见表 3-15，此处分析就业增长的过程中，涉及到其他相关标准[①] 也都是与前文相一致的。

（一）大类细分行业的就业总量特点

对于大类细分行业就业的特点，沿用前文分析大类细分行业经济增长特点的逻辑与方法，也是按照总量、均值和占比这三项指标进行分析，采用 1948~2013 年各个大类细分行业的数据。首先看一下大类细分行业就业总量的特点，如表 3-24 所示：

总体而言，1948~2013 年美国大类细分行业的就业总量波动明显，9 个大类细分行业的就业呈现出明显的两极化趋势，即一极是农业、采矿业、

---

① 诸如数据合并与整理以及美国行业体系的划分也与前文的标准一致，主要参见美国 SIC 和 NAICS 行业分类体系，以及本书附录一、附录二、附录三。

表 3-24 大类细分行业就业总量表

单位：千人

年份	农业	采矿业	建筑业	制造业	批发业	零售业	交通运输及公共服务业	金融、保险及房地产业	服务业
1948	2505	993	2324	15521	2731	6585	4212	1776	6784
1949	2418	923	2212	14429	2653	6552	4026	1805	6839
1950	2499	926	2448	15241	2670	6727	4064	1883	7168
1951	2418	939	2727	16453	2817	7123	4267	1970	7398
1952	2338	916	2763	16752	2870	7270	4279	2044	7436
1953	2277	876	2743	17587	2901	7403	4326	2125	7635
1954	2301	798	2729	16395	2875	7336	4120	2199	7647
1955	2233	804	2879	16965	2930	7547	4182	2302	8194
1956	2141	843	3025	17327	3054	7812	4290	2406	8675
1957	2114	840	2945	17245	3078	7881	4276	2459	8894
1958	2153	749	2865	15919	3066	7785	4011	2513	9150
1959	2133	717	3001	16656	3129	8046	4015	2578	9506
1960	2097	699	2969	16779	3205	8305	4024	2660	9810
1961	2121	666	2946	16333	3218	8276	3920	2719	10175
1962	2075	649	3024	16901	3268	8508	3920	2781	10546
1963	2043	632	3112	17028	3314	8737	3919	2857	10802
1964	1879	628	3234	17330	3394	9068	3972	2939	11211
1965	1775	634	3382	18120	3518	9466	4050	3047	11606
1966	1662	631	3485	19319	3667	9937	4192	3136	12180
1967	1568	614	3441	19544	3759	10234	4289	3245	12594
1968	1545	610	3570	19898	3851	10638	4352	3412	13072
1969	1530	624	3738	20306	3981	11115	4472	3564	13547
1970	1545	628	3676	19442	4061	11362	4525	3696	13767
1971	1535	615	3735	18611	4087	11615	4488	3777	14066
1972	1551	625	3927	19080	4206	11982	4538	3917	14742
1973	1637	639	4217	20139	4422	12589	4689	4138	15469
1974	1738	699	4151	20121	4540	12847	4746	4270	15835
1975	1711	753	3675	18379	4465	12977	4581	4319	16209
1976	1815	782	3728	19082	4609	13570	4600	4443	16801

续表

年份	农业	采矿业	建筑业	制造业	批发业	零售业	交通运输及公共服务业	金融、保险及房地产业	服务业
1977	1760	827	4006	19801	4781	14195	4734	4641	17530
1978	1763	882	4443	20667	5056	15031	4955	4951	18573
1979	1816	955	4710	21181	5295	15461	5167	5201	19359
1980	1865	1040	4493	20432	5346	15487	5178	5365	19924
1981	1844	1160	4338	20327	5466	15659	5219	5490	20646
1982	1790	1136	4025	18943	5388	15636	5129	5473	21157
1983	1914	960	4075	18556	5359	16082	5025	5619	21835
1984	1839	976	4552	19509	5657	17116	5192	5858	23065
1985	1737	930	4892	19379	5795	17898	5272	6104	24072
1986	1722	778	5067	19064	5839	18407	5278	6415	25049
1987	1794	720	5174	19111	5965	19053	5415	6699	26311
1988	1891	722	5313	19475	6127	19648	5558	6796	27524
1989	1856	697	5381	19518	6360	20135	5667	6840	28935
1990	1885	715	5341	19202	6303	20179	5802	6872	30046
1991	1880	695	4872	18531	6134	19897	5772	6830	30193
1992	1839	640	4679	18176	6126	19987	5738	6764	31216
1993	1883	614	4848	18175	6052	20333	5851	6861	32511
1994	1924	606	5185	18430	6233	21002	6043	7013	33456
1995	1999	589	5369	18593	6474	21709	6172	6928	34874
1996	2030	583	5638	18579	6557	22071	6303	7046	36170
1997	2110	600	5901	18749	6745	22434	6465	7242	37551
1998	1325	570	6238	17606	5569	14818	8119	7627	47837
1999	1359	531	6607	17383	5667	15167	8370	7806	49360
2000	1331	521	6884	17288	5784	15478	8685	7864	50762
2001	1296	537	7043	16457	5786	15394	8655	7958	50970
2002	1284	509	6991	15267	5666	15218	8234	7964	51548
2003	1299	502	7013	14509	5632	15145	7989	8080	52120
2004	1235	523	7282	14305	5692	15280	7989	8137	53319
2005	1201	558	7606	14235	5810	15468	8025	8267	54465

年份	农业	采矿业	建筑业	制造业	批发业	零售业	交通运输及公共服务业	金融、保险及房地产业	服务业
2006	1298	615	7951	14167	5941	15608	8110	8428	55825
2007	1266	658	7893	13883	6049	15761	8183	8382	57184
2008	1251	717	7438	13425	6016	15538	8118	8223	57690
2009	1241	640	6249	11856	5620	14798	7645	7849	56241
2010	1274	648	5700	11524	5499	14633	7449	7683	56437
2011	1297	726	5666	11738	5579	14828	7566	7751	57664
2012	1331	794	5796	11944	5692	15039	7686	7857	59250
2013	1350	808	6054	12031	5777	15252	7777	7959	61123
均值	1775	729	4597	17347	4775	13638	5574	5209	26508

资料来源：就业人口数据来源于美国商务部经济分析局，http://www.bea.gov，总人口数据来源于联合国统计司，http://unstats.un.org，其余项为计算求得。

制造业的就业人数不断下降，另一极是建筑业、批发业、零售业、交通运输及公共服务业，金融、保险及房地产业，服务业的就业人数不断上升。

首先，横向从时间上看。对比前文分析，虽然农业 GDP 在总量上是增长的，但在统计范畴（1948~2013 年）的 66 年内，有 35 年同比上一年就业总量是下降的，总量上 2013 年的就业人口少于 1948 年的就业人口；采矿业在所统计的范畴内，其就业人口总量同比上一年减少，减少的程度仅次于农业，而且就业人口总量是所有大类细分行业中最少的，在统计期间内最后一年 2013 年的就业人口少于第一年 1948 年的就业人口；建筑业就业人口总量下降的年份相对前两个行业较少，而且整个统计期间内其就业人口总量是增加的；制造业的情况和农业以及采矿业的情况相类似，有 33 年相对于前一年就业人口总量表现为下降，而且 2013 年的就业人口总量小于 1948 年的就业人口总量，对比其 GDP 的增长，单位 GDP 就业人口在下降；批发业相对于前面讨论的行业就业指标表现更为稳定，下降年度相对较少，就业人口总量在增加；零售业的就业人口总量和批发业的就业人口总量变化特点相似，但是就业人口总量要远大于批发业，而且随着时间的推移差距越来越大；交通运输及公共服务业就业人口在总量变动上相对于前几个行业而言表现最为稳定，基本特点是就业人口不断增长，但涨幅不大；金融、保险及房地产业相对于前面几个行业就业人口总量持续增加而且波动不大，在 1991 年、1992 年、1995 年、2007 年、2008 年、2009 年、2010 年就业总量同比前一年表现出了下降的特点，但下降幅度都不大，2011 年便开始缓慢回升，但直到 2013 年总量上也没有超过危机前的水平；服务业是所有大类细分行业中就业增长最快的，就业总量仅在 2009 年出现了一次下降而且到了 2013 年不仅超过了危机前的就业水平，并达到了统计时间范围内最大的就业量，从就业的角度来看可以说服务业是一个发展迅速的行业。

其次，纵向从波动特点上看。整体而言，波动是美国各个大类细分行业就业的最大特征。在 2009 年，所统计的 9 个大类行业的就业人口总量同比上一年都出现了下降，联系当时的经济背景，可以推断这显然受到了美国 2007 年次贷危机的影响，这种所有行业就业量都下降在统计的范围内是第一次，而且联系前文所研究的经济增长的内容可知就业量下降是在经济增长下降之后发生的，而且 2009 年就业的下降是统计范畴内的 66 年里美国就业总量下降幅度最大，下降范围最广的一次，负面影响极其深远，仅言之，当时美国的失业问题严重影响了经济发展，这种失业就像格林斯潘所形容的那样，是自大萧条①之后最为严重的一次。

总体而言，美国 9 个大类行业就业增长受各种经济增长因素的影响明显，其中服务业，金融、保险及房地产业就业总量增长明显，几乎表现了持续增长的特点；随着经济的发展，可以看出服务业就业总量几乎影响了整个经济，而且服务业就业增长非常稳定，无论是 1997 年的亚洲金融危机还是 2007 年的美国次贷危机，对其影响的程度都不大，在统计期间内其他 8 个大类细分行业几乎都发生了或大或小的波动，但是这一期间内服务业的就业总量几乎没有发生太大的波动。

对比前文分析大类细分行业经济增长的特点，不难发现大类细分行业就业的波动是随着经济增长的波动而变化的，因此，从总量数据上看经济增长对于就业增长的影响很明显。

（二）大类细分行业就业总量的构成特点

在所考察范围内的 9 个大类细分行业中，各个行业的就业量对就业总

---

① 大萧条（Great Depression），是指 1929~1933 年发源于美国的经济危机，前文已作解释。

量影响的程度是不一样的,下面从各个大类细分行业就业量占就业总量的比值来考察不同大类细分行业的就业对总就业量的影响。

由于各个行业的就业总量每年都会随着时间的变化而变化,在此取1948~2013 年各个大类细分行业就业总量的算术平均值来衡量各个大类细分行业就业所占比例变化。

假设 1948 年农业的就业总量是 L_{n1},那么 2013 年农业的 GDP 总量是 L_{n66},则农业就业总量在各个年度的均值 L_{Nj} 就可以表示为:

$L_{nj} = (L_{n1} + L_{n2} + \cdots + L_{n66})/66$,以此类推,

采矿业:$L_{cj} = (L_{c1} + L_{c2} + \cdots + L_{c66})/66$

建筑业:$L_{jj} = (L_{j1} + L_{j2} + \cdots + L_{j66})/66$

制造业:$L_{zj} = (L_{z1} + L_{z2} + \cdots + L_{z66})/66$

批发业:$L_{pj} = (L_{p1} + L_{p2} + \cdots + L_{p66})/66$

零售业:$L_{lj} = (L_{l1} + L_{l2} + \cdots + L_{l66})/66$

交通运输及公共服务业:$L_{jgj} = (L_{jg1} + L_{jg2} + \cdots + L_{jg66})/66$

金融、保险及房地产业:$L_{jbfj} = (L_{jbf1} + L_{jbf2} + \cdots + L_{jbf66})/66$

服务业:$L_{fj} = (L_{f1} + L_{f2} + \cdots + L_{f66})/66$

再假设 9 大类细分行业历年的就业总量是 L_{zong},那么有:

$L_{zong} = L_{nj} + L_{cj} + L_{jj} + L_{zj} + L_{pj} + L_{lj} + L_{jgj} + L_{jbfj} + L_{fj}$

于是各自占比也会随之求出,在此不赘述。

把数据代入后求得各个大类细分行业就业占比 P_n^L 的数值:

农业:$P_n^L = L_{nj}/L_{zong} = 2.21\%$

采矿业:$P_c^L = L_{cj}/L_{zong} = 0.91\%$

建筑业:$P_j^L = L_{jj}/L_{zong} = 5.73\%$

制造业:$P_z^L = L_{zj}/L_{zong} = 21.64\%$

批发业:$P_p^L = L_{pj}/L_{zong} = 5.96\%$

零售业:$P_l^L = L_{lj}/L_{zong} = 17.02\%$

交通运输及公共服务业:$P_{jg}^L = /L_{zong} = 6.95\%$

金融、保险及房地产业:$P_{jbf}^L = /L_{zong} = 6.50\%$

服务业:$P_f^L = L_j^f/L_{zong} = 33.07\%$

把上述各个大类细分行业就业量所占比例整理成表 3-25：

表 3-25　大类细分行业各年度就业总量均值及各自占总量比例

单位：千人，%

行业	农业	采矿业	建筑业	制造业	批发业	零售业	交通运输及公共服务业	金融、保险及房地产业	服务业
均值	1775	729	4597	17347	4775	13638	5574	5209	26508
占比	2.21	0.91	5.73	21.64	5.96	17.02	6.95	6.50	33.07

资料来源：根据表 3-24 求得，原始数据来源于美国商务部经济分析局，http://www.bea.gov，联合国统计司，http://unstats.un.org。

从表 3-25 中可以清楚地看到各个大类细分行业就业人口占就业总量比值完全不同，服务业占整个就业总量的比达到了 33.07%，是所有行业中占比最大的，其次是制造业，占比达到了 21.64%，再次是零售业，占比达到了 17.02%；占比最小的采矿业仅有 0.91%，然后是农业，占比为 2.21%。因此，从大类细分行业的就业数量占就业总量的比例来看，服务业、制造业以及零售业这 3 个大类细分行业合在一起所占的比例超过了 70%。这里尤为明显的是服务业，其行业就业量占比就业总量约 1/3，结合前文所分析的服务业就业增长的稳定表现，因此可以说，大类细分行业中的服务业的就业增长拉动了美国社会就业的增长。

为了对比分析各个大类细分行业的就业量占就业总量的比例关系，把各个大类细分行业就业数量用扇形图表示出来，具体如图 3-14 所示。

相对于表 3-25，图 3-14 中各个大类行业就业量的比例关系更为明显，把各个大类细分行业就业数量占就业总量的比例按照从低到高的顺序排列依次为：农业 2.21%，采矿业 0.91%，建筑业 5.73%，制造业 21.64%，批发业 5.96%，零售业 17.02%，交通运输及公共服务业 6.95%，金融、保险及房地产业 6.50%，服务业 33.07%。把排序的各个大类细分行业按照传统产业分类法分成第一产业、第二产业和第三产业，那么可以看到服务业和制造业是容纳就业的大行业，因此如果是以拉动就业为目标，宏观政策要倾向于发展服务业和制造业，所以美国在 2007 年次贷危机发生后为了解决失业问题，增加就业岗位，曾经提出了再工业化的政策。但政策效果不尽如人意，因为政策制定过程中对行业发展的规律欠考虑，即服务业已经成为美国未来就业的发展方向，而通过制造业拉动美国就业在短期内增长率不高的情况下很难实现。

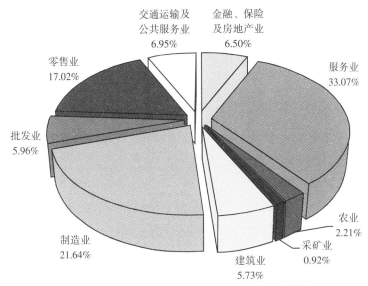

图 3–14　各个大类行业就业人口占总人口比例图

（三）大类细分行业就业增长率的特征

除了在总量上观察各个大类细分行业的就业增长特点，有必要从就业增长率角度来审视行业就业情况，以发现哪个行业就业增长得快，哪个行业就业增长得慢，因为每个行业就业人数在就业总人口中所占的份额都不同，而且每个行业的就业基数也不一样，这样如果从增长率的角度考察就很容易发现就业增长速度最快的行业，能够看到哪些行业是未来就业发展的方向。

由于各个行业的就业增长率每年都会随着时间的推移而变化，所以此处取 1949~2013 年各年度的就业增长率的算术平均值来衡量各个大类细分行业就业增长速度的变化。

假设 1949 年农业的就业增长率是 R_{n1}^L，那么 2013 年农业的就业增长率则是 R_{n65}^L，以此类推，各大类细分行业各个年度的就业均值 R_{nj}^L 就可以表示为：

农业：$R_{nj}^L = (R_{n1}^L + R_{n2}^L + \cdots + R_{n65}^L)/65 = -0.75\%$

采矿业：$R_{cj}^L = (R_{c1}^L + R_{c2}^L + \cdots + R_{c65}^L)/65 = -0.13\%$

建筑业：$R_{jj}^L = (R_{j1}^L + R_{j2}^L + \cdots + R_{j65}^L)/65 = 1.62\%$

制造业：$R_{zj}^L = (R_{z1}^L + R_{z2}^L + \cdots + R_{z65}^L)/65 = -0.31\%$

批发业：$R_{pj}^L = (R_{p1}^L + R_{p2}^L + \cdots + R_{p65}^L)/65 = 1.21\%$

零售业：$R^L_{lj} = (R^L_{l1} + R^L_{l2} + \cdots + R^L_{l65})/65 = 1.45\%$

交通运输及公共服务业：$R^L_{jgj} = (R^L_{jg1} + R^L_{jg2} + \cdots + R^L_{jg65})/65 = 1.02\%$

金融、保险及房地产业：$R^L_{jbfj} = (R^L_{jbf1} + R^L_{jbf2} + \cdots + R^L_{jbf65})/65 = 2.36\%$

服务业：$R^L_{fj} = (R^L_{f1} + R^L_{f2} + \cdots + R^L_{f65})/65 = 3.49\%$

把数据代入后求得的数值，如表 3-26 所示：

表 3-26　大类细分行业就业增长率表（1949~2013 年）

单位：%

年份	农业	采矿业	建筑业	制造业	批发业	零售业	交通运输及公共服务业	金融、保险及房地产业	服务业
1949	-3.47	-7.05	-4.82	-7.04	-2.86	-0.50	-4.42	1.63	0.81
1950	3.35	0.33	10.67	5.63	0.64	2.67	0.94	4.32	4.81
1951	-3.24	1.40	11.40	7.95	5.51	5.89	5.00	4.62	3.21
1952	-3.31	-2.45	1.32	1.82	1.88	2.06	0.28	3.76	0.51
1953	-2.61	-4.37	-0.72	4.98	1.08	1.83	1.10	3.96	2.68
1954	1.05	-8.90	-0.51	-6.78	-0.90	-0.91	-4.76	3.48	0.16
1955	-2.96	0.75	5.50	3.48	1.91	2.88	1.50	4.68	7.15
1956	-4.12	4.85	5.07	2.13	4.23	3.51	2.58	4.52	5.87
1957	-1.26	-0.36	-2.64	-0.47	0.79	0.88	-0.33	2.20	2.52
1958	1.84	-10.83	-2.72	-7.69	-0.39	-1.22	-6.20	2.20	2.88
1959	-0.93	-4.27	4.75	4.63	2.05	3.35	0.10	2.59	3.89
1960	-1.69	-2.51	-1.07	0.74	2.43	3.22	0.22	3.18	3.20
1961	1.14	-4.72	-0.77	-2.66	0.41	-0.35	-2.58	2.22	3.72
1962	-2.17	-2.55	2.65	3.48	1.55	2.80	0.00	2.28	3.65
1963	-1.54	-2.62	2.91	0.75	1.41	2.69	-0.03	2.73	2.43
1964	-8.03	-0.63	3.92	1.77	2.41	3.79	1.35	2.87	3.79
1965	-5.53	0.96	4.58	4.56	3.65	4.39	1.96	3.67	3.52
1966	-6.37	-0.47	3.05	6.62	4.24	4.98	3.51	2.92	4.95
1967	-5.66	-2.69	-1.26	1.16	2.51	2.99	2.31	3.48	3.40
1968	-1.47	-0.65	3.75	1.81	2.45	3.95	1.47	5.15	3.80
1969	-0.97	2.30	4.71	2.05	3.38	4.48	2.76	4.45	3.63
1970	0.98	0.64	-1.66	-4.25	2.01	2.22	1.19	3.70	1.62
1971	-0.65	-2.07	1.61	-4.27	0.64	2.23	-0.82	2.19	2.17

年份	农业	采矿业	建筑业	制造业	批发业	零售业	交通运输及公共服务业	金融、保险及房地产业	服务业
1972	1.04	1.63	5.14	2.52	2.91	3.16	1.11	3.71	4.81
1973	5.54	2.24	7.38	5.55	5.14	5.07	3.33	5.64	4.93
1974	6.17	9.39	−1.57	−0.09	2.67	2.05	1.22	3.19	2.37
1975	−1.55	7.73	−11.47	−8.66	−1.65	1.01	−3.48	1.15	2.36
1976	6.08	3.85	1.44	3.83	3.23	4.57	0.41	2.87	3.65
1977	−3.03	5.75	7.46	3.77	3.73	4.61	2.91	4.46	4.34
1978	0.17	6.65	10.91	4.37	5.75	5.89	4.67	6.68	5.95
1979	3.01	8.28	6.01	2.49	4.73	2.86	4.28	5.05	4.23
1980	2.70	8.90	−4.61	−3.54	0.96	0.17	0.21	3.15	2.92
1981	−1.13	11.54	−3.45	−0.51	2.24	1.11	0.79	2.33	3.62
1982	−2.93	−2.07	−7.22	−6.81	−1.43	−0.15	−1.72	−0.31	2.48
1983	6.93	−15.49	1.24	−2.04	−0.54	2.85	−2.03	2.67	3.20
1984	−3.92	1.67	11.71	5.14	5.56	6.43	3.32	4.25	5.63
1985	−5.55	−4.71	7.47	−0.67	2.44	4.57	1.54	4.20	4.37
1986	−0.86	−16.34	3.58	−1.63	0.76	2.84	0.11	5.10	4.06
1987	4.18	−7.46	2.11	0.25	2.15	3.51	2.60	4.43	5.04
1988	5.41	0.28	2.69	1.90	2.72	3.13	2.64	1.45	4.61
1989	−1.85	−3.46	1.28	0.22	3.80	2.48	1.96	0.65	5.13
1990	1.56	2.58	−0.74	−1.62	−0.90	0.22	2.38	0.47	3.84
1991	−0.27	−2.80	−8.78	−3.49	−2.68	−1.40	−0.52	−0.61	0.49
1992	−2.18	−7.91	−3.96	−1.92	−0.13	0.45	−0.59	−0.97	3.39
1993	2.39	−4.06	3.61	−0.01	−1.21	1.73	1.97	1.43	4.15
1994	2.18	−1.30	6.95	1.40	2.99	3.29	3.28	2.22	2.91
1995	3.90	−2.81	3.55	0.88	3.87	3.37	2.13	−1.21	4.24
1996	1.55	−1.02	5.01	−0.08	1.28	1.67	2.12	1.70	3.72
1997	3.94	2.92	4.66	0.92	2.87	1.64	2.57	2.78	3.82
1998	−37.20	−5.00	5.71	−6.10	−17.44	−33.95	25.58	5.32	27.39
1999	2.57	−6.84	5.92	−1.27	1.76	2.36	3.09	2.35	3.18
2000	−2.06	−1.88	4.19	−0.55	2.06	2.05	3.76	0.74	2.84

年份	农业	采矿业	建筑业	制造业	批发业	零售业	交通运输及公共服务业	金融、保险及房地产业	服务业
2001	−2.63	3.07	2.31	−4.81	0.03	−0.54	−0.35	1.20	0.41
2002	−0.93	−5.21	−0.74	−7.23	−2.07	−1.14	−4.86	0.08	1.13
2003	1.17	−1.38	0.31	−4.96	−0.60	−0.48	−2.98	1.46	1.11
2004	−4.93	4.18	3.84	−1.41	1.07	0.89	0.00	0.71	2.30
2005	−2.75	6.69	4.45	−0.49	2.07	1.23	0.45	1.60	2.15
2006	8.08	10.22	4.54	−0.48	2.25	0.91	1.06	1.95	2.50
2007	−2.47	6.99	−0.73	−2.00	1.82	0.98	0.90	−0.55	2.43
2008	−1.18	8.97	−5.76	−3.30	−0.55	−1.41	−0.79	−1.90	0.88
2009	−0.80	−10.74	−15.99	−11.69	−6.58	−4.76	−5.83	−4.55	−2.51
2010	2.66	1.25	−8.79	−2.80	−2.15	−1.12	−2.56	−2.11	0.35
2011	1.81	12.04	−0.60	1.86	1.45	1.33	1.57	0.89	2.17
2012	2.62	9.37	2.29	1.75	2.03	1.42	1.59	1.37	2.75
2013	1.43	1.76	4.45	0.73	1.49	1.42	1.18	1.30	3.16
均值	−0.75	−0.13	1.62	−0.31	1.21	1.45	1.02	2.36	3.49

资料来源：根据表 3-24 求得，原始数据来源于美国商务部经济分析局，http：//www.bea.gov，联合国统计司，http：//unstats.un.org。

从增长率来看，各个大类细分行业就业的增长率，在考察期间内整体特点是波动较大。农业、采矿业、制造业的就业增长率统计期间内的均值是负值，表明该行业就业是持续下降的；其余 4 个行业的增长可以说在整体上基本是稳步增长的，尤其是服务业，在就业增长率上表现出了持续快速增长的特点。农业的就业增长率，表现出了两个明显的特点：一是波动较大，二是长期就业增长率持续下降；采矿业的就业增长率和农业相似，就业增长率的总体趋势是下降的；建筑业相对于前两个大类细分行业而言其就业增长率波动不大，而且长期就业是增加的；制造业虽然就业数量很大，但是其就业增长率却是持续下降的；批发业相对于零售业的就业增长速度而言，略显缓慢，而零售业的就业增长相对于批发业，要快一些；交通运输及公共服务业的就业增长率随着经济波动而变化的特点很明显；金融、保险及房地产业的就业增长速度仅次于服务业的就业增长速度，其就业增长比较快，但是在 2007 年次贷危机后就业增长率连续 3 年下降，表明此期间失业问题严重；服务业的就业增长速度是全行业最快的，可以说该行业就业的快速增长在一定程度上缓解了美国在 2007 年次贷危机之后的就业压力。

把各个大类细分行业按照就业增长率升序排列如下：农业 -0.75%，制造业 -0.31%，采矿业 -0.13%，交通运输及公用服务业 1.02%，批发业 1.21%，零售业 1.45%，建筑业 1.62%，金融、保险及房地产业 2.36%，服务业 3.49%。

显然，从就业的角度考察，无论在增长速度上，还是在总量上，服务业都是美国就业增长的主要行业，决定着就业增长的速度和数量。值得一提的是，美国为应对 2007 年次贷危机对就业造成的负面影响，采取了再工业化的手段试图解决就业问题，但效果并不尽如人意，而根据本书的分析，制造业虽然就业容量大，但是数据表明其就业已经出现负增长，加之技术与资本投入越来越多，就会对劳动产生替代效应，所以通过再工业化解决就业，如果增长率不是很高的话，短期内很难见效，前文已经分析过，工业化已不是美国的发展方向，这样就等于逆经济规律而为之，不可取[1]；科学的方式应该是根据行业发展来确定倾向于拉动就业的经济政策，按照本书分析，应该理顺服务业，使服务业进一步细化，比如在服务业领域内制定鼓励自主创业的政策等，把政策的空间做到服务业上去，这样对于拉动就业的效果会更明显。

从分析中可以看出，各个大类行业在各个年度就业的变化和总量的波动，是和经济增长的波动相一致的，因此，对于就业和就业增长波动的原因前文已有论述，在此不作阐述，具体可以参见对表 3-6 的分析。

通过对各个大类细分行业的就业总量以及就业增长速度的研究发现，各个大类细分行业就业的增长速度和就业人口总量并不匹配，也就是说有的大类细分行业就业总量很大，但是其增长速度很慢甚至是就业人口逐渐减少；而有的大类细分行业虽然就业增长速度很快，但是就业人口总量并不大，所以下面我们把这两个指标结合起来考察。

---

[1] 刘骏民. 决定中美经济未来差距的两个基本因素——虚拟经济视角下的大趋势 [J]. 政治经济学评论，2014（1）.

（四）大类细分行业的就业影响因子

假设每个大类细分行业对于整个就业的影响体现在其所占份额和增长速度两者的共同作用上。这里用 L_{Npr} 表示各个行业的综合影响因子，L_{Npr} 可以表示为各个大类细分行业的占比 P^L_N 和增长速度 R^L_{Nj} 的乘积，即：

$$L_{Npr} = P^L_N \times R^L_{Nj}$$

据此，根据表 3-25 和表 3-26 可以求出各个大类细分行业的综合影响因子的数值，如表 3-27 所示：

表 3-27　大类细分行业的就业影响因子

单位：%

行业	农业	采矿业	建筑业	制造业	批发业	零售业	交通运输及公共服务业	金融、保险及房地产业	服务业
P^L_N	2.21	0.91	5.73	21.64	5.96	17.02	6.95	6.50	33.07
R^L_{Nj}	−0.75	−0.13	1.62	−0.31	1.21	1.45	1.02	2.36	3.49
L_{Npr}	−0.02	0.00	0.09	−0.07	0.07	0.25	0.07	0.15	1.15

资料来源：根据表 3-25 和表 3-26 计算得出，原始数据来源于美国商务部经济分析局，http://www.bea.gov。

从各个大类细分行业的就业影响因子来看，如果按照影响因子大小排列各个大类细分行业，那么排序依次是：服务业 1.15%，零售业 0.25%，金融、保险及房地产业 0.15%，建筑业 0.09%，交通运输及公共服务业 0.07%，批发业 0.07%，采矿业 0.00%，农业 −0.02%，制造业 −0.07%。可见，大类细分行业中影响整个经济的是服务业，金融、保险及房地产业以及零售业，其中影响最大的大类细分行业是服务业，不仅占就业总量比值较大，达到了近 1/3，而且就业增长速度也很快。不同于经济增长过程中表现出的特点，经济总量所占的比例较大的制造业就业一直处于负增长。所以，由于就业增长率出现了负值，这样通过上述方法就很难看出服务业以外的哪个大类细分行业对就业有更大的影响力，因此，在下一轮分析中，选取行业就业量占就业总量比值最大的三个大类细分行业和就业增长速度最快的三个大类细分行业进行分析。据此下文要分析的大类细分行业应该是服务业，制造业，零售业，金融、保险及房地产业，建筑业这 5 个大类细分行业所包含的中类细分行业。

综上，通过把就业总量、所占比例和增长速度统一起来衡量各个大类细分行业对美国就业的整体影响，虽然由于负值的影响结果不太明显，但是可以得出一个结论：在美国的经济发展过程中，服务行业拉动就业增长越来越成为一个发展方向。

三、中类细分行业的就业增长

按照本书的分析逻辑，大类细分行业是由不同中类细分行业构成的，而在大类细分行业的增长过程中各个中类细分行业的作用是不同的，因此只有对构成大类行业的不同中类细分行业做进一步研究，才能看到大类细分行业的就业增长究竟是哪个中类细分行业拉动的。

为了进一步从行业构成的角度分析拉动美国就业增长的行业，在下面的内容里，将对影响美国就业增长的 5 个大类细分行业即：服务业，制造业，零售业，金融、保险及房地产业，建筑业所包含的中类细分行业进行分析。

根据前文对美国行业划分标准的阐释，可知在大类细分行业中还包含 71 个中类细分行业，但是这种划分标准是 2007 年的标准[①]，与前两次[②]的划分标准差异较大，所以在此仍然采用调整后的行业种类表（见表 3-5），据此先看一下前文分析所选出的 5 个大类细分行业都包括哪些中类细分行业。

根据表 3-5 可得新的关于就业的中类细分行业类别，如表 3-28 所示：

表 3-28 中类细分行业类别构成表（就业）

一	Construction（建筑业）
二	Manufacturing（制造业）
1	Durable goods（耐用品制造业）
2	Nondurable goods（非耐用品制造业）
三	Retail trade（零售业）
四	Finance, insurance and real estate（金融、保险及房地产业）
3	Finance and insurance（金融、保险业）
4	Real estate/2/Holding and other investment offices（房地产业）

---

① 参见附录三。
② 参见附录一、附录二。

五	Services（服务业）
5	Professional and business services（专业、商业服务业）
6	Educational services，health care and social assistance（教育服务、健康医疗及社会救助业）
7	Arts，entertainment，recreation，accommodation and food services（艺术、休闲、娱乐、住宿及饮食服务业）
8	Other services，except government（Auto repair，services and parking/Private households/Membership organizations/Personal services/Motion pictures）（其他服务业）

资料来源：参见表3-5，附录一、附录二、附录三；性质：全职和兼职人员（千人）。

可见，中类细分行业里包括：制造业里的耐用品制造业和非耐用品制造业，金融、保险及房地产业里的金融、保险业和房地产业，服务业里的专业、商业服务业，教育服务、健康医疗及社会救助业，艺术、休闲、娱乐、住宿及饮食服务业，除政府外的其他服务业共8个中类细分行业；而对于建筑业和零售业在美国的72SIC和87SIC三次行业划分的标准中并没有做下一级目录的划分。下面对这8个中类细分行业就业增长特点进行分析。

（一）中类细分行业就业增长的特点

与考察大类细分行业的指标相似，考察中类细分行业的就业增长与就业增长率也是按照总量、均值和所占比例份额这三项指标进行。

看一下中类细分行业总量增长的情况，如表3-29所示。

表3-29　中类细分行业就业总量表

单位：千人

年份	耐用品制造业	非耐用品制造业	金融、保险业	房地产业	专业、商业服务业	教育服务、健康医疗及社会救助业	艺术、休闲、娱乐、住宿及饮食服务业	除政府外的其他服务业
1948	8343	7178	1264	512	765	1234	782	3276
1949	7508	6921	1305	500	749	1280	763	3273
1950	8121	7120	1362	521	776	1363	758	3471
1951	9144	7309	1441	529	857	1433	767	3507
1952	9466	7286	1517	527	927	1485	773	3395
1953	10144	7443	1598	527	981	1562	789	3409
1954	9194	7201	1659	540	988	1647	780	3308
1955	9617	7348	1733	569	1059	1742	793	3622
1956	9894	7433	1822	584	1177	1846	812	3811

续表

年份	耐用品制造业	非耐用品制造业	金融、保险业	房地产业	专业、商业服务业	教育服务、健康医疗及社会救助业	艺术、休闲、娱乐、住宿及饮食服务业	除政府外的其他服务业
1957	9894	7351	1901	558	1257	1950	820	3802
1958	8839	7080	1962	551	1275	2061	818	3884
1959	9385	7271	2011	567	1372	2133	843	3925
1960	9453	7326	2090	570	1459	2199	878	3920
1961	9075	7258	2155	564	1529	2281	893	4029
1962	9514	7387	2201	580	1636	2376	924	4080
1963	9631	7397	2262	595	1719	2490	966	4064
1964	9856	7474	2336	603	1844	2609	1013	4132
1965	10445	7675	2416	631	1992	2779	1055	4116
1966	11359	7960	2484	652	2186	2993	1104	4125
1967	11507	8037	2588	657	2328	3193	1146	4069
1968	11700	8198	2718	694	2470	3416	1184	4053
1969	11982	8324	2835	729	2680	3650	1238	3954
1970	11270	8172	2929	767	2770	3832	1269	3887
1971	10636	7975	2965	812	2786	4107	1307	3818
1972	11010	8070	3058	859	3003	4469	1381	3753
1973	11884	8255	3180	958	3333	4783	1489	3698
1974	11964	8157	3299	971	3527	5073	1543	3497
1975	10724	7655	3356	963	3486	6142	1568	5013
1976	11123	7959	3427	1016	3689	6418	1636	5058
1977	11665	8136	3572	1069	3979	6678	1693	5180
1978	12371	8296	3812	1139	4411	7102	1795	5265
1979	12847	8334	3996	1205	4843	7458	1875	5183
1980	12269	8163	4138	1227	5137	7825	1939	5023
1981	12193	8134	4251	1239	5419	8187	1997	5043
1982	11128	7815	4315	1158	5495	8480	2045	5137
1983	10793	7763	4418	1201	5822	8763	2093	5157
1984	11584	7925	4571	1287	6536	9043	2211	5275
1985	11570	7809	4736	1368	7043	9352	2283	5394

年份	耐用品制造业	非耐用品制造业	金融、保险业	房地产业	专业、商业服务业	教育服务、健康医疗及社会救助业	艺术、休闲、娱乐、住宿及饮食服务业	除政府外的其他服务业
1986	11282	7782	4975	1440	7519	9716	2371	5443
1987	11220	7892	5177	1523	8011	10172	2504	5625
1988	11453	8022	5223	1573	8511	10625	2653	5735
1989	11457	8061	5247	1593	9088	11171	2796	5880
1990	11168	8034	5274	1598	9511	11676	2892	5968
1991	10631	7900	5224	1606	9233	12208	2850	5901
1992	10328	7848	5181	1583	9563	12759	2879	6014
1993	10290	7885	5244	1616	10153	13240	2965	6152
1994	10516	7914	5345	1667	10628	13634	3073	6121
1995	10730	7863	5277	1651	11377	14031	3196	6270
1996	10844	7735	5363	1682	12105	14357	3286	6423
1997	11055	7695	5523	1720	12889	14732	3391	6539
1998	10959	6647	5610	2017	15231	14793	11247	6566
1999	10857	6526	5733	2073	16034	15121	11546	6659
2000	10881	6407	5756	2108	16728	15472	11832	6730
2001	10353	6104	5843	2115	16467	15805	12048	6650
2002	9488	5780	5853	2111	16115	16374	12169	6890
2003	8966	5543	5950	2130	16051	16794	12345	6930
2004	8919	5385	5973	2164	16492	17176	12667	6984
2005	8958	5277	6067	2200	17077	17532	12933	6923
2006	8984	5182	6193	2235	17619	18018	13223	6965
2007	8815	5068	6159	2223	18052	18538	13524	7070
2008	8489	4936	6029	2194	17959	19051	13583	7097
2009	7290	4566	5788	2061	16742	19420	13185	6894
2010	7063	4461	5710	1973	16888	19754	13139	6656
2011	7284	4454	5777	1974	17489	20026	13415	6734
2012	7487	4457	5854	2003	18096	20431	13870	6853
2013	7557	4473	5901	2058	18665	21234	14335	6889
均值	10188	7159	3954	1256	7479	8929	4363	5154

资料来源：美国商务部经济分析局，http://www.bea.gov。

总体而言，1948~2013 年美国中类细分行业的就业总量波动与大类细分行业就业总量的波动相似，8 个中类细分行业的就业延续了大类细分行业两极化趋势，一极是制造业当中的耐用制造品和非耐用品制造业，其就业人数不断下降；另一极是金融、保险业，房地产业，专业、商业服务业，教育服务、健康医疗和社会救助业，艺术、休闲、娱乐、住宿及饮食服务业，除政府外的其他服务业的就业人数不断上升。其中最为明显的是教育服务、健康医疗及社会就助业的就业人数的增长，从 1948 年的 1234 千人，增长到2013 年的 21234 千人，且持续增长从未下降。

首先，横向从时间上看。中类细分行业的耐用品制造业和非耐用品制造业在就业总量上表现出来的特点和制造业相似，相对于非耐用品制造业，耐用品制造业的就业人数更多，但统计范畴（1948~2013 年）的 65 年内，非耐用品制造业有 35 年同比上一年就业总量是下降的，而耐用品制造业则有 29 年是下降的；金融、保险业在所统计的范畴内，其就业人口总量在1991 年、1992 年、1995 年、2007 年、2008 年、2009 年、2010 年同比上一年下降，其下降年份明显是 2007 年次贷危机期间；房地产业就业人口总量变化类似于金融、保险业，整个统计期间内其就业人口总量增加较快；专业、商业服务业，相对于前两个中类细分行业，就业增长更为稳定，下降年份也相对较少，特别是在 2007 年的次贷危机间发生了连续两年下降后，就业总量于 2012 年便恢复到危机前的水平；教育服务、健康医疗及社会救助业总量在所统计范围内持续增加，没有下降年份，而且到 2013 年为止是所有中类细分行业中就业总数最多的，为 21234 千人；艺术、休闲、娱乐、住宿及饮食服务业就业增长的稳定性仅次于教育服务、健康医疗和社会救助业，就业增加数量大、速度快；除政府外其他服务业的就业增长波动性明显，其波动性大于耐用制造品、非耐用品制造业以外的其他所有中类细分行业。

其次，纵向从波动特点上看。整体而言相对于大类细分行业就业的增长，中类细分行业就业的增长波动更为明显。特别是在美国 2007 年次贷危机期间，除了教育服务、健康医疗和社会救助业以外的所有行业就业都有所下降。而且对比前文所研究的关于经济增长的内容可知，就业量下降是在经济增长下降之后发生的，而且从中类细分行业的就业增长特点来看，2007 年次贷危机引起的就业量的下降，是统计范畴内美国就业总量下降幅度最大、范围最广的一次。

可见，对中类细分行业就业增长特点的分析，同样印证了次贷危机引起美国失业问题的严重性，也解释了当时出现的"无就业增长""乏力就业增长"等问题的原因之一是就业增长滞后于经济增长。

总体而言，美国 8 个中类细分行业的就业增长受各种经济增长因素的影响明显，因为对比前文分析的关于经济增长的特点可知，就业变化周期和经济增长变化周期具有相似性；同时再次证明了 2007 年美国次贷危机引起了大类细分行业就业的较大波动。

（二）中类细分行业就业总量的构成特点

由于各个中类细分行业就业量的基数不同，所以各个中类细分行业就业量对就业总量影响的程度不同，下面从占比不同的角度考察各个中类细分行业就业量对就业总量的影响。

如前文所述，因各个中类细分行业的就业总量每年都会随着时间的变化而变化，在此取 1948~2013 年各年度各个中类细分行业就业总量的算术平均值来衡量各个中类细分行业就业所占比例变化。

假设 1948 年耐用品制造业的就业总量是 L^M_{nyp1}，那么 2013 年耐用品制造业的 GDP 总量是 L^M_{nyp66}，则耐用品制造业就业总量在各个年度的均值 L^M_{nypj} 就可以表示为：

$L^M_{nypj} = (L^M_{nyp1} + L^M_{nyp2} + \cdots + L^M_{nyp66})/66$，以此类推，

非耐用品制造业：$L^M_{fnypj} = (L^M_{fnyp1} + L^M_{fnyp2} + \cdots + L^M_{fnyp66})/66$

金融、保险业：$L^M_{jbj} = (L_{jb1} + L^M_{jb2} + \cdots + L^M_{jb66})/66$

房地产业：$L^M_{fdj} = (L^M_{fd1} + L^M_{fd2} + \cdots + L^M_{fd66})/66$

专业、商业服务业：$L^M_{zsj} = (L^M_{zs1} + L^M_{zs2} + \cdots + L^M_{zs66})/66$

教育服务、健康医疗及社会救助业：$L^M_{jjsj} = (L^M_{jjs1} + L^M_{jjs2} + \cdots + L^M_{jjs66})/66$

艺术、休闲、娱乐、住宿及饮食服务业：$L^M_{yxyzyj} = (L^M_{yxyzy1} + L^M_{yxyzy2} + \cdots + L^M_{yxyzy66})/66$

除政府外的其他服务业：$L^M_{qtfwj} = (L^M_{qtfw1} + L^M_{qtfw2} + \cdots + L^M_{qtfw66})/66$

另假设 8 大类细分行业均值的总量是 L^M_{zong}，那么有：

$L^M_{zong} = L^M_{nypj} + L^M_{fnypj} + L^M_{jbj} + L^M_{fdj} + L^M_{zsj} + L^M_{jjsj} + L^M_{yxyzyj} + L^M_{qtfwj}$

于是各自占比也会随之求出，在此不赘述。

把数据代入后求得各个中类细分行业占比 P^L_N 的数值：

耐用品制造业：$P^M_{nypj} = L^M_{nypj}/L^M_{zong} = 21.02\%$

非耐用品制造业：$P^M_{fnypj} = L^M_{fnypj}/L^M_{zong} = 14.77\%$

金融、保险业：$P^M_{jbj} = L^M_{jbj} / L^M_{zong} = 8.15\%$

房地产业：$P^M_{fj} = L^M_{fj} / L^M_{zong} = 2.59\%$

专业、商业服务业：$P^M_{zsj} = L^M_{zsj} / L^M_{zong} = 15.43\%$

教育服务、健康医疗及社会救助业：$P^M_{jjsj} = L^M_{jjsj} / L^M_{zong} = 18.42\%$

艺术、休闲、娱乐、住宿及饮食服务业：$P^M_{yxyzyj} = L^M_{yxyzyj} / L^M_{zong} = 9.00\%$

除政府外的其他服务业：$P^M_{qtfwj} = L^M_{qtfwj} / L^M_{zong} = 10.63\%$

把上述各个中类细分行业所占比例整理成表 3-30：

表 3-30 中类细分行业各年度就业总量均值及各自占总量比例

单位：千人，%

行业	耐用品制造业	非耐用品制造业	金融、保险业	房地产业	专业、商业服务业	教育服务、健康医疗及社会救助业	艺术、休闲、娱乐、住宿及饮食服务业	除政府外的其他服务业
均值	10188	7159	3954	1256	7479	8929	4363	5154
比例	21.02	14.77	8.15	2.59	15.43	18.42	9.00	10.63

资料来源：根据表 3-29 求得，原始数据来源于美国商务部经济分析局，http://www.bea.gov，联合国统计司，http://unstats.un.org。

从表 3-30 中可以清楚地看到各个中类细分行业就业量占就业总量比值完全不同，按照所占比例大小降序排列分别是：耐用品制造业 21.02%，教育服务、健康医疗及社会救助业 18.42%，专业、商业服务业 15.43%，非耐用品制造业 14.77%，除政府外的其他服务业 10.63%，艺术、休闲、娱乐、住宿及饮食服务业 9.00%，金融、保险业 8.15%，房地产业 2.59%。

整体而言，分析结果不同于大类细分行业就业所表现出来的一个行业足以影响整个就业总量的特点，中类细分行业就业量增长的最大特点是分散化，在 8 个中类细分行业中除了房地产业其余 7 个行业的就业数量占比都不小。

分行业看，耐用品制造业虽然就业人数在减少，但其较大的就业基数对整个就业的影响不容小觑，各类服务业虽然就业人数基数不大，但是在考察期间内就业量增长都十分明显。而且行业的细化弱化了各个行业对整体就业的影响。

为了对比各个中类细分行业的就业量占就业总量的比例大小的不同，各个中类行业就业数量扇形图如图 3-15 所示。

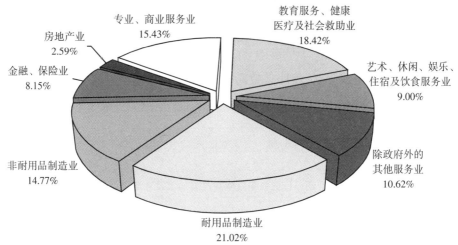

专业、商业服务业
15.43%

教育服务、健康
医疗及社会救助业
18.42%

房地产业
2.59%

艺术、休闲、娱乐、
住宿及饮食服务业
9.00%

金融、保险业
8.15%

除政府外的
其他服务业
10.62%

非耐用品制造业
14.77%

耐用品制造业
21.02%

图3-15　各个中类行业就业人口占总人口比例图

图3-15中清晰地显示了各个中类细分行业就业量的比例关系，同前述，把排序的各个大类细分行业按照传统的三次产业分类法进行分类，那么服务业和工业是容纳就业的两大行业，但是特点不同：工业的就业基数大但拉动就业的作用在减弱，服务业的就业基数小但拉动就业的作用在增强。

（三）中类细分行业就业增长率的特征

在分析中类细分行业就业增长量的过程中不难发现，仅从量上考察各个中类细分行业的就业增长特点，很难看到在考察期间内这些行业就业增长速度的变化，为此从增长率的角度考察就业增长以期发现就业增长速度最快的行业，以及就业增长速度最慢的行业，并进行比较。

因为各个行业的就业增长率会随着年度而发生变化，所以在此取1949~2013年各年度就业增长率的算术平均值来衡量各个中类细分行业的就业增长速度。

如前所述，假设1949年耐用品制造业的就业增长率是 R^M_{nyp1}，那么2013年耐用品制造业的GDP的增长速度则是 R^M_{nyp65}，则以此类推，各个大类细分行业各个年度的就业增长率均值 R^{LM}_{nypj} 就可以表示为：

耐用品制造业：$R^{LM}_{nypj} = (R^{LM}_{nyp1} + R^{LM}_{nyp2} + \cdots + R^{LM}_{nyp65})/65 = -0.01\%$

非耐用品制造业：$R^{LM}_{fnypj} = (R^{LM}_{fnyp1} + R^{LM}_{fnyp2} + \cdots + R^{LM}_{fnyp65})/65 = -0.68\%$

金融、保险业：$R^{LM}_{jbj} = (R^{LM}_{jb1} + R^{LM}_{jb2} + \cdots + R^{LM}_{jb65})/65 = 2.42\%$

房地产业：$R^{LM}_{fdj} = (R^{LM}_{fd1} + R^{LM}_{fd2} + \cdots + R^{LM}_{fd65})/65 = 2.23\%$

专业、商业服务业：$R^{1M}_{zsj} = (R^{1M}_{zs1} + R^{1M}_{zs2} + \cdots + R^{1M}_{zs65})/65 = 5.12\%$

教育服务、健康医疗及社会救助业：$R^{1M}_{jjsj} = (R^{1M}_{jjs1} + R^{1M}_{jjs2} + \cdots + R^{1M}_{jjs65})/65 = 4.51\%$

艺术、休闲、娱乐、住宿及饮食服务业：$R^{1M}_{yxyzyj} = (R^{1M}_{yxyzy1} + R^{1M}_{yxyzy2} + \cdots + R^{1M}_{yxyzy65})/65 = 6.25\%$

除政府外的其他服务业：$R^{1M}_{qtfwj} = (R^{1M}_{qtfw1} + R^{1M}_{qtfw2} + \cdots + R^{1M}_{qtfw65})/65 = 1.28\%$

把就业增长率各年度平均值的数据，整理后列入中类细分行业就业增长率变化表中（见表 3-31）。

表 3-31 中类细分行业就业增长率（1949~2013 年）

单位：%

年份	耐用品制造业	非耐用品制造业	金融、保险业	房地产业	专业、商业服务业	教育服务、健康医疗及社会救助业	艺术、休闲、娱乐、住宿及饮食服务业	除政府外的其他服务业
1949	-10.01	-3.58	3.24	-2.34	-2.09	3.73	-2.43	-0.09
1950	8.16	2.88	4.37	4.20	3.60	6.48	-0.66	6.05
1951	12.60	2.65	5.80	1.54	10.44	5.14	1.19	1.04
1952	3.52	-0.31	5.27	-0.38	8.17	3.63	0.78	-3.19
1953	7.16	2.15	5.34	0.00	5.83	5.19	2.07	0.41
1954	-9.37	-3.25	3.82	2.47	0.71	5.44	-1.14	-2.96
1955	4.60	2.04	4.46	5.37	7.19	5.77	1.67	9.49
1956	2.88	1.16	5.14	2.64	11.14	5.97	2.40	5.22
1957	0.00	-1.10	4.34	-4.45	6.80	5.63	0.99	-0.24
1958	-10.66	-3.69	3.21	-1.25	1.43	5.69	-0.24	2.16
1959	6.18	2.70	2.50	2.90	7.61	3.49	3.06	1.06
1960	0.72	0.76	3.93	0.53	6.34	3.09	4.15	-0.13
1961	-4.00	-0.93	3.11	-1.05	4.80	3.73	1.71	2.78
1962	4.84	1.78	2.13	2.84	7.00	4.16	3.47	1.27
1963	1.23	0.14	2.77	2.59	5.07	4.80	4.55	-0.39
1964	2.34	1.04	3.27	1.34	7.27	4.78	4.87	1.67
1965	5.98	2.69	3.42	4.64	8.03	6.52	4.15	-0.39
1966	8.75	3.71	2.81	3.33	9.74	7.70	4.64	0.22
1967	1.30	0.97	4.19	0.77	6.50	6.68	3.80	-1.36

续表

年份	耐用品制造业	非耐用品制造业	金融、保险业	房地产业	专业、商业服务业	教育服务、健康医疗及社会救助业	艺术、休闲娱乐、住宿及饮食服务业	除政府外的其他服务业
1968	1.68	2.00	5.02	5.63	6.10	6.98	3.32	-0.39
1969	2.41	1.54	4.30	5.04	8.50	6.85	4.56	-2.44
1970	-5.94	-1.83	3.32	5.21	3.36	4.99	2.50	-1.69
1971	-5.63	-2.41	1.23	5.87	0.58	7.18	2.99	-1.78
1972	3.52	1.19	3.14	5.79	7.79	8.81	5.66	-1.70
1973	7.94	2.29	3.99	11.53	10.99	7.03	7.82	-1.47
1974	0.67	-1.19	3.74	1.36	5.82	6.06	3.63	-5.44
1975	-10.36	-6.15	1.73	-0.82	-1.16	21.07	1.62	43.35
1976	3.72	3.97	2.12	5.50	5.82	4.49	4.34	0.90
1977	4.87	2.22	4.23	5.22	7.86	4.05	3.48	2.41
1978	6.05	1.97	6.72	6.55	10.86	6.35	6.02	1.64
1979	3.85	0.46	4.83	5.79	9.79	5.01	4.46	-1.56
1980	-4.50	-2.05	3.55	1.83	6.07	4.92	3.41	-3.09
1981	-0.62	-0.36	2.73	0.98	5.49	4.63	2.99	0.40
1982	-8.73	-3.92	1.51	-6.54	1.40	3.58	2.40	1.86
1983	-3.01	-0.67	2.39	3.71	5.95	3.34	2.35	0.39
1984	7.33	2.09	3.46	7.16	12.26	3.20	5.64	2.29
1985	-0.12	-1.46	3.61	6.29	7.76	3.42	3.26	2.26
1986	-2.49	-0.35	5.05	5.26	6.76	3.89	3.85	0.91
1987	-0.55	1.41	4.05	5.73	6.54	4.69	5.59	3.33
1988	2.08	1.65	0.90	3.32	6.24	4.45	5.97	1.96
1989	0.03	0.49	0.46	1.27	6.78	5.14	5.39	2.53
1990	-2.52	-0.33	0.51	0.31	4.65	4.52	3.43	1.50
1991	-4.81	-1.67	-0.95	0.50	-2.92	4.56	-1.45	-1.12
1992	-2.85	-0.66	-0.82	-1.43	3.57	4.51	1.02	1.91
1993	-0.37	0.47	1.22	2.08	6.17	3.77	2.99	2.29
1994	2.20	0.37	1.93	3.16	4.68	2.98	3.64	-0.50
1995	2.03	-0.64	-1.27	-0.96	7.05	2.91	4.00	2.43
1996	1.06	-1.63	1.63	1.88	6.40	2.32	2.82	2.44

年份	耐用品制造业	非耐用品制造业	金融、保险业	房地产业	专业、商业服务业	教育服务、健康医疗及社会救助业	艺术、休闲、娱乐、住宿及饮食服务业	除政府外的其他服务业
1997	1.95	−0.52	2.98	2.26	6.48	2.61	3.20	1.81
1998	−0.87	−13.62	1.58	17.27	18.17	0.41	231.67	0.41
1999	−0.93	−1.82	2.19	2.78	5.27	2.22	2.66	1.42
2000	0.22	−1.82	0.40	1.69	4.33	2.32	2.48	1.07
2001	−4.85	−4.73	1.51	0.33	−1.56	2.15	1.83	−1.19
2002	−8.36	−5.31	0.17	−0.19	−2.14	3.60	1.00	3.61
2003	−5.50	−4.10	1.66	0.90	−0.40	2.57	1.45	0.58
2004	−0.52	−2.85	0.39	1.60	2.75	2.27	2.61	0.78
2005	0.44	−2.01	1.57	1.66	3.55	2.07	2.10	−0.87
2006	0.29	−1.80	2.08	1.59	3.17	2.77	2.24	0.61
2007	−1.88	−2.20	−0.55	−0.54	2.46	2.89	2.28	1.51
2008	−3.70	−2.60	−2.11	−1.30	−0.52	2.77	0.44	0.38
2009	−14.12	−7.50	−4.00	−6.06	−6.78	1.94	−2.93	−2.86
2010	−3.11	−2.30	−1.35	−4.27	0.87	1.72	−0.35	−3.45
2011	3.13	−0.16	1.17	0.05	3.56	1.38	2.10	1.17
2012	2.79	0.07	1.33	1.47	3.47	2.02	3.39	1.77
2013	0.93	0.36	0.80	2.75	3.14	3.93	3.35	0.53
均值	−0.01	−0.68	2.42	2.23	5.12	4.51	6.25	1.28

资料来源：根据表 3-29 求得，原始数据来源于美国商务部经济分析局，http：//www.bea.gov。

从表 3-31 中可以清晰地看到各个中类细分行业就业增长率的变化。就表现出来的整体特点而言，在考察期间内相对于大类细分行业就业增长率特点，中类细分行业就业增长率波动较大，耐用品制造业和非耐用品制造业在考察期间内总的就业增长率仍然是负值，即行业就业基本呈现持续下降的态势。而各类服务业的就业增长率表现出了持续快速增长的特点：金融、保险业的就业增长率波动幅度远小于耐用制造品和非耐用品制造业，大于房地产业；房地产业的就业增长要比金融、保险业稳定，在统计期间内下降的年份不多；专业、商业服务业就业增长率的变动幅度远小于上述几个中类细分行业，而且增长率仅次于艺术、休闲、娱乐、住宿及饮食服务业居第二位；教育服务、健康医疗及社会救助业的就业增长率是整个中类细分行业中最稳定的，统计期间内持续增长，同比上一年就业增长率从未下降过，而且平均增长速度很快；艺术、休闲、娱乐、住宿及饮食服务业的就业增长率是全部中类细分行业中最快的，年均增长率达到了6.25%；除政府外的其他服务业的就业增长率相对较慢，但总体来看，统计期间内是正增长。

对比前文分析，可以看出，与大类细分行业就业增长率特点相同的是，中类细分行业的就业增长率变化也是受到了经济波动的影响并表现出了相似的波动幅度。

把各个中类细分行业按照就业增长率从小到大排序：非耐用品制造业-0.68%，耐用品制造业-0.01%，除政府外的其他服务业1.28%，房地产业2.23%，金融、保险业2.42%，教育服务、健康医疗及社会救助业4.51%，专业、商业服务业5.12%，艺术、休闲、娱乐、住宿及饮食服务业6.25%。总体而言，服务业的就业增长率快于金融房地产业，金融房地产业的就业增长率快于制造业，而制造业的就业增长率平均值为负值。

显然，从就业增长率的角度考察，相对于大类细分行业就业增长特点而言，服务业"一股独大"的特征没有再现，这可能由于服务业被分成了很多的小类，所以其影响力就被弱化了。但是，从分析中可以发现服务业将随着社会分工的发展进一步发展，也就是说服务业的分类将会进一步细化。

同理，中类细分行业源于大类细分行业的细分，因此就业增长率的变动原因与大类细分行业就业增长率变动的原因类似，在此不赘述。

考察各个中类细分行业的就业总量以及就业增长速度时发现，各个中类细分行业就业的增长速度和就业人口总量不匹配的特点比大类行业更为明显，也就是说有的中类细分行业总量很大，但是其行业就业量却在持续下降；而有的中类细分行业虽然行业就业人口不多，但是就业增长速度很快，所以采用与前文相同的考察方法，把这两个指标结合起来考察。

（四）中类细分行业的就业影响因子

假设每个中类细分行业对于整个就业的影响体现在其所占份额和增长速度两者的共同作用上。这里用 L^M_{Npr} 表示各个行业的综合影响因子，那么 L^M_{Npr} 可以表示为各个大类细分行业的占比 P^L_N 和增长速度 R^L_{Nj} 的乘积，即：

$$L^M_{Npr} = P^L_N \times R^L_{Nj}$$

据此，根据表 3-25 和表 3-26 可以求出各个中类细分行业的就业影响因子的数值，如表 3-32 所示：

表 3-32　中类细分行业的就业影响因子

单位：%

行业	耐用品制造业	非耐用品制造业	金融、保险业	房地产业	专业、商业服务业	教育服务、健康医疗及社会救助业	艺术、休闲、娱乐、住宿及饮食服务业	除政府外的其他服务业
P^L_N	21.02	14.77	8.15	2.59	15.43	18.42	9.00	10.63
R^L_{Nj}	−0.01	−0.68	2.42	2.23	5.12	4.51	6.25	1.28
L^M_{Npr}	0.00	−0.10	0.20	0.06	0.79	0.83	0.56	0.14

资料来源：根据表 3-29 和表 3-31 计算得出，原始数据来源于美国商务部经济分析局，http://www.bea.gov。

从各个中类细分行业的就业影响因子来看，如果按照影响因子从小到大排列各个中类细分行业，那么排序依次是：非耐用品制造业−0.10%，耐用品制造业0.00%，房地产业0.06%，除政府外的其他服务业0.14%，金融、保险业0.20%，艺术、休闲、娱乐、住宿及饮食服务业0.56%，专业、商业服务业0.79%，教育服务、健康医疗及社会救助业0.83%。

不难看出，中类细分行业中对就业综合影响力最大的是教育服务、健康医疗及社会救助业，其影响因子是0.83%；其次是专业、商业服务业，其影响因子是0.79%；再次是艺术、休闲、娱乐、住宿及饮食服务业，其影响因子是0.56%；最后，受到就业一直下降的影响，耐用品制造业和非耐用品制造业综合影响因子为负值。

可见，中类细分行业中影响整个经济社会就业总量的是教育服务、健康医疗及社会救助业，专业、商业服务业，艺术、休闲、娱乐、住宿及饮食服务业，这三个服务类的中类细分行业。但是由于受负值的影响，耐用品制造业和非耐用品制造业对就业的影响没有体现出来。基于此，仅仅根据就业综合影响因子的大小无法剔除任何一个中类行业的就业对于就业总量的影响。

综合以上分析，通过把就业总量、所占比例和增长速度统一起来衡量各个中类细分行业对美国就业的整体影响，所得出的结论和分析大类细分行业就业特点时得出的结论相近：在当前美国经济发展过程中，服务行业就业的吸纳能力是最大的，而且越来越大。

四、小类细分行业的就业增长

如前所述，在研究中类细分行业时根据就业影响力的大小，没有剔除任何一个中类细分行业，所以下文研究中，对上述 8 个中类细分行业均按照小类细分行业的层级逐一展开分析。

（一）小类细分行业的划分

按照本书研究的逻辑顺序，下一步要探讨的是哪些小类细分行业拉动了前文中的 8 个中类细分行业的就业增长。为了达到此研究目的，首先要对中类细分行业进一步划分，把它细分成若干个小类行业。小类行业的划分标准与大类和中类的划分标准一致[1]，此处不再说明。

根据前文研究的结果，将对耐用品制造业，非耐用品制造业，金融、保险业，房地产业，专业、商业服务业，教育服务、健康医疗及社会救助业，艺术、休闲、娱乐、住宿及饮食服务业，除政府外的其他服务业 8 个中类行业进一步细分。参照美国行业分类标准（2007 NAICS）以及前文的研究结果，划分后的小类细分行业如表 3-33 所示：

表 3-33　小类细分行业类别构成表（就业）

一	Durable goods（耐用品制造业）
1	Wood products（木制品业）
2	Nonmetallic mineral products（非金属矿产品业）
3	Primary metals（原料金属业）
4	Fabricated metal products（焊接金属制品业）
5	Machinery（机械制造业）
6	Computer and electronic products（计算机及电子产品业）
7	Electrical equipment, appliances and components（电气设备、电器及电器零部件业）
8	Motor vehicles, bodies and trailers and parts（汽车、车体、拖车及零部件业）
9	Other transportation equipment（其他交通运输设备业）
10	Furniture and related products（家具及关联产品业）
11	Miscellaneous manufacturing（其他混杂制造业）

---

① 参见附录一、附录二、附录三。

续表

二	Nondurable goods（非耐用品制造业）
12	Food and beverage and tobacco products（食品、饮料、烟草业）
13	Textile mills and textile product mills（纺织品及纺织品生产业）
14	Apparel and leather and allied products（服装、皮革及系列产品生产业）
15	Paper products（制纸业）
16	Printing and related support activities（印刷及相关业）
17	Petroleum and coal products（石油制品、煤制品业）
18	Chemical products（化工业）
19	Plastics and rubber products（塑料及橡胶制品业）
三	Finance and insurance（金融、保险业）
20	Federal Reserve banks，credit intermediation and related activities（联邦储备银行、信托中介及相关业）
21	Securities，commodity contracts and investments（证券、期货及投资业）
22	Insurance carriers and related activities（保险及相关行业）
23	Funds，trusts and other financial vehicles（基金、信托及其他金融工具业）
四	Real estate and rental and leasing（房地产、房地产租赁、出租业）
24	Real estate（房地产业）
25	Rental and leasing services and lessors of intangible assets（房地产租赁、出租及无形资产租赁业）
五	Professional and business services（专业、商业服务业）
26	Professional，scientific and technical services（专业、科学及技术服务业）
27	Management of companies and enterprises/administrative and waste management services（公司及企业治理、废物处理与管理业）
六	Educational services，health care and social assistance（教育服务、健康医疗及社会救助业）
28	Educational services（教育服务业）
29	Health care and social assistance（健康医疗及社会救助业）
七	Arts，entertainment，recreation，accommodation and food services（艺术、休闲、娱乐、住宿及饮食服务业）
30	Arts，entertainment and recreation（艺术、休闲及娱乐业）
31	Accommodation and food services（住宿及饮食服务业）
八	Other services，except government（除政府外的其他服务业）

资料来源：根据附录三整理。

表 3-33 显示，中类细分行业被划分成了 31 个小类细分行业，分别是：耐用品制造业分出了 11 个，非耐用品制造业分出了 8 个，金融、保险业分出了 4 个，房地产业分出了 2 个，专业、商业服务业分出了 2 个，教育服务、健康医疗及社会救助业分出了 2 个，艺术、休闲、娱乐、住宿及饮食服务业分出了 2 个，除政府外的其他服务业没有小类细分行业。

区别于经济增长的小类细分行业表 3-15，在就业增长的小类细分行业表 3-33 中把表 3-15 的行业 27（公司及企业治理业）、行业 28（废物处理与管理业）合并在了一起。

下面将对这 31 个小类细分行业的就业增长特征进行研究。

（二）小类细分行业就业增长的特点

不同于对大类细分行业和中类细分行业的考察，由于小类细分行业数量较多，所以先从量上进行筛选，但是考察指标与大类细分行业和中类细分行业相同，也是参照总量、均值和所占比例份额这三项指标进行。首先看一下小类细分行业就业总量增长的情况。同前文，由于小类细分行业的类别较多、名称较长，所以用数字编码代替，表 3-34 中的 1~31 和表 3-33 中的 1~31 是一一对应的，31 个小类细分行业就业总量如表 3-34 所示：

表 3-34　各个小类细分行业就业总量表（1998~2013 年）

单位：千人

年份	1	2	3	4	5	6	7	8	9	10	
1998	613	539	640	1752	1502	1828	593	1270	808	656	
1999	624	548	623	1742	1463	1756	585	1309	782	676	
2000	618	559	616	1760	1453	1799	590	1310	745	685	
2001	575	545	568	1679	1368	1756	555	1214	727	648	
2002	558	519	507	1549	1225	1499	497	1157	681	606	
2003	539	498	476	1480	1150	1353	459	1118	649	575	
2004	554	499	468	1493	1141	1317	444	1118	656	572	
2005	564	506	466	1520	1160	1308	435	1103	675	566	
2006	559	513	467	1551	1181	1304	433	1069	695	560	
2007	519	501	455	1560	1187	1273	428	996	718	532	
2008	457	464	446	1541	1184	1246	421	883	731	483	
2009	362	390	364	1312	1026	1136	372	675	681	386	
2010	342	368	362	1281	994	1100	357	681	653	358	

续表

年份	1	2	3	4	5	6	7	8	9	10	
2011	338	364	392	1346	1056	1106	365	725	663	353	
2012	341	366	405	1409	1100	1093	373	785	681	354	
2013	355	373	401	1426	1107	1064	374	828	688	360	
均值	495	472	479	1525	1206	1371	455	1015	702	523	
年份	11	12	13	14	15	16	17	18	19	20	
1998	756	1770	648	720	630	833	123	993	931	2559	
1999	750	1777	618	634	617	824	124	984	949	2613	
2000	745	1768	595	575	605	812	121	980	952	2583	
2001	718	1771	534	488	577	770	118	957	890	2652	
2002	689	1747	485	404	543	713	117	924	846	2717	
2003	668	1719	445	352	518	678	114	903	815	2817	
2004	657	1691	415	328	496	660	110	884	802	2850	
2005	655	1677	385	298	483	646	112	877	799	2909	
2006	653	1673	355	276	469	637	113	865	795	2953	
2007	645	1676	331	249	457	625	115	859	757	2898	
2008	634	1672	304	233	442	594	116	848	727	2750	
2009	585	1646	252	198	406	523	114	800	627	2622	
2010	569	1631	240	187	394	487	111	788	624	2568	
2011	575	1645	240	181	388	472	110	785	634	2575	
2012	580	1658	236	178	380	460	111	788	646	2607	
2013	582	1671	232	174	377	454	111	795	658	2638	
均值	654	1700	395	342	486	637	115	877	778	2707	
年份	21	22	23	24	25	26	27	28	29	30	31
1998	795	2241	15	1349	668	5152	10079	2310	12483	1645	9602
1999	832	2272	15	1389	685	5369	10665	2391	12730	1708	9838
2000	895	2262	15	1407	701	5604	11124	2478	12994	1792	10040
2001	911	2265	15	1411	704	5688	10779	2567	13238	1818	10230
2002	862	2260	14	1431	679	5638	10477	2692	13682	1834	10335
2003	829	2289	14	1460	670	5662	10389	2744	14050	1849	10496
2004	839	2270	15	1490	674	5774	10718	2838	14338	1890	10777
2005	868	2274	16	1523	676	5991	11086	2867	14665	1916	11017

年份	21	22	23	24	25	26	27	28	29	30	31
2006	900	2325	16	1563	672	6247	11372	2938	15080	1932	11291
2007	938	2315	7	1557	666	6401	11651	3015	15523	1989	11535
2008	953	2319	7	1545	649	6503	11455	3099	15952	2005	11578
2009	895	2265	7	1481	579	6199	10543	3160	16260	1959	11226
2010	884	2253	5	1437	536	6102	10786	3225	16529	1947	11192
2011	860	2337	5	1445	529	6216	11273	3294	16732	1954	11461
2012	859	2384	3	1467	536	6366	11730	3355	17076	2011	11859
2013	867	2392	4	1514	545	6506	12159	3384	17850	2076	12259
均值	874	2295	11	1467	636	5964	11018	2897	14949	1895	10921

资料来源：美国商务部经济分析局，http://www.bea.gov。

总体而言，小类细分行业的就业增长呈现了中类细分行业和大类细分行业的基本特点，即制造业的就业一直在下降，但基数较大；服务业的就业一直在增加，但是基数较小。下面分类看一下，在考察的时间范围内各个小类细分行业就业增长的特点。

一方面，横向从时间看。

一是耐用品制造业下的小类细分行业。包括：1（木制品业），2（非金属矿产品业），3（原料金属业），4（焊接金属制品业），5（机械制造业），6（计算机及电子产品业），7（电气设备、电器及电器零部件业），8（汽车、车体、拖车及零部件业），9（其他交通运输设备业），10（家具及关联产品业），11（其他混杂制造业）。这11个小类细分行业，整体上就业都在下降，下降最为明显的是行业1（木制品业）和行业6（计算机及电子产品业）；相对而言，行业5（机械制造业）和行业9（其他交通运输设备业）下降较慢。

二是非耐用品制造业下的小类细分行业。包括：12（食品、饮料、烟草业），13（纺织品及纺织品生产业），14（服装、皮革及系列产品生产业），15（制纸业），16（印刷及相关业），17（石油制品、煤制品业），18（化工业），19（塑料及橡胶制品业）。这8个小类细分行业的就业量总体也是在下降，尤其是14（服装、皮革及系列产品生产业）、15（制纸业）、16（印刷及相关业）这3个行业就业增长量每一年同比上一年度都是下降的，其中行业 17（石油制品、煤制品业）下降是最慢的。

三是金融、保险业包含的小类细分行业。包括：20（联邦储备银行、信托中介及相关业），21（证券、期货及投资业），22（保险及相关行业），23（基金、信托及其他金融工具业）。其中行业 23（基金、信托及其他金融工具业）不仅就业量的基数小，而且就业人数持续下降，到 2013 年为止该行业就业人数只有 4000 人；而其余三个小类细分行业的就业虽然波动较大，但都是持续增加的。

四是房地产、房地产租赁、出租业所包含的小类细分行业。包括：24（房地产业），25（房地产租赁、出租及无形资产租赁业）。这两个行业在就业增长上表现出了相反的特点，行业 24（房地产业）的就业量持续增加，而行业 25（房地产租赁、出租以及无形资产租赁业）的就业不仅基数小而且总体上是持续下降的。

五是专业、商业服务业内的小类细分行业。包括 26（专业、科学及技术服务业）和 27（公司及企业治理、废物处理与管理业）。这两个行业的共同特点是就业量持续上升，但在 2001 年和 2008 年出现了下降，可见其受经济波动的影响明显。

六是教育服务、健康医疗及社会救助业包含的小类细分行业。有 28（教育服务业）和 29（健康医疗及社会救助业）。这两个行业在统计期间内就业量持续增加，从未出现过同比上一年下降的情况，是所有小类细分行业就业增长最为平稳和持续的，从趋势预测其拉动就业的后势强劲。

七是艺术、休闲、娱乐、住宿及饮食服务业所包含的小类细分行业。包括：30（艺术、休闲及娱乐业），31（住宿及饮食服务业）。这两个行业就业增长也是比较明显的，仅次于行业 28（教育服务业）和行业 29（健康医疗及社会救助业）的就业增长势头，只有 2009 年和 2010 年出现了就业的下降，其余年份就业持续增加。

另一方面，纵向从波动特点上看。小类细分行业的就业特点不同于前面分析的大类细分行业以及中类细分行业，在所统计的时间范围内，31 个小类细分行业中属于制造业范畴的小类细分行业的就业全行业持续下降，且受经济波动影响明显，下降的幅度越来越大；属于金融、保险、房地产范畴内的小类细分行业的就业总量相对于制造业范围内的小类细分行业就业量下降幅度较小，而且一些行业表现出了上升的趋势；而属于服务业范畴内的小类细分行业的就业总量，大部分行业的就业总量表现出了持续上升的特点。在受到经济波动或危机冲击的期间内，也没有出现集体下降趋势，而在对美国经济冲击较大的 2007 年的次贷危机中，服务业中的小类细分行业教育服务、健康医疗及社会救助业就业总量依旧持续增长。

对于小类细分行业的波动与前文分析的大类细分行业和中类细分行业的波动原因是相似的，所以小类细分行业就业变动的原因不再重述。

综上，相对于大类细分行业和中类细分行业的就业变化，小类细分行业分析的时间范围较窄，但是在这一期间内，小类细分行业就业的变化与前文分析的大类、中类细分行业的结果一致，即就业的波动和经济的波动具有相似性，但就业波动具有滞后性，一般是在经济下降之后开始下降，在经济恢复之后开始恢复；另外就是如果用就业指标来衡量，制造业在衰落，而服务业在高歌猛进。

（三）小类细分行业就业的构成特点

通过对小类细分行业就业增长的分析，已经呈现了各个小类细分行业就业增长的不同特点，但是 31 个小类细分行业在拉动美国就业增长的过程中所起的作用是不一样的，那么这 31 个小类行业哪些是主要的，哪些从比例上衡量可以忽略不计呢？下面从各个小类细分行业就业量占就业总量的比值来分析不同小类细分行业就业的构成。

因为在 1998~2013 年，各个小类细分行业就业量占就业总量的比例每个统计年度都会发生变化，所以取各年度各个小类细分行业就业总量的算术平均值来衡量各个小类细分行业就业所占比例的变化特点。

由于小类细分行业有 31 个，种类比较多，所以仍然用数字编码代替各个小类细分行业名称，而具体的计算方法与大类细分行业和中类细分行业相同。

假设 1998 年小类细分行业 1 的就业总量是 L^{L1}_1，那么 2013 年小类细分行业 1 的 GDP 总量就是 L^{L1}_{15}，则小类细分行业 1 的 GDP 总量在各个年度的均值 L^{L1}_j 就可以表示为：

$L^{L1}_j = (L^{L1}_1 + L^{L1}_2 + \cdots + L^{L1}_{15})/15$，以此类推，

小类细分行业 2：$L^{L2}_j = (L^{L2}_1 + L^{L2}_2 + \cdots + L^{L2}_{15})/15$

……

小类细分行业 30：$L^{L30}_j = (L^{L30}_1 + L^{L30}_2 + \cdots + L^{L30}_{15})/15$

再假设每个小类细分行业各年度的就业总量是 L^{Lzong}，那么有：

$L^{Lzong} = L^{L1}_j + L^{L2}_j + \cdots + L^{L15}_j$

按照同样的方法，各个小类细分行业的占比也会相应求出。

把数据代入后求得各个小类细分行业占比 L^{lN} 的数值：

小类细分行业 1：$L^{l1} = L^{l1}_j / L^{lzong}$

小类细分行业 2：$L^{l2} = L^{l2}_j / L^{lzong}$

……

小类细分行业 31：$L^{l31} = L^{l31}_j / L^{lzong}$

把上述各个小类细分行业各自所占比例的计算结果整理成如表 3-35 所示。

表 3-35 小类细分行业各年度就业总量均值及各自占总量比例

单位：%

行业	1	2	3	4	5	6	7	8	9	10
就业	495	472	479	1525	1206	1371	455	1015	702	523
比值	0.71	0.68	0.68	2.18	1.73	1.96	0.65	1.45	1.00	0.75
行业	11	12	13	14	15	16	17	18	19	20
就业	654	1700	395	342	486	637	115	877	778	2707
比值	0.94	2.43	0.56	0.49	0.70	0.91	0.16	1.26	1.11	3.87
行业	21	22	23	24	25	26	27	28	29	30	31
就业	874	2295	11	1467	636	5964	11018	2897	14949	1895	10921
比值	1.25	3.29	0.02	2.10	0.91	8.54	15.77	4.15	21.40	2.71	15.63

资料来源：根据表 3-34 求得，原始数据出自美国商务部经济分析局，http：//www.bea.gov。

对比中类细分行业，表 3-35 中表现出来的最大特点就是差异性，即各个小类细分行业的就业量占就业总量的比各不相同，且数值差距较大。小类细分行业更加分散，众多小类细分行业占就业总量的比例很小，下面把小类细分行业就业量占就业总量的比例按照从小到大的顺序排列：23（基金、信托及其他金融工具业）0.02%，17（石油制品、煤制品业）0.16%，14（服装、皮革及系列产品生产业）0.49%，13（纺织品及纺织品生产业）0.56%，7（电气设备、电器及电器零部件业）0.65%，2（非金属矿产品业）0.68%，15（制纸业）0.70%，3（原料金属业）0.68%，1（木制品业）0.71%，10（家具及关联产品业）0.75%，16（印刷及相关业）0.91%，25（房地产租赁、出租及无形资产租赁业）0.91%，11（其他混杂制造业）0.94%，9（其他交通运输设备业）1.00%，19（塑料及橡胶制品业）1.11%，21（证券、期货及投资业）1.25%，18（化工业）1.26%，8（汽车、车体、拖车及零部件业）1.45%，5（机械制造业）1.73%，6（计算机及电子产品业）1.96%，24（房地产业）2.10%，4（焊接金属制品业）2.18%，12（食品、饮料、烟草业）2.43%，30（艺术、休闲及娱乐业）2.71%，22（保险及相关行业）3.29%，20（联邦储备银行、信托中介及相关业）3.87%，28（教育服务业）4.15%，26（专业、科学及技术服务业）8.54%，31（住宿及饮食服务业）15.63%，27（公司及企业治理、废物处理与管理业）15.77%，29（健康医疗及社会救助业）21.40%。

可见，占比超过10%的小类细分行业有3个：31（住宿及饮食服务业）15.63%，27（公司及企业治理、废物处理与管理业）15.77%，29（健康医疗及社会救助业）21.40%。这3个小类细分行业就业量占就业总量的比例总和达到了52.8%，足以影响整个行业体系的就业。

因此可知，中类细分行业被细化为小类行业后，服务业对美国就业增长的影响依然很大，可以说小类细分行业中，住宿及饮食服务业，公司及企业治理、废物处理与管理业，健康医疗及社会救助行业这3个小类细分行业足以拉动美国就业，从数据增长趋势上看，这3个小类细分行业指引了美国行业就业的发展方向。

为了更清楚地描述各个小类细分行业在整个就业总量中所占的份额差异，辅助饼状图予以说明，如图3-16所示：

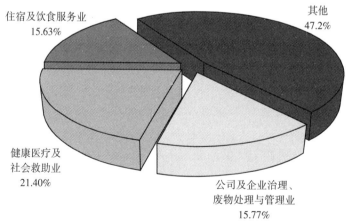

图3-16 各个小类细分行业的就业份额

由于小类细分行业种类较多，且一些小类行业占比很小，所以把小类细分行业就业量占总就业量不足10%的行业合在一起，这样小类细分行业在就业量上就被分成了 4 个部分。图 3-16 中清晰地描述了各个小类细分行业的就业量所占就业总量的比例。可见，住宿及饮食服务业，公司及企业治理、废物处理与管理业，健康医疗及社会救助行业这 3 个小类细分行业所占份额的总量超过了就业总量的 50%，从量上看足以影响整个社会的就业变化。

（四）小类细分行业增长率的特征

前文分析说明，每个小类细分行业的就业量占就业总量的份额都不相同，所以有必要考察每个小类细分行业就业增长的速度，并计算各个小类细分行业的年均增长速度，然后对各个小类细分行业就业的增长进行比较。下面从增长率的角度分析小类细分行业就业增长的特点，这样就更容易判断拉动就业增长的小类细分行业有哪些。

与研究大类细分行业以及中类细分行业就业增长的方法一样，取 1998~2013 年各个年度各个小类细分行业就业增长率的算术平均值来衡量各个小类细分行业就业增长的快慢。

同上，假设 1998 年小类细分行业 1 的就业增长率是 R^{L1}_1，那么 2013 年小类细分行业 1 的就业增长率就是 R^{L1}_{15}，如果按照这种方法进行计算，各个小类细分行业各个年度的就业增长率均值 R^{LN}_j 就可以表示为：

$$R^{L1}_j = (R^{L1}_1 + R^{L1}_2 + \cdots + R^{L1}_{15})/15$$
$$R^{L2}_j = (R^{L2}_1 + R^{L2}_2 + \cdots + R^{L2}_{15})/15$$
$$\cdots\cdots$$
$$R^{L30}_j = (R^{L30}_1 + R^{L30}_2 + \cdots + R^{L30}_{15})/15$$

根据上述公式可以求得小类细分行业就业年均增长率的平均数值。经过整理后的各个年度各个小类细分行业的就业增长率及小类细分行业的年均就业增长率如表 3-36 所示。

表 3-36 中清楚地呈现了小类细分行业就业增长率的变化。可以看到，相对于前文所分析的中类细分行业和大类细分行业的就业增长率而言，小类细分行业的就业增长率表现出的最大特点是差异化，即各个小类细分行业的波动差异化很大；增长最慢的是 14（服装、皮革及系列产品生产业），年均增长率为 -8.91%，而增长最快的是 28（教育服务业），年均增长率为 2.58%。各个小类细分行业就业增长率从低到高排序如下：

14（服装、皮革及系列产品生产业）-8.91%，13（纺织品及纺织品生产业）-6.53%，23（基金、信托及其他金融工具业）-5.62%，16（印刷及相

表3-36 小类细分行业就业增长率表（1998~2013年）

单位：%

序号	1998年	1999年	2000年	2001年	2002年	2003年	2004年	2005年	2006年	2007年	2008年	2009年	2010年	2011年	2012年	2013年	均值
1	1.79	-0.96	-6.96	-2.96	-3.41	2.78	1.81	-0.89	-7.16	-11.95	-20.79	-5.52	-1.17	0.89	4.11	-3.36	-3.36
2	1.67	2.01	-2.50	-4.77	-4.05	0.20	1.40	1.38	-2.34	-7.39	-15.95	-5.64	-1.09	0.55	1.91	-2.31	-2.31
3	-2.66	-1.12	-7.79	-10.74	-6.11	-1.68	-0.43	0.21	-2.57	-1.98	-18.39	-0.55	8.29	3.32	-0.99	-2.88	-2.88
4	-0.57	1.03	-4.60	-7.74	-4.45	0.88	1.81	2.04	0.58	-1.22	-14.86	-2.36	5.07	4.68	1.21	-1.23	-1.23
5	-2.60	-0.68	-5.85	-10.45	-6.12	-0.78	1.67	1.81	0.51	-0.25	-13.34	-3.12	6.24	4.17	0.64	-1.88	-1.88
6	-3.94	2.45	-2.39	-14.64	-9.74	-2.66	-0.68	-0.31	-2.38	-2.12	-8.83	-3.17	0.55	-1.18	-2.65	-3.45	-3.45
7	-1.35	0.85	-5.93	-10.45	-7.65	-3.27	-2.03	-0.46	-1.15	-1.64	-11.64	-4.03	2.24	2.19	0.27	-2.94	-2.94
8	3.07	0.08	-7.33	-4.70	-3.37	0.00	-1.34	-3.08	-6.83	-11.35	-23.56	0.89	6.46	8.28	5.48	-2.49	-2.49
9	-3.22	-4.73	-2.42	-6.33	-4.70	1.08	2.90	2.96	3.31	1.81	-6.84	-4.11	1.53	2.71	1.03	-1.00	-1.00
10	3.05	1.33	-5.40	-6.48	-5.12	-0.52	-1.05	-1.06	-5.00	-9.21	-20.08	-7.25	-1.40	0.28	1.69	-3.75	-3.75
11	-0.79	-0.67	-3.62	-4.04	-3.05	-1.65	-0.30	-0.31	-1.23	-1.71	-7.73	-2.74	1.05	0.87	0.34	-1.70	-1.70
12	0.40	-0.51	0.17	-1.36	-1.60	-1.63	-0.83	-0.24	0.18	-0.24	-1.56	-0.91	0.86	0.79	0.78	-0.38	-0.38
13	-4.63	-3.72	-10.25	-9.18	-8.25	-6.74	-7.23	-7.79	-6.76	-8.16	-17.11	-4.76	0.00	-1.67	-1.69	-6.53	-6.53
14	-11.94	-9.31	-15.13	-17.21	-12.87	-6.82	-9.15	-7.38	-9.78	-6.43	-15.02	-5.56	-3.21	-1.66	-2.25	-8.91	-8.91
15	-2.06	-1.94	-4.63	-5.89	-4.60	-4.25	-2.62	-2.90	-2.56	-3.28	-8.14	-2.96	-1.52	-2.06	-0.79	-3.35	-3.35
16	-1.08	-1.46	-5.17	-7.40	-4.91	-2.65	-2.12	-1.39	-1.88	-4.96	-11.95	-6.88	-3.08	-2.54	-1.30	-3.92	-3.92
17	0.81	-2.42	-2.48	-0.85	-2.56	-3.51	1.82	0.89	1.77	0.87	-1.72	-2.63	-0.90	0.91	0.00	-0.67	-0.67
18	-0.91	-0.41	-2.35	-3.45	-2.27	-2.10	-0.79	-1.37	-0.69	-1.28	-5.66	-1.50	-0.38	0.38	0.89	-1.46	-1.46
19	1.93	0.32	-6.51	-4.94	-3.66	-1.60	-0.37	-0.50	-4.78	-3.96	-13.76	-0.48	1.60	1.89	1.86	-2.20	-2.20

续表

序号	1998年	1999年	2000年	2001年	2002年	2003年	2004年	2005年	2006年	2007年	2008年	2009年	2010年	2011年	2012年	2013年	均值
20	2.11	-1.15	2.67	2.45	3.68	1.17	2.07	1.51	-1.86	-5.11	-4.65	-2.06	0.27	1.24	1.19	0.24	0.24
21	4.65	7.57	1.79	-5.38	-3.83	1.21	3.46	3.69	4.22	1.60	-6.09	-1.23	-2.71	-0.12	0.93	0.65	0.65
22	1.38	-0.44	0.13	-0.22	1.28	-0.83	0.18	2.24	-0.43	0.17	-2.33	-0.53	3.73	2.01	0.34	0.45	0.45
23	0.00	0.00	0.00	-6.67	0.00	7.14	6.67	0.00	-56.25	0.00	0.00	-28.57	0.00	-40.00	33.33	-5.62	-5.62
24	2.97	1.30	0.28	1.42	2.03	2.05	2.21	2.63	-0.38	-0.77	-4.14	-2.97	0.56	1.52	3.20	0.79	0.79
25	2.54	2.34	0.43	-3.55	-1.33	0.60	0.30	-0.59	-0.89	-2.55	-10.79	-7.43	-1.31	1.32	1.68	-1.28	-1.28
26	4.21	4.38	1.50	-0.88	0.43	1.98	3.76	4.27	2.47	1.59	-4.67	-1.56	1.87	2.41	2.20	1.60	1.60
27	5.81	4.30	-3.10	-2.80	-0.84	3.17	3.43	2.58	2.45	-1.68	-7.96	2.30	4.52	4.05	3.66	1.33	1.33
28	3.51	3.64	3.59	4.87	1.93	3.43	1.02	2.48	2.62	2.79	1.97	2.06	2.14	1.85	0.86	2.58	2.58
29	1.98	2.07	1.88	3.35	2.69	2.05	2.28	2.83	2.94	2.76	1.93	1.65	1.23	2.06	4.53	2.42	2.42
30	3.83	4.92	1.45	0.88	0.82	2.22	1.38	0.84	2.95	0.80	-2.29	-0.61	0.36	2.92	3.23	1.58	1.58
31	2.46	2.05	1.89	1.03	1.56	2.68	2.23	2.49	2.16	0.37	-3.04	-0.30	2.40	3.47	3.37	1.65	1.65

资料来源：美国商务部经济分析局，http：//www.bea.gov。

关业）-3.92%，10（家具及关联产品业）-3.75%，6（计算机及电子产品业）-3.45%，1（木制品业）-3.36%，15（制纸业）-3.35%，7（电气设备、电器及电器零部件业）-2.94%，3（原料金属业）-2.88%，8（汽车、车体、拖车及零部件业）-2.49%，2（非金属矿产品业）-2.31%，19（塑料及橡胶制品业）-2.20%，5（机械制造业）-1.88%，11（其他混杂制造业）-1.70%，18（化工业）-1.46%，25（房地产租赁、出租及无形资产租赁业）-1.28%，4（焊接金属制品业）-1.23%，9（其他交通运输设备业）-1.00%，17（石油制品、煤制品业）-0.67%，12（食品、饮料、烟草业）-0.38%，20（联邦储备银行、信托中介及相关业）0.24%，22（保险及相关行业）0.45%，21（证券、期货及投资业）0.65%，24（房地产业）0.79%，27（公司及企业治理、废物处理与管理业）1.33%，30（艺术、休闲及娱乐业）1.58%，26（专业、科学及技术服务业）1.60%，31（住宿及饮食服务业）1.65%，29（健康医疗及社会救助业）2.42%，28（教育服务业）2.58%。

从小类细分行业就业增长率均值的排序更能看出差异化的特征。对比前文所分析的中类细分行业的就业增长率可以看出，整体上，小类细分行业的就业增长率有以下特点：一是制造业分出来的小类细分行业的就业增长率全都是负值；二是源自金融房地产业的小类细分行业的就业增长率缓慢增长；三是源自服务业的小类细分行业的就业迅速增长。就业增长率在1%以上的行业有以下6个：27（公司及企业治理、废物处理与管理业）1.33%，30（艺术、休闲及娱乐业）1.58%，26（专业、科学及技术服务业）1.60%，31（住宿及饮食服务业）1.65%，29（健康医疗及社会救助行业）2.42%，28（教育服务业）2.58%（是就业增长最快的小类细分行业），所以从服务业就业增长趋势看，教育服务业是美国未来吸纳就业的一个主要行业。

引起各个年度各个小类细分行业就业增长速度和总量变动的因素和引起大类细分行业以及中类细分行业就业的因素是相近的，所以在此对于就业增长的原因不作详细分析。

因此，无论是从小类细分行业就业总量上衡量，还是从其增长速度上考察，都表明服务业细分得到的小类行业正在拉动着美国就业的增长，美国就业发展过程中服务化的趋势日渐凸显。

研究的结果表明，有的小类细分行业就业基数和就业量所占就业总量的比例都比较大，但是就业增长的速度相对较慢，而有的小类细分行业就业增长速度虽然很快，但是其就业基数和所占比例都比较小，因此有必要把增长速度和数量结合在一起考察各个小类细分行业的就业影响力。

（五）小类细分行业的就业影响因子

根据前文分析，需要把各个小类细分行业的增长速度和数量结合起来考察，所以，在此仍然使用大类细分行业和中类细分行业的研究方法分析各个小类细分行业在就业增长中的影响力，即通过小类细分行业的就业影响因子来考察。

同前，假设每个小类细分行业对于整个就业的影响体现在该行业所占份额和该行业的增长速度上。这里用 L_{Npr} 表示各个行业的就业影响因子，L_{Npr} 可以表示为各个小类细分行业的占比 P_{LN} 和增长速度 R_{LNj} 的乘积，即：

$$L_{Npr} = P_{LN} \times R_{LNj}$$

据此，根据表 3–17 和表 3–18 显示的各个小类细分行业的就业增长速度和各自所占比例，可以求出各个小类细分行业的就业综合影响因子的数值，具体如表 3–37 所示：

表 3–37　小类细分行业的就业影响因子

单位：%

	1	2	3	4	5	6	7	8	9	10	
P_{LN}	0.71	0.68	0.68	2.18	1.73	1.96	0.65	1.45	1.00	0.75	
R_{LNj}	−3.36	−2.31	−2.88	−1.23	−1.88	−3.45	−2.94	−2.49	−1.00	−3.75	
L_{Npr}	−0.02	−0.02	−0.02	−0.03	−0.03	−0.07	−0.02	−0.04	−0.01	−0.03	
	11	12	13	14	15	16	17	18	19	20	
P_{LN}	0.94	2.43	0.56	0.49	0.70	0.91	0.16	1.26	1.11	3.87	
R_{LNj}	−1.70	−0.38	−6.53	−8.91	−3.35	−3.92	−0.67	−1.46	−2.20	0.24	
L_{Npr}	−0.02	−0.01	−0.04	−0.04	−0.02	−0.04	0.00	−0.02	−0.02	0.01	
	21	22	23	24	25	26	27	28	29	30	31
P_{LN}	1.25	3.29	0.02	2.10	0.91	8.54	15.77	4.15	21.40	2.71	15.63
R_{LNj}	0.65	0.45	−5.62	0.79	−1.28	1.60	1.33	2.58	2.42	1.58	1.65
L_{Npr}	0.01	0.01	0.00	0.02	−0.01	0.14	0.21	0.11	0.52	0.04	0.26

资料来源：根据表 3–34 求得，原始数据出自美国商务部经济分析局，http：//www.bea.gov。

表 3–37 中清楚地展现了各个小类细分行业的就业影响因子，由于小类细分行业种类较多，各个小类细分行业的就业影响因子不再一一列出，

仅对影响因子较大的几个细分行业进行分析。

由表 3-37 可知，在小类细分行业中影响因子的正负号和各个小类细分行业的就业增长率的正负号是一致的。其中就业影响因子最大的小类细分行业是 29（健康医疗及社会救助行业），其影响因子为 0.52%；第二是 31（住宿及饮食服务业），其影响因子为 0.26%，第三是 27（公司及企业治理、废物处理与管理业），其影响因子为 0.21%。

这样，通过把增长的数量和增长的速度统一起来，衡量各个小类细分行业对美国就业增长的整体影响，可以得出与分析大类细分行业和中类细分行业相似的结论：在小类细分行业中各种不同类别的服务业拉动着美国的就业增长。

第三节　增长虚拟化的事实与就业服务化的事实

一、增长虚拟化的事实

前文研究表明，随着经济的增长，无论是大类细分行业还是小类细分行业或者中类细分行业，金融、保险及房地产业对整个经济的拉动作用非常明显，特别是房地产业，在中类和小类细分行业中其对经济增长产生了显著影响，在众多行业中优势明显。

根据美国金融房地产行业自身的衍生特点与杠杆特征，一些学者把美国的各个大类行业按照经济虚拟化程度的不同进行了重新划分，整个行业被分为虚拟经济、实体经济、低端服务业 3 个大的类别，其中虚拟经济主要是指金融、保险及房地产业及职业服务业，实体经济主要是指建筑业、制造业、运输仓储业，低端服务业是指教育医疗救助，娱乐、休闲、餐饮业，其他服务业[1]。关于虚拟经济的研究具有代表性的学者是刘骏民教授，在下面列出其关于行业的划分标准[2]，如表 3-38 所示。

参考上述划分，本书只用金融、保险及房地产业及其细分出的中类与

---

[1] 刘骏民. 经济虚拟化与金融危机、美元危机 [J]. 世界经济研究，2009（3）.
[2] 刘骏民. 从虚拟资本到虚拟经济 [M]. 济南：山东人民出版社，1998.

表 3-38 虚拟经济的划分比对表

单位：%

| 年份 | 农业、采矿业 | 实体经济 | | | | 批发零售业 | 信息产业 | 虚拟经济 | | | 低端服务业 | | | | 政府部门 |
		建筑业	制造业	运输仓储业	总计			金融、保险及房地产业	职业服务业	总计	教育医疗救助业	娱乐、休闲、餐饮业	其他服务业	总计	
1950	11.05	4.35	27.02	5.71	37.08	15.23	2.96	11.45	3.51	14.96	2.01	3.03	2.92	7.97	10.75
1960	7.98	4.40	25.35	4.41	34.16	14.51	3.25	14.18	4.29	18.47	2.70	2.80	2.96	8.46	13.17
1970	6.17	4.77	22.69	3.88	31.33	14.51	3.60	14.71	5.00	19.72	3.88	2.87	2.68	9.44	15.24
1980	7.67	4.72	20.02	3.68	28.42	13.79	3.89	16.03	6.21	22.23	4.81	2.98	2.46	10.24	13.75
1990	5.68	4.20	16.70	2.98	23.88	12.90	4.06	18.09	8.90	26.99	6.49	3.44	2.65	12.59	13.90
2000	3.80	4.70	14.23	3.03	21.95	13.10	4.20	20.07	11.22	31.30	6.81	3.83	2.79	13.44	12.21
2005	4.15	4.84	12.41	2.92	20.17	12.38	4.69	20.62	11.57	32.19	7.54	3.81	2.52	13.87	12.55
2006	4.39	4.86	12.33	2.95	20.14	12.27	4.43	20.73	11.73	32.46	7.58	3.82	2.48	13.87	12.45
2007	4.61	4.67	12.08	2.88	19.64	12.09	4.50	20.56	12.09	32.65	7.67	3.88	2.45	14.00	12.52
2008	5.15	4.34	11.47	2.91	18.72	11.57	4.54	20.70	12.31	33.01	8.00	3.73	2.37	14.09	12.91
2009	4.55	3.81	11.22	2.76	17.79	11.34	4.53	21.53	12.05	33.58	8.59	3.63	2.38	14.60	13.62

资料来源：刘骏民.经济虚拟化与金融危机、美元危机 [J].世界经济研究，2009（3）.

小类行业作为虚拟经济的部分，对行业发展过程中经济虚拟化程度进行衡量。也就是说，把大类、中类、小类行业中金融、保险及房地产业对经济增长的拉动作用进行单独分析。而对于其他行业属于实体经济还是一般服务业，在此不进行划分，只对金融、保险及房地产业这一虚拟经济成分进行研究。具体划分如表 3-39 所示。

表 3-39 不同类别行业中属于虚拟经济的行业分类表

序号	大类细分行业	中类细分行业	小类细分行业
1	金融、保险及房地产业	房地产业	房地产业（24）
2		金融、保险业	房地产租赁、出租及无形资产租赁业（25）
3			联邦储备银行、信托中介及相关业（20）
4			证券、期货及投资业（21）
5			保险及相关行业（22）
6			基金、信托及其他金融工具业（23）

资料来源：根据表 3-5、表 3-10、表 3-15 整理得到。

（一）大类细分行业的经济虚拟化

如果按照虚拟经济、实体经济、低端服务业的标准，那么在大类行业中金融、保险及房地产业属于虚拟经济的范畴，基于前文分析，对于大类行业中的金融、保险及房地产业的经济增长总量、占比、增长率、影响因子进行比较，具体如表3-40所示。

表3-40　大类细分行业经济增长指标及排序

单位：百万美元

行业类别	内容	总量	占比	增速	影响因子
金融、保险及房地产业	数值	937294	21.58%	7.81%	1.68%
	排序	2	2	2	2

资料来源：根据表3-6、表3-7、表3-8、表3-9整理得到。

据表3-40分析，在前文所划分的9个大类细分行业中，金融、保险及房地产业的GDP增长总量、增长速度、占全部GDP比值、影响因子等指标均排在第二位，而排在第一位的是服务业。可见，从大类细分行业的角度看经济虚拟化，其虚拟化程度足以影响整个经济。

（二）中类细分行业的经济虚拟化

同上，如果按照虚拟经济、实体经济、低端服务业的标准进行划分，那么在中类细分行业中金融、保险业，房地产业属于虚拟经济的范畴，与研究大类行业相同，对于中类行业中的金融、保险业及房地产业这两个行业，也是从经济增长总量、占比、增长率、影响因子这四项指标进行比较，具体如表3-41所示。

表3-41　中类细分行业经济增长指标及排序

单位：百万美元

行业类别	内容	总量	占比	增速	影响因子
房地产业	数值	595969	21.19%	7.54%	1.60%
	排序	1	1	5	2
金融、保险业	数值	327698	11.65%	8.49%	0.99%
	排序	6	6	3	4
合计			32.84%		

资料来源：根据表3-11、表3-12、表3-13、表3-14整理得到。

表 3-41 清晰地表明，在前文所划分的 8 个中类细分行业中，从大类行业金融、保险及房地产业中划分出来的中类行业有 2 个，即房地产业和金融、保险业。从 GDP 增长总量、增长速度、占全部 GDP 比值、影响因子等指标考察，房地产业是整个中类行业中体量最大的，所占比例达到了21.19%，其变动足以改变整个行业系统；金融、保险业的上述指标中的增长速度指标排在第 3 位，增长快于房地产业。据此可认为，如果把房地产业和金融、保险业看作是虚拟经济，那么从中类细分行业的角度看经济虚拟化，虚拟经济决定了美国经济的发展与变化。

（三）小类细分行业的经济虚拟化

如前所述，考察方法与大类和中类细分行业相同，对小类行业中虚拟经济范畴的 6 个行业进行分析，指标仍是：经济增长总量、占比、增长率、影响因子 4 个指标，具体如表 3-42 所示：

表 3-42　小类细分行业经济增长指标及排序

单位：百万美元

行业类别	内容	总量	占比	增速	影响因子
房地产业（24）	数值	1467445	22.21%	4.83%	1.07%
	排序	1	1	10	1
房地产租赁、出租及无形资产租赁业（25）	数值	151936	2.30%	3.72%	0.09%
	排序	12	12	15	13
联邦储备银行、信托中介及相关业（20）	数值	390795	5.90%	5.31%	0.31%
	排序	4	4	9	4
证券、期货及投资业（21）	数值	170309	2.58%	6.18%	0.16%
	排序	11	11	3	10
保险及相关行业（22）	数值	320145	4.85%	4.52%	0.22%
	排序	6	6	13	6
基金、信托及其他金融工具业（23）	数值	24180	0.37%	13.18%	0.05%
	排序	28	28	1	17
合计			38.21%		

资料来源：根据表 3-16、表 3-17、表 3-18、表 3-19 整理得到。

由表 3-42 可见，在前文所划分的 30 个小类细分行业中，金融、保险及房地产业包括 6 个，分别为：房地产业（24），房地产租赁、出租及无形资产租赁业（25），联邦储备银行、信托中介及相关业（20），证券、期货及投资业（21），保险及相关行业（22），基金、信托及其他金融工具业（23）。如果把这些行业看作是虚拟经济，那么其总量占整个经济的比例达到了38.21%，其变化足以引起整个行业系统的变化。由此可见，从小类细分行业的角度分析看，经济虚拟化的力量足以引起整个美国经济的变化。

可见，大类、中类、小类细分行业中的经济虚拟化成分都足以改变美国行业结构和经济发展。

二、就业服务化的事实

如果从经济虚拟化的角度考察行业经济发展，上述对大类、中类、小类的金融、保险及房地产业的研究足以证实美国经济发展过程中日趋虚拟化的事实。前文研究指出行业经济增长的不均衡与差异化会改变行业就业结构，而这种虚拟化的事实是行业结构变化的一个例证。

基于前文的研究，已经表明服务业的就业是所有大类、中类、小类细分行业中最明显的，整个美国社会的就业不断表现出服务化的趋势。下面分别从大类、中类、小类细分行业的角度对就业服务化进行考察。

（一）大类服务行业的就业

沿用考察经济虚拟化的方法，继续从大类、中类、小类的服务业的就业总量、占比、就业增长率、影响因子等指标对服务业进行分析，具体如表3-43所示。

表3-43 大类细分行业就业增长指标及排序

单位：千人

行业类别	内容	总量	占比	增速	影响因子
服务业	数值	26508	33.07%	3.49%	1.15%
	排序	1	1	1	1

资料来源：根据表3-24、表3-25、表3-26、表3-27整理得到。

由表3-43可见服务业的上述考察指标在9个大类细分行业中的数量关系及影响。从就业总量、占全部就业比值、增长速度、影响因子4个指标看，服务业在整个大类细分行业中都最大，尤其是服务业就业量占整个大类细分行业就业总量的比值达到了33.07%，其变化足以引起整个经济体系的变化。如果从大类细分行业的角度看，可以认为服务业就业的增长与变动，决定着美国社会就业结构的变化。

（二）中类服务行业的就业

下面分析中类细分行业中的就业服务化，方法和指标同大类细分行业。

表3-44 中类细分行业就业增长指标及排序

单位：千人

行业类别	内容	总量	占比	增速	影响因子
专业、商业服务业	数值	7479	15.43%	5.12%	0.79%
	排序	3	3	2	2
教育服务、健康医疗及社会救助业	数值	8929	18.42%	4.51%	0.83%
	排序	2	2	3	1
艺术、休闲、娱乐、住宿及饮食服务业	数值	4363	9.00%	6.25%	0.56%
	排序	6	5	1	3
除政府外的其他服务业	数值	5154	10.63%	1.28%	0.14%
	排序	5	4	6	5
合计		44.48%			

资料来源：根据表3-29、表3-30、表3-31、表3-32整理得到。

由表3-44可见，在前文划分的8个中类细分行业中属于服务业的中类细分行业有4个，分别为：专业、商业服务业，教育服务、健康医疗及社会救助业，艺术、休闲、娱乐、住宿及饮食服务业，除政府外的其他服务业；可见在中类细分行业中服务业在行业数量上占有绝对大的份额。从服务业中各个中类细分行业的就业总量、行业就业占全部就业量比值、就业增速、影响因子等指标看，4个属于服务业的中类细分行业的上述指标的优势明显，其占比和达到了44.48%。可见，4个中类细分服务行业决定了整个社会就业的发展趋势和方向。

（三）小类服务行业的就业

下面分析小类细分行业中的就业服务化，方法和指标同中类细分行业。

表3-45 小类细分行业就业增长指标及排序

单位：千人

行业类别（31类）	内容	总量	占比	增速	影响因子
26专业、科学及技术服务业	数值	5964	8.54%	1.60%	0.14%
	排序	4	4	4	4

行业类别（31类）	内容	总量	占比	增速	影响因子
27 公司及企业治理、废物处理与管理业	数值	11018	15.77%	1.33%	0.21%
	排序	2	2	6	3
28 教育服务业	数值	2897	4.15%	2.58%	0.11%
	排序	5	5	1	5
29 健康医疗及社会救助业	数值	14949	21.40%	2.42%	0.52%
	排序	1	1	2	1
30 艺术、休闲及娱乐业	数值	1895	2.71%	1.58%	0.04%
	排序	8	8	5	6
31 住宿及饮食服务业	数值	10921	15.63%	1.65%	0.26%
	排序	3	3	3	2
合计		68.20%			

资料来源：根据表 3-34、表 3-35、表 3-36、表 3-37 整理得到。

从表 3-35 中可以看到，相对于大类服务业和中类服务业而言，小类行业中的服务类行业多达 6 类，分别是：26（专业、科学及技术服务业），27（公司及企业治理、废物处理与管理业），28（教育服务业），29（健康医疗及社会救助业），30（艺术、休闲及娱乐业），31（住宿及饮食服务业）。上述 6 个小类服务业的就业总量、行业占全部就业量比值、就业增速、影响因子等指标在所有小类行业中的排序都是十分靠前的，特别是 29（健康医疗及社会救助行业）是增长最快、就业量最大的一个小类细分服务行业。而上述 6 个小类服务业的就业数量之和，占小类行业就业总量的比值是 68.2%，这表明服务业类的小类细分行业的就业足以影响全部小类细分行业的就业走势和增长。

因此，大类、中类、小类细分行业中的服务业的就业足以影响整个美国社会服务业的发展趋势和速度。

第四节　本章小结

本书分析认为，美国行业经济的总体特点是增长的，但是增长的程度在各个大类、中类、小类细分行业中的表现是不同的。大类行业中服务业，金融、保险及房地产业增长得最快，农业、采矿业增长得最慢，制造业的衰减趋势明显；其中金融、保险及房地产业及其细分行业对美国经济增长的影响最大。行业就业增长的总体趋势与行业经济增长的总体趋势相似，但就业增长最快的是服务业及其细分行业，金融、保险及房地产业及其细分行业次之，最后是农业、建筑业及制造业等；其中服务业及其细分行业对就业的影响是最大的，决定着就业的增长量和增长速度。

本书从经济虚拟化的角度考察了作为虚拟经济内容的大类、中类、小类的金融、保险及房地产业，利用增长总量、总量占比、增长速度、综合影响等指标，证实了经济不断趋于虚拟化的事实；作为虚拟经济主要成分的金融、保险及房地产业，其波动要大于制造业，其对就业的拉动作用远不如服务业；另外，经济虚拟化的进程改变了就业结构，行业经济增长的不均衡性与差异化特征也使得大类、中类、小类不同行业的就业差异显著；研究证实服务业正成为就业吸纳能力最强的行业，就业服务化的特点日趋明显。

综上，在经济日趋虚拟化、就业日趋服务化的大背景下，处理好行业增长与行业就业问题的实质是，处理好金融、保险及房地产业的发展与服务业的发展二者之间的关系。

图 3-17 本章结构的逻辑关系图

第四章 行业经济增长与行业就业增长同步性的比较

前文分析了行业经济增长与行业就业增长的事实，在分析中发现，无论是大类细分行业还是中类细分行业抑或小类细分行业，其就业的变动幅度和经济增长的变动幅度具有相似性，往往在发生经济危机或者大事件时经济下降就业开始下降；经济恢复后就业才开始恢复。这表明就业是随经济变动而发生变动的，那么就业和经济增长的变化是否同步呢？

下文将从总量增长率、就业贡献值、就业弹性等指标考察大类细分行业、中类细分行业和小类细分行业的经济增长与就业同步性的问题。

第一节 大类细分行业经济增长与就业增长的比较

依据前文分析，在大类细分行业中，对经济增长的总量和增长的速度影响大的9个行业分别是：农业，采矿业，建筑业，制造业，批发业，零售业，交通运输及公共服务业，金融、保险及房地产业，服务业。而对就业总量和速度影响大的9个行业分别是：农业，采矿业，建筑业，制造业，批发业，零售业，交通运输及公共服务业，金融、保险及房地产业，服务业。

比较可以发现，对经济影响大的大类行业和对就业影响大的大类行业是一致的，表明大类行业经济增长与就业增长在行业种类上是同步的，这种匹配有利于本书进行下一步分析。

具体分析之前，看一下GDP总量和就业总量长期变化的总体特点和趋势。基于表3-2和表3-21，把GDP总量和就业总量的变化情况体现在同一个图中，以便于比较，如图 4-1 所示：

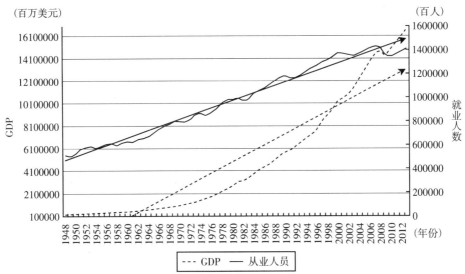

图 4-1　GDP 总量与就业总量增长趋势的比较

图 4-1 中显示了 GDP 总量的增长趋势和就业总量的增长趋势，对应左侧垂直坐标和水平坐标的是 GDP 总量和趋势线，对应右侧垂直坐标和水平坐标的是就业总量和趋势线，显然 GDP 总量的增长要快于就业总量的增长，而且经济总量增加的波动频率要大于就业总量增长的波动频率。

可见，从总量上看，经济总量增加要快于就业总量的增加，也就是说经济增长和其所拉动的就业增长并不一致，经济增长得快，而就业增长得慢，一方面表明随着经济的增长人均创造的 GDP 越来越多，另一方面也表明单位 GDP 就业人数在不断下降，其原因后文将进一步展开说明。

由于经济增长的性质和就业增长的性质不同，单从总量上比较很难发现增长速度的差异，因此重点比较一下增长率的差别，如图 4-2 所示。

图 4-2 中 GDP 增长率对应左侧垂直坐标，就业增长率对应右侧垂直坐标。可以清楚地看到经济增长率的变动和就业增长率的变动，在考察期（1948~2013 年）内的基本特点。

从横向时间上看，随着时间的推移这两个变量的增长速度都在下降，以 20 世纪 70 年代为分界点，之前增长率总体趋势是上升的，20 世纪 70 年代末达到了最高峰，之后趋势是下降的。

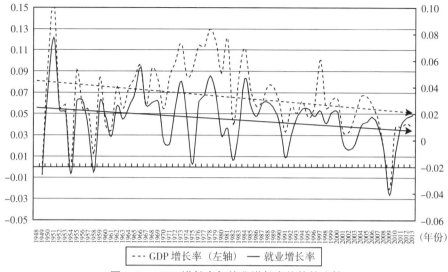

图 4-2　GDP 增长率与就业增长率趋势的比较

　　从纵向数值波动看，经济增长率和就业增长率都在-4%~15%内波动，总体上经济增长率大于就业增长率，而且经济增长率波动幅度也大于就业增长率的波动幅度；从整个考察期间看，这两个变量的波动形状大体呈倒"U"形，20 世纪七八十年代为高峰值，20 世纪五六十年代为一个低谷值，20 世纪 90 年代与 21 世纪初为另一个低谷值。仔细观察会发现经济增长率总是先于就业增长率上升和下降；也就是说，经济增长之后就业开始增长，经济下降之后就业开始下降，就业的增长滞后于经济的增长。

一、行业 GDP 增长率与就业增长率的比较

　　根据前文分析结果，我们将对农业，采矿业，建筑业，制造业，批发业，零售业，交通运输及公共服务业，金融、保险及房地产业，服务业 9 个大类细分行业的经济增长率和就业增长率进行分析。

　　由于增长率数据最早的年份是 1949 年，因此取 1949~2013 年的数据为样本对增长率进行考察，具体情况如图 4-3 所示。

　　图 4-3 中分别列出了 9 个大类行业的 GDP 增长率和就业增长率的情况，总体比较，各个大类行业的经济增长率高于就业增长率。

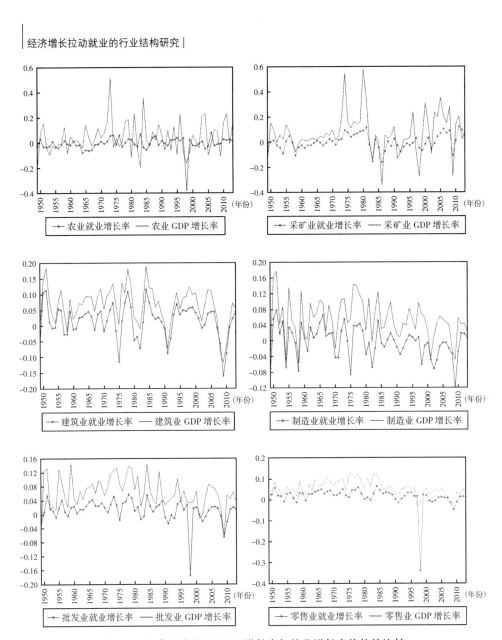

图4-3 大类细分行业 GDP 增长率与就业增长率趋势的比较

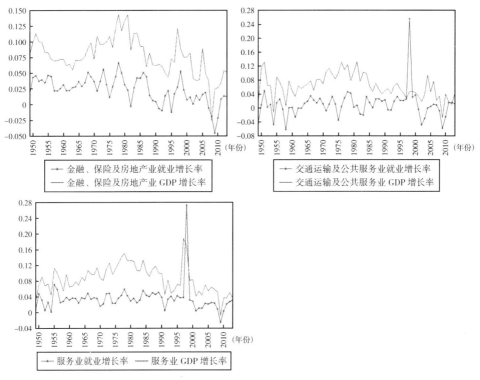

图 4-3 大类细分行业 GDP 增长率与就业增长率趋势的比较（续）

（1）农业的 GDP 增长率与就业增长率的比较。总体而言农业的就业增长率基本是负值，而经济增长率正值居多，相对于其他行业，农业的经济增长和就业增长同步性较差。

（2）采矿业的 GDP 增长率与就业增长率的比较。总体而言采矿业的就业增长率和经济增长率在统计的范畴内大部分是负值，在 1980 年之前就业随着 GDP 的变动而变动，1980 年之后这一特点逐渐弱化。

（3）建筑业的 GDP 增长率与就业增长率的比较。总体而言建筑业的就业增长率和经济增长率在统计的范畴内的同步性较强，正值居多，趋势平稳，而且增长率差距不大，就业增长随着 GDP 的变动而变动的特点较为明显。

（4）制造业的 GDP 增长率与就业增长率的比较。制造业的就业增长率和经济增长率在统计的范畴内具有明显的同步性，图 4-3 中清楚地显示，制造业就业增长率随着 GDP 增长率的波动而波动，特别是 1970 年之前 GDP 增长对就业的拉动作用明显且基本为正值，但是之后的拉动作用明显弱化且基本为负值，而且此后这两个指标一直呈下行的趋势。

（5）批发业的 GDP 增长率与就业增长率的比较。批发业的就业增长率和经济增长率在考察期间内的同步性也是比较明显的，除了 1997 年就业增长率有一个下行的大幅波动外，批发业的就业增长率基本随着 GDP 增长率的波动而波动，其中两个明显的波动不一致的拐点是"1997 年"和"2007 年"。

（6）零售业的 GDP 增长率与就业增长率的比较。零售业的就业增长率和经济增长率在考察期间内的同步性也是比较明显的，除了 1997 年就业增长率有一个下行的大幅波动外，零售业的就业增长率基本随着 GDP 增长率的波动而波动，其中两个明显的波动不一致的拐点也是"1997 年"和"2007 年"。

（7）交通运输及公共服务业的 GDP 增长率与就业增长率的比较。交通运输及公共服务业的就业增长率和经济增长率在统计的范畴内具有一定的同步性，其 GDP 增长率基本为正值，而就业增长率基本为负值，而且其两个指标的增长率差距呈现缩小的趋势，并且表现为下行趋势。

（8）金融、保险及房地产业的 GDP 增长率与就业增长率的比较。金融、保险及房地产业的就业增长率和经济增长率在统计的范畴内的同步性很强，其就业增长率随着 GDP 增长率的波动而波动的特点十分明显，而且该行业 GDP 和就业这两个指标的增长率差距是所有大类细分行业中最大的，统计期间内其两个指标基本都是正值，但是趋势是下行的。

（9）服务业的 GDP 增长率与就业增长率的比较。服务业的就业增长率和经济增长率在统计的范畴内的同步性是所有行业中最强的，其就业增长率随着 GDP 增长率的波动而波动也是所有大类行业中最明显的，而且其两个指标的增长率差距相对较大，服务业的就业增长明显要慢于经济增长，并且经济增长后就业开始增长，经济下降后就业开始下降的特点明显，即就业增长滞后于经济增长的特征在服务业中表现显著。

二、行业单位 GDP 就业贡献值的比较

单位 GDP 的就业贡献值是指 GDP 每增加若干单位拉动的就业增加或减少的数量。在此使用单位 GDP 就业贡献值来衡量经济增长与就业增长的同步性。

分别看一下 9 个大类细分行业的单位 GDP 就业贡献值。

表 4-1　大类细分行业百万美元 GDP 的就业贡献

单位：人

年份	农业	采矿业	建筑业	制造业	批发业	零售业	交通运输及公共服务业	金融、保险及房地产业	服务业
1948	110	105	203	209	147	218	178	66	307
1949	132	113	193	201	149	215	168	62	301
1950	128	98	187	182	133	212	152	59	294
1951	107	91	176	167	124	207	141	55	279
1952	107	89	165	163	125	200	133	52	262
1953	115	81	158	157	123	198	126	49	251
1954	119	72	156	154	121	192	122	47	241
1955	121	64	153	140	109	185	113	45	232
1956	117	61	144	137	104	183	108	44	223
1957	116	61	134	131	100	176	102	42	212
1958	105	58	133	129	97	171	96	40	207
1959	114	57	128	119	86	162	89	39	196
1960	106	54	124	118	85	163	85	37	190
1961	106	51	118	115	83	159	80	36	184
1962	102	49	113	108	79	152	75	34	177
1963	100	47	109	103	76	150	71	33	170
1964	96	45	104	98	73	141	68	32	162
1965	80	45	99	93	70	138	65	31	155
1966	71	43	93	90	67	136	62	30	147
1967	69	40	88	89	65	130	61	29	138
1968	66	37	83	83	60	122	57	28	131
1969	58	36	78	80	58	117	54	26	122
1970	57	33	73	79	56	113	51	25	114
1971	52	32	67	71	52	106	46	23	107
1972	45	31	64	66	48	101	42	22	101
1973	31	27	61	63	45	96	39	21	94
1974	35	19	56	60	41	94	37	20	88
1975	33	18	49	52	37	85	32	18	81

年份	农业	采矿业	建筑业	制造业	批发业	零售业	交通运输及公共服务业	金融、保险及房地产业	服务业
1976	36	16	44	47	36	79	28	17	75
1977	35	15	43	43	33	74	26	16	68
1978	30	14	40	40	31	70	25	15	63
1979	26	13	38	37	29	66	24	14	58
1980	30	9	35	35	27	63	22	13	53
1981	24	7	33	32	25	58	19	11	48
1982	25	7	31	30	24	55	18	11	45
1983	33	7	30	27	23	50	16	10	42
1984	23	7	28	25	21	48	15	9	39
1985	21	7	27	24	20	46	14	9	37
1986	22	9	25	23	19	45	13	8	35
1987	21	8	24	22	19	44	13	8	33
1988	22	7	23	20	18	43	12	8	31
1989	18	7	22	19	17	41	12	7	30
1990	18	6	22	19	17	40	12	7	28
1991	19	7	21	18	16	39	11	6	27
1992	17	7	20	17	15	37	11	6	26
1993	18	7	20	16	14	36	10	6	26
1994	16	6	19	15	13	35	10	6	25
1995	19	6	19	14	13	34	10	5	24
1996	16	5	18	14	12	33	9	5	23
1997	18	5	17	13	12	34	9	5	21
1998	13	7	16	11	10	23	11	4	22
1999	15	6	16	11	10	23	11	4	21
2000	14	5	15	10	9	22	11	4	20
2001	13	4	14	10	9	22	11	4	19
2002	13	4	14	9	9	21	10	4	19
2003	11	4	13	9	9	20	9	3	18
2004	9	3	12	8	8	19	8	3	17

年份	农业	采矿业	建筑业	制造业	批发业	零售业	交通运输及公共服务业	金融、保险及房地产业	服务业
2005	9	2	12	8	8	18	8	3	17
2006	10	2	11	7	7	18	8	3	16
2007	9	2	11	7	7	18	8	3	16
2008	8	2	11	7	7	18	7	3	15
2009	9	2	11	6	7	18	7	3	15
2010	8	2	11	6	6	17	7	3	14
2011	7	2	10	6	6	17	7	3	14
2012	7	2	10	5	6	16	7	2	14
2013	6	2	10	5	6	16	6	2	14

资料来源：根据原始数据求得，原始数据出自美国商务部经济分析局，http://www.bea.gov。

总体而言，在所考察的 1948~2013 年，如果不考虑价格因素，各个大类细分行业的单位 GDP 贡献值在持续下降，而且下降趋势越来越明显。

从时间来看，1948 年百万美元 GDP 拉动就业人数最多的大类细分行业是服务业，拉动人数是 307 人，而到了 2013 年这一指标变为 14 人；1948 年百万美元 GDP 拉动就业人数最少的大类细分行业是金融、保险及房地产业，拉动人数是 66 人，而到了 2013 年这一指标变为 2 人；到 2013 年为止，百万美元 GDP 拉动就业人数最多的大类细分行业是零售业，这一指标变为 16 人。除了金融、保险及房地产业该指标的基数较低外，其余的 8 个大类细分行业该指标在 1973 年以后再也没有出现过三位数的数值；而到了 2003 年以后，该指标除了建筑业、零售业和服务业再也没有出现两位数的数值；也就是说到 2013 年百万美元 GDP 就业人数只有下面 3 个大类细分行业单位 GDP 就业贡献值保持在两位数，分别为：建筑业 10 人，零售业 16 人，服务业 14 人。

从变化特点来看，大类行业中百万美元 GDP 就业人数减少的速度越来越快。除了农业出现了 15 次的同比上一年增加以外，其余大类行业很少出现单位 GDP 就业数量同比上一年增加的情况；采矿业在 1949 年、1986 年、1998 年出现了同比上一年增加的情况，批发业在 1949 年、1952 年出现了同比上一年增加的情况，交通运输及公共服务业在 1998 年出现了同比上一年增加的情况。所以，农业的百万美元 GDP 就业拉动作用波动最大，其余大类行业该指标几乎是无波动地平稳下降。

因此可以看出，在考察的区间内，美国大类细分行业的单位 GDP 就业人数在持续下降，而且下降幅度很大。GDP 拉动就业明显的行业基本是劳动密集型的行业，如服务业、零售业、建筑业；而 GDP 拉动就业不明显的基本是非劳动密集型或资本密集型行业，如金融、保险及房地产业，采矿业；一个明显的特点是，1948~2013 年制造业实现了由劳动密集型到资本或技术密集型的转换。

据此判断，随着其经济的发展，美国经济增长的就业效应总体在削弱，当然，在此没有考虑技术进步、价格等因素的影响。

为了进一步清楚地展现大类行业百万美元 GDP 的就业拉动作用，下面画出各个大类细分行业百万美元 GDP 的就业贡献值的变化趋势图，如图 4-4 所示。

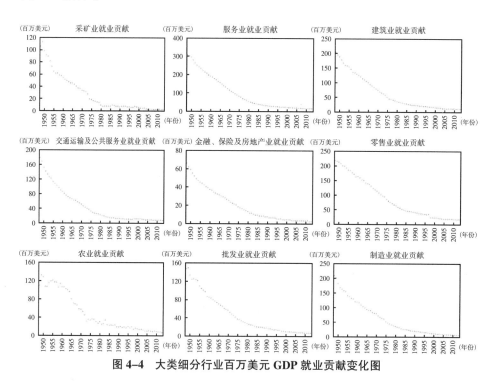

图 4-4　大类细分行业百万美元 GDP 就业贡献变化图

图 4-4 中的曲线左端点是 1948 年百万美元 GDP 就业数值，右端点是 2013 年百万美元 GDP 就业数值。可见，图中曲线清楚地表现了 9 个大类

细分行业 GDP 增长的就业贡献值，总体上看各个行业该指标下降的趋势明显，但下降的差异化特征更明显。

据图 4-4 观察发现，曲线左右两个端点处数值都比较大的是服务业、零售业、建筑业，表明了其劳动密集型的属性，也说明其单位 GDP 就业贡献值大；而曲线左右两个端点处数值都比较小的是金融、保险及房地产业，采矿业，表明了其非劳动密集型或资本技术密集型的属性，也说明其单位 GDP 就业贡献值小；其中比较特殊的是制造业，左侧端点处数值大，右侧端点处数值小，表明了该行业经历了由劳动密集型向非劳动密集型的转换。

总体而言，在考察的时间范围内，农业 GDP 增长的就业贡献值的变化趋势波动最大，第二是采矿业，第三是批发业。就整体趋势来看，各个大类细分行业增长的就业贡献 1980 年之前下降幅度比较大，而之后下降幅度比较小，这表明 1970 年末，技术与资本的投入对劳动的替代尤为明显。

三、行业经济增长的就业弹性比较

为了进一步分析经济增长拉动就业作用的大小，在此用单位 GDP 的变动量所引起的就业变动量的大小来表示大类细分行业经济增长的就业弹性，据此求出弹性值，如表 4-2 所示。

表 4-2　大类细分行业经济增长的就业弹性

单位：%

年份	农业	采矿业	建筑业	制造业	批发业	零售业	交通运输及公共服务业	金融、保险及房地产业	服务业
1949	17.70	51.91	55180.72	211.19	76.25	−56.17	−354.05	20.34	27.62
1950	50.60	2.12	74.94	34.42	5.14	60.68	8.20	43.68	68.81
1951	−20.85	14.26	61.62	44.63	41.23	70.50	37.89	40.74	35.48
1952	95.09	486.77	15.97	42.55	158.42	35.78	4.30	37.35	7.55
1953	27.55	−78.09	−21.35	56.92	44.85	66.65	17.02	39.76	36.59
1954	−53.08	−368.98	−52.70	136.66	−75.41	−39.04	387.68	41.81	3.55
1955	64.53	5.53	71.85	25.54	14.72	45.27	16.93	56.58	63.40
1956	535.66	54.71	44.17	43.35	46.11	74.50	34.61	62.39	58.90
1957	197.46	−37.65	−58.58	−13.29	15.60	17.05	−6.13	31.68	31.51
1958	14.77	139.64	153.82	135.75	−18.58	−73.48	−1068.51	31.26	52.70
1959	10.98	277.70	55.68	36.21	13.89	37.38	1.28	35.95	40.29

年份	农业	采矿业	建筑业	制造业	批发业	零售业	交通运输及公共服务业	金融、保险及房地产业	服务业
1960	−33.30	−95.63	−48.88	49.01	52.78	129.72	4.51	43.84	48.85
1961	85.70	−462.77	−18.86	−841.03	14.11	−13.65	−77.67	35.62	55.59
1962	−124.37	−195.11	36.39	35.97	23.13	39.62	0.00	35.43	46.46
1963	−386.57	−107.72	41.98	12.59	32.40	59.21	−0.46	49.24	34.77
1964	185.53	−21.90	42.27	24.87	32.24	39.02	21.41	40.74	42.28
1965	−38.96	60.88	47.63	43.89	46.40	63.38	28.78	52.29	43.30
1966	−133.27	−10.26	32.97	66.84	47.77	71.36	44.86	40.90	46.39
1967	245.35	−82.37	−27.18	46.96	41.25	39.49	46.04	45.10	34.51
1968	−47.24	−9.27	39.41	19.83	25.03	37.80	17.89	57.55	39.57
1969	−8.49	44.57	39.46	39.38	41.30	51.61	33.37	45.10	31.80
1970	23.31	6.72	−30.54	206.90	36.52	34.83	17.09	51.38	18.50
1971	−8.32	−203.52	16.84	−78.99	8.05	25.03	−7.85	20.10	26.49
1972	6.28	34.57	47.18	24.28	24.94	36.43	9.81	38.85	43.19
1973	10.77	11.17	54.91	51.25	40.93	50.63	34.59	58.28	39.11
1974	−171.02	17.14	−22.92	−1.96	20.16	46.43	14.50	31.93	24.47
1975	−48.40	51.29	−2826.80	−160.80	−18.93	8.61	−34.63	10.55	21.47
1976	−219.78	34.79	10.49	26.52	48.36	35.56	3.16	31.46	29.21
1977	−302.28	35.30	70.87	26.76	36.51	43.97	26.49	36.68	30.62
1978	1.00	47.14	59.97	37.31	41.65	47.32	37.51	46.45	39.49
1979	16.26	51.58	46.27	24.48	35.60	33.29	54.45	43.06	32.06
1980	−23.26	15.32	−176.70	−137.85	13.68	3.39	2.05	23.59	22.00
1981	−4.91	33.13	−247.19	−4.73	20.40	10.76	5.98	16.29	27.72
1982	60.00	185.91	741.17	1865.97	−60.33	−2.37	−22.56	−3.57	23.19
1983	−35.82	110.67	18.28	−28.36	−9.55	23.77	−19.69	23.48	30.34
1984	−10.97	30.30	61.23	40.80	38.53	52.28	33.57	37.26	42.12
1985	−273.74	738.63	61.21	−22.03	34.50	50.46	24.65	45.06	42.06
1986	32.02	47.49	30.20	−46.85	18.15	53.97	2.41	55.15	44.09
1987	48.41	−140.77	35.62	3.52	71.33	77.06	36.39	73.36	45.84
1988	258.20	10.92	33.92	19.24	22.05	45.29	49.54	17.65	39.23

年份	农业	采矿业	建筑业	制造业	批发业	零售业	交通运输及公共服务业	金融、保险及房地产业	服务业
1989	-12.82	-66.23	34.78	5.04	75.40	46.11	48.88	10.27	51.10
1990	25.48	21.31	-82.25	-105.92	-32.80	7.08	47.94	7.57	38.90
1991	4.41	21.06	121.33	-378.04	-72.93	-64.47	-9.31	-9.55	10.66
1992	-21.57	96.70	-804.19	-43.63	-2.72	8.65	-14.44	-15.94	41.27
1993	-38.67	-341.81	59.75	-0.14	-23.40	31.26	30.95	28.30	84.45
1994	16.83	-56.78	65.71	17.10	29.26	49.19	46.49	51.15	52.00
1995	-41.01	-88.66	65.84	16.11	92.60	75.22	40.19	-16.67	59.49
1996	6.87	-4.29	57.13	-2.70	19.13	27.84	47.92	25.41	53.98
1997	-49.99	-37.16	49.52	9.43	78.36	-54.99	91.01	22.95	20.28
1998	228.61	18.11	46.04	-90.30	-538.29	1311.21	546.46	59.94	160.08
1999	-35.96	-192.10	59.33	-21.81	48.84	57.66	64.84	31.11	38.97
2000	-33.49	-6.05	39.92	-23.37	30.96	40.04	85.57	9.87	34.10
2001	-171.56	23.10	41.60	103.96	-3.06	-21.09	-10.46	14.49	10.12
2002	21.91	55.54	-52.61	-759.94	1797.41	-32.93	-267.11	1.81	20.97
2003	5.52	-5.85	4.82	-119.20	-12.37	-9.43	-77.90	38.33	25.33
2004	-21.48	21.33	33.48	-22.79	12.24	25.78	0.00	17.78	32.73
2005	27.81	18.98	39.27	-8.99	26.10	21.42	9.77	17.86	39.45
2006	-4594.77	49.51	67.24	-10.08	30.41	26.22	13.81	39.67	38.83
2007	-23.17	47.07	-30.39	-49.81	32.83	-1879.34	41.89	-14.21	41.45
2008	-13.43	32.20	66.47	155.32	-27.67	57.77	-23.27	75.18	17.09
2009	7.32	38.80	137.91	236.74	105.12	291.71	206.35	-183.48	325.58
2010	16.22	8.77	142.15	-48.22	-38.83	-35.21	-63.33	-78.41	9.44
2011	7.81	59.67	-64.65	45.07	32.57	50.58	87.13	25.90	58.51
2012	-263.67	463.36	31.31	39.73	31.44	31.05	152.91	25.19	54.35
2013	8.89	21.92	78.55	34.10	43.97	34.04	27.11	25.54	88.35

资料来源：根据原始数据求得，原始数据出自美国商务部经济分析局，http://www.bea.gov。

　　表4-2中清晰地展现了1949~2013年各个大类细分行业经济增长的就业弹性的变化特点，其中各个行业个别年份出现的极大或极小突变点是计算造成的，不是真实经济自身特点的反映。

总体而言，经济增长的就业弹性最大的特点就是波动性较大，个体差异较大，但长期趋势平稳。

（1）农业 GDP 增长的就业弹性。农业是大类行业中 GDP 增长的就业弹性波动幅度居中的行业之一，从数值上看，除了 2006 年因计算问题出现了一个较大的突变点外，其他年份基本是较为平稳的；其弹性数值总体上负值居多，大部分在−1~0 这一区间变化。

（2）采矿业 GDP 增长的就业弹性。就数值而言，采矿业是大类行业中 GDP 增长的就业弹性波动幅度较大的行业之一，一直到 2000 年以后趋于平稳，在 2008 年以后又出现了波动，总体上的弹性基本是正值。

（3）建筑业 GDP 增长的就业弹性。建筑业 GDP 增长的就业弹性是所有大类行业中最为稳定的，弹性值基本上是维持在 0 度水平线上的正值，而突变的几个数值是计算造成的，不是真实经济的反映。

（4）制造业 GDP 增长的就业弹性。制造业 GDP 增长的就业弹性较为平缓，从数值上看，除了几个突变点外基本是大于零的，就是说制造业的就业弹性是正值。

（5）批发业 GDP 增长的就业弹性。批发业 GDP 增长的就业弹性比制造业还要平稳，相对而言，1990 年以后的波动幅度要比 1990 年之前的波动幅度大，总体上各个年度基本是正值。

（6）零售业 GDP 增长的就业弹性。零售业 GDP 增长的就业弹性的波动幅度与批发业类似，但对比批发业其波动更为平稳，其中两个比较明显的波动是 1997 年和 2007 年，可能是受到了金融危机和次贷危机的影响。

（7）交通运输及公共服务业 GDP 增长的就业弹性。交通运输及公共服务业 GDP 增长的就业弹性的变化幅度仅次于上述的采矿业，波动远大于批发业和零售业，而且阶段性特点明显：1980 年之前和 1995 年之后波动幅度大，而 1980~1995 年波动幅度小，而且整体上的弹性基本是大于 0 的。

（8）金融、保险及房地产业 GDP 增长的就业弹性。金融、保险及房地产业 GDP 增长的就业弹性相对于其他大类细分行业有三个明显的特点：第一，1949~2013 年波动幅度是上升的，并且波动越来越大；第二，波动过程中表现了明显的下行趋势；第三，考察期间内弹性几乎都是大于 0 的。

（9）服务业 GDP 增长的就业弹性。服务业 GDP 增长的就业弹性最显著的特点就是考察范围内都是正值，即服务业增长的就业弹性始终是较大的正值，而且波动幅度较为均匀，随经济的变化而变化的特点明显，因此服务业的 GDP 增长和就业增长表现出了明显的正相关关系。

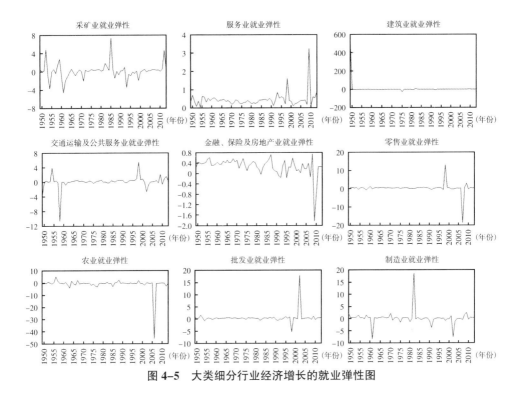

图 4-5　大类细分行业经济增长的就业弹性图

从图 4-5 中可以看出，在所考察的范围内各个大类细分行业的就业弹性是不同的，波动情况也不一致。

从时间上看，在数值上，1949~2013 年各个大类细分行业经济增长的就业弹性变化不大；随时间变化波动幅度较大的是采矿业，服务业，金融、保险及房地产业；随时间变化波动幅度不明显的是建筑业、零售业、批发业，而交通运输及公共服务业、农业、制造业的波动幅度处于上述两类之间。

从波动的频率看，各个大类细分行业增长的就业弹性基本是在"0"线上下浮动，其中全部年份都表现出明显的正值的是服务业，表现出明显的下降趋势的是金融、保险及房地产业，大部分年份表现出负值的是农业和采矿业，也就是说，农业和采矿业的增长和就业基本是负相关的。

总体而言，1949~2013 年，大类细分行业经济增长的就业弹性基本变化不大，尤其是建筑业，就业弹性曲线几乎是一条水平线。另外，批发业和零售业的就业弹性曲线也表现出了稳定的水平趋势；但是，金融、保险及房地产业的就业弹性曲线表现出了波动幅度不断加大的特点，但趋势仍然是水平的；其他行业弹性曲线的水平趋势也是比较显著的。所以，就业弹性曲线特征表明，长期内经济增长率和就业增长率的变化幅度基本是一致的，另外也揭示了"奥肯定律"在美国的稳定性。

第二节　中类细分行业经济增长与就业增长的比较

依据前文分析，在中类细分行业中，对经济增长总量及速度影响大的行业有 8 个，分别是：

耐用品制造业，非耐用品制造业，金融、保险业，房地产业，专业、商业服务业，教育服务、健康医疗及社会救助业，艺术、休闲、娱乐、住宿及饮食服务业，除政府外的其他服务业。

根据前文筛选，对就业总量增长和速度增长影响大的中类细分行业也有 8 个，分别是：

耐用品制造业，非耐用品制造业，金融、保险业，房地产业，专业、商业服务业，教育服务、健康医疗及社会救助业，艺术、休闲、娱乐、住宿及饮食服务业，除政府外的其他服务业。

比较对经济增长影响大的行业和对就业影响大的行业会发现，在中类细分行业中对经济影响大的行业和对就业影响大的大类行业也是一致的，这表明中类细分行业经济增长和就业增长基本是一致的，同样这种一致性有利于本书展开进一步分析。

根据前文分析结果，我们将对耐用品制造业，非耐用品制造业，金融、保险业，房地产业，专业、商业服务业，教育服务、健康医疗及社会救助业，艺术、休闲、娱乐、住宿及饮食服务业，除政府外的其他服务业 8 个中类行业的经济增长率和就业增长率进行分析。

一、行业 GDP 增长率与就业增长率的比较

同前所述，仍然取 1949~2013 年的数据为样本对经济与就业增长率进

行考察。具体情况如图 4-6 所示：

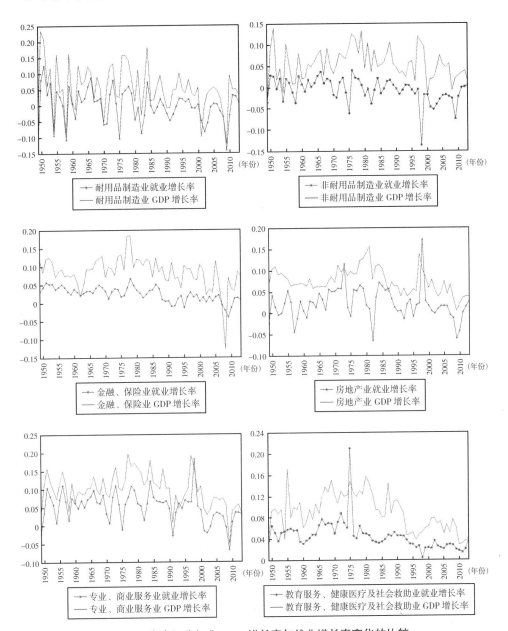

图 4-6　中类细分行业 GDP 增长率与就业增长率变化的比较

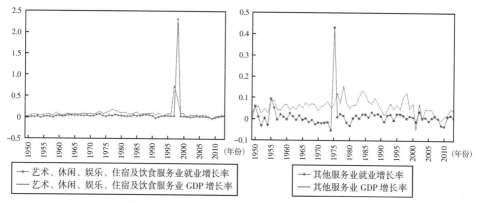

图 4-6　中类细分行业 GDP 增长率与就业增长率变化的比较（续）

图 4-6 中分别列出了 8 个中类细分行业的 GDP 增长率和就业增长率的情况。总体比较，各个中类细分行业的经济增长率高于就业增长率，且这两个指标都表现出了明显的下行趋势，都具有一定程度的同步性和滞后性。

（1）耐用品制造业的 GDP 增长率与就业增长率的比较。总体而言，耐用品制造业的就业增长率表现了下行的趋势，而经济增长率明显要大于就业增长率，相对于经济增长，就业增长的变动具有明显的滞后性；并且耐用品制造业的经济增长和就业增长同步性明显。

（2）非耐用品制造业的 GDP 增长率与就业增长率的比较。总体上，在统计的范畴内，也表现出了下行的趋势；相对于耐用品制造业的就业增长率和经济增长率，非耐用品制造业的经济增长比就业增长得更快，两个指标的差值更大，而且非耐用品制造业的这两个指标的波动幅度小于耐用品制造业的波动幅度。

（3）金融、保险业的 GDP 增长率与就业增长率的比较。总体而言金融、保险业的就业增长率和经济增长率在统计的范畴内的同步性较强，相对而言，这两个指标的差值更大，同样表现了下行的趋势，而且就业增长随着GDP 的变动而变动的特点较为明显，就业与 GDP 同步性较强。

（4）房地产业的 GDP 增长率与就业增长率的比较。房地产业的就业增长率和经济增长率在统计的范畴内，同步性没有金融、保险业明显，图 4-6中显示房地产业就业增长率随着 GDP 增长率的波动趋势不明显，特别是1980 年之前 GDP 增长对就业的拉动作用不明显，而之后的拉动作用要比前期更为明显，从长期趋势来看这两个指标也是下行的，且差值相对不稳定。

（5）专业、商业服务业的 GDP 增长率与就业增长率的比较。专业、商业服务业的就业增长率和经济增长率在考察期间内的同步性很强，而且波动幅度比较均匀，但在 1980 年以后下降趋势明显，专业、商业服务业的就业增长率基本随着 GDP 增长率的波动而波动，而且表现出了明显的滞后性。

（6）教育服务、健康医疗及社会救助业的 GDP 增长率与就业增长率的比较。教育服务、健康医疗及社会救助业的就业增长率和经济增长率在考察期间内具有一定的同步性，不同于此前分析的行业，该行业表现出以下特点：在 1980 年之前所考察的两个指标呈上升趋势，但在 1980 年之后这两个指标明显地呈现出下降趋势；所不同的是教育服务、健康医疗及社会救助业的就业增长率与 GDP 增长率的波动在 2007 年已经开始的次贷危机中并没有表现出大的起伏变化。

（7）艺术、休闲、娱乐、住宿及饮食服务业的 GDP 增长率与就业增长率的比较。艺术、休闲、娱乐、住宿及饮食服务业的就业增长率和经济增长率在统计的范畴内同步性明显，其 GDP 增长率和就业增长率几乎在"0"水平线上运动，是所有行业中波动幅度最小、稳定性最好的，而且其两个指标的增长率差值也是全行业最小的。

（8）除政府外的其他服务业的 GDP 增长率与就业增长率的比较。除政府外的其他服务业的就业增长率和经济增长率在考察期间内表现出了较强的同步性，以 1975 年为界，之前波动幅度较小且这两个指标之间差值在拉大，之后，其就业增长率和 GDP 增长率的波动较大且这两个指标的增长率差值在缩小，相对于除艺术、休闲、娱乐、住宿及饮食服务业外的前六个行业而言，该行业变动幅度小。

二、行业单位 GDP 就业贡献值的比较

同前所述，单位 GDP 的就业贡献是指 GDP 每增加若干单位拉动的就业增加或减少的数量。这里继续使用单位 GDP 的就业贡献值来衡量经济增长与就业增长的关系。分别看一下 8 个中类细分行业的单位 GDP 的就业贡献值。

总体上看，显然在考察期间内不考虑价格因素的影响，各个中类细分行业单位 GDP 的就业贡献值都在下降，耐用品制造业、非耐用品制造业下降最为明显，其次是金融、保险业，房地产业，而 4 个服务业的中类细分行业是当前百万美元 GDP 拉动就业最多的，如表 4-3 所示。

表 4-3　中类细分行业百万美元 GDP 的就业贡献

单位：人

年份	耐用品制造业	非耐用品制造业	金融、保险业	房地产业	专业、商业服务业	教育服务、健康医疗及社会救助业	艺术、休闲、娱乐、住宿及饮食服务业	除政府外的其他服务业
1948	220	197	184	25	162	237	265	355
1949	203	198	171	23	154	235	255	346
1950	178	187	164	22	144	229	249	349
1951	166	168	155	20	137	220	238	332
1952	161	165	145	18	132	209	225	314
1953	155	161	137	17	128	201	218	300
1954	152	158	133	16	120	203	206	284
1955	137	146	128	15	115	183	199	286
1956	135	140	123	15	111	180	190	277
1957	128	137	119	13	107	173	181	264
1958	127	131	114	12	104	167	174	260
1959	116	124	109	12	100	155	162	246
1960	115	123	105	11	100	151	158	230
1961	112	119	102	10	96	146	153	227
1962	104	114	102	10	94	139	149	217
1963	99	109	101	9	91	135	144	207
1964	94	104	95	9	88	128	142	197
1965	88	99	90	9	86	125	136	186
1966	87	95	84	9	83	121	134	173
1967	86	93	79	8	81	113	129	161
1968	80	87	74	8	79	107	122	149
1969	78	84	68	8	76	100	119	136
1970	78	80	66	8	72	93	112	129
1971	69	74	60	7	67	90	108	120
1972	64	69	57	7	64	87	104	110
1973	61	66	55	7	61	83	99	100
1974	60	61	51	7	59	78	95	90
1975	52	52	45	6	53	83	87	121
1976	47	49	43	6	50	77	80	108

续表

年份	耐用品制造业	非耐用品制造业	金融、保险业	房地产业	专业、商业服务业	教育服务、健康医疗及社会救助业	艺术、休闲、娱乐、住宿及饮食服务业	除政府外的其他服务业
1977	42	44	37	6	45	71	70	103
1978	39	42	34	5	43	67	64	91
1979	38	37	32	5	40	63	59	83
1980	35	35	30	4	37	57	56	77
1981	32	32	27	4	34	52	51	72
1982	30	29	25	3	31	48	49	69
1983	27	27	23	3	29	45	46	63
1984	25	26	21	3	28	42	45	56
1985	24	24	21	3	27	41	41	52
1986	23	23	19	3	25	39	40	48
1987	22	22	19	3	25	36	39	47
1988	20	20	17	3	23	34	38	43
1989	20	19	16	3	22	32	37	41
1990	19	18	15	2	21	30	34	40
1991	19	17	14	2	20	29	32	39
1992	17	16	13	2	19	28	30	38
1993	16	16	12	2	19	28	29	36
1994	15	15	12	2	19	27	29	34
1995	15	14	11	2	19	27	28	33
1996	14	14	10	2	18	26	26	32
1997	13	12	9	2	16	26	15	30
1998	13	10	9	2	17	24	35	26
1999	12	9	8	2	16	24	33	26
2000	12	9	8	2	15	23	31	24
2001	12	8	7	2	14	22	31	25
2002	11	7	7	1	13	21	29	24
2003	10	7	7	1	13	20	29	24
2004	10	6	7	1	12	19	27	23
2005	9	6	6	1	12	18	27	22

年份	耐用品制造业	非耐用品制造业	金融、保险业	房地产业	专业、商业服务业	教育服务、健康医疗及社会救助业	艺术、休闲、娱乐、住宿及饮食服务业	除政府外的其他服务业
2006	9	5	6	1	11	18	26	21
2007	9	5	6	1	11	17	25	21
2008	9	5	7	1	10	17	25	21
2009	8	4	6	1	10	16	25	21
2010	7	4	6	1	10	16	24	20
2011	7	4	6	1	10	16	24	20
2012	7	4	5	1	9	15	23	19
2013	7	4	5	1	9	15	23	19

资料来源：根据原始数据求得，原始数据出自美国商务部经济分析局，http://www.bea.gov。

分行业看，其中下降最为明显的是耐用品制造业，从 1948 年的百万美元 GDP 拉动就业 220 人下降到 2013 年的 7 人；而到 2013 年为止百万美元的 GDP 就业量最少的是房地产业，为 1 人；最多的是艺术、休闲、娱乐、住宿及饮食服务业，每百万美元 GDP 拉动就业 23 人。按照从低到高排序分别为：房地产业 1 人，非耐用品制造业 4 人，金融、保险业 5 人，耐用品制造业 7 人，专业、商业服务业 9 人，教育服务、健康医疗及社会救助业 15 人，除政府外的其他服务业 19 人，艺术、休闲、娱乐、住宿及饮食服务业 23 人。

同大类行业的分析结论相似，GDP 拉动就业明显的行业基本是劳动密集型的行业，最明显的是除政府外的其他服务业，此外还有教育服务、健康医疗及社会救助业，艺术、休闲、娱乐、住宿及饮食服务业；而 GDP 拉动就业不明显的基本是非劳动密集型或资本密集型，最明显的是房地产业，此外还有金融、保险业；一个明显的特点是，1948~2013 年耐用品制造业和非耐用品制造业实现了由劳动密集型到资本或技术密集型的转换。

为了清楚地表现 1948~2013 年各个中类细分行业百万美元 GDP 的就业拉动数量的变化趋势，画其趋势图如图 4-7 所示。

图 4-7 表现了 8 个中类细分行业 GDP 增长对就业的拉动趋势变化。同大类行业的就业贡献图，图中的曲线左端点是 1948 年百万美元 GDP 就业数值，右端点是 2013 年百万美元 GDP 就业数值。可见，图中曲线清楚地

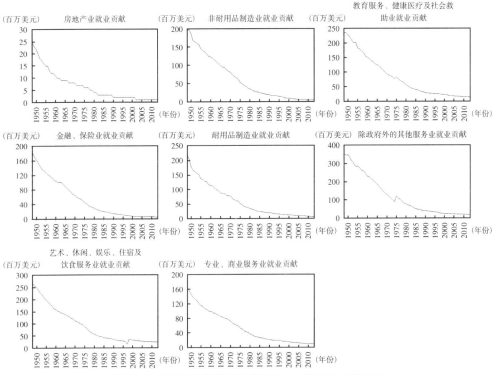

图 4-7　中类细分行业百万美元 GDP 就业贡献变化图

表现了 8 个中类细分行业 GDP 增长的就业贡献值，总体上看各个行业就业
贡献值下降的趋势明显，但下降的过程中表现出了差异化的特征。

　　由图 4-7 可见，曲线左右两个端点处数值都比较大的是除政府外的其
他服务业，其次是教育服务、健康医疗及社会救助业，艺术、休闲、娱乐、
住宿及饮食服务业，这表明了这些行业劳动密集型的属性，也说明其单位
GDP 就业贡献值比较大；而曲线左右两个端点处数值都比较小的是房地产
业，其次是金融、保险业，这表明这两个行业非劳动密集型或资本技术密
集型的属性，也说明该行业单位 GDP 就业贡献值比较小；其中比较特殊的
是耐用品制造业和非耐用品制造业，左侧端点处数值相对大，而右侧端点处
数值相对小，表明这两个行业经历了由劳动密集型向非劳动密集型的转换。

　　总体而言，在考察的时间范围内，房地产业 GDP 增长的就业贡献值的波
动最大；而艺术、休闲、娱乐、住宿及饮食服务业在 1997 年下降幅度较大，
除政府外的其他服务业在 1974 年出现了较大波动；就整体趋势来看，各个中
类细分行业增长的就业贡献 1985 之前下降幅度普遍比较大，而在 1985 之后

下降幅度普遍比较小；在所有中类细分行业中 GDP 增长贡献率下降幅度最大的是除政府外的其他服务业，GDP 增长贡献率下降幅度最小的是房地产业。

三、行业经济增长的就业弹性比较

同大类行业的分析方法，在此用单位 GDP 的变动量所引起的就业变动量的大小来表示中类细分行业经济增长的就业弹性，据此可求出弹性值，如表 4-4 所示：

表 4-4　中类细分行业经济增长的就业弹性

年份	耐用品制造业	非耐用品制造业	金融、保险业	房地产业	专业、商业服务业	教育服务、健康医疗及社会救助业	艺术、休闲娱乐、住宿及饮食服务业	除政府外的其他服务业
1949	3.84	0.88	0.28	−0.34	−0.71	0.82	−1.43	−0.04
1950	0.35	0.33	0.52	0.40	0.33	0.70	−0.37	1.15
1951	0.60	0.19	0.48	0.14	0.66	0.52	0.21	0.17
1952	0.57	−0.17	0.42	−0.04	0.68	0.41	0.12	−1.29
1953	0.60	0.47	0.47	0.00	0.60	0.54	0.41	0.08
1954	1.23	2.73	0.53	0.28	0.10	1.35	−0.25	−1.12
1955	0.29	0.20	0.51	0.66	0.62	0.34	0.31	1.07
1956	0.66	0.20	0.55	0.41	0.74	0.74	0.33	0.61
1957	0.00	−1.26	0.58	−0.66	0.60	0.56	0.16	−0.05
1958	1.04	−3.65	0.41	−0.19	0.36	0.59	−0.07	0.54
1959	0.37	0.34	0.34	0.41	0.65	0.32	0.28	0.16
1960	0.63	0.38	0.49	0.08	0.96	0.51	0.65	−0.02
1961	3.42	−0.40	0.54	−0.16	0.50	0.52	0.33	0.65
1962	0.38	0.32	1.06	0.35	0.78	0.43	0.55	0.22
1963	0.18	0.03	0.60	0.44	0.59	0.63	0.54	−0.09
1964	0.30	0.17	0.35	0.22	0.70	0.74	0.78	0.24
1965	0.49	0.36	0.37	0.75	0.77	0.74	0.49	−0.08
1966	0.83	0.42	0.30	0.53	0.72	0.65	0.69	0.03
1967	0.58	0.34	0.36	0.12	0.64	0.48	0.50	−0.22
1968	0.18	0.22	0.41	0.74	0.71	0.54	0.36	−0.05
1969	0.45	0.31	0.33	0.59	0.64	0.46	0.62	−0.37
1970	1.09	−0.58	0.46	0.72	0.38	0.40	0.28	−0.42

续表

年份	耐用品制造业	非耐用品制造业	金融、保险业	房地产业	专业、商业服务业	教育服务、健康医疗及社会救助业	艺术、休闲娱乐、住宿及饮食服务业	除政府外的其他服务业
1971	−1.03	−0.45	0.12	0.52	0.07	0.68	0.44	−0.30
1972	0.29	0.15	0.33	0.60	0.61	0.67	0.59	−0.25
1973	0.60	0.32	0.52	1.09	0.68	0.58	0.59	−0.18
1974	0.21	−0.18	0.29	0.15	0.56	0.50	0.47	−1.01
1975	−4.00	−0.64	0.13	−0.08	−0.12	1.42	0.15	6.27
1976	0.24	0.32	0.23	0.60	0.47	0.36	0.32	0.07
1977	0.31	0.19	0.23	0.56	0.40	0.34	0.19	0.33
1978	0.42	0.25	0.36	0.53	0.66	0.48	0.36	0.10
1979	0.47	0.03	0.50	0.45	0.57	0.40	0.35	−0.20
1980	−3.31	−0.47	0.29	0.13	0.38	0.31	0.35	−0.60
1981	−0.06	−0.03	0.23	0.06	0.37	0.32	0.25	0.06
1982	2.91	−1.10	0.15	−0.83	0.13	0.28	0.30	0.27
1983	−0.50	−0.08	0.20	0.34	0.48	0.35	0.31	0.04
1984	0.40	0.44	0.30	0.63	0.68	0.34	0.59	0.17
1985	−0.08	−0.27	0.51	0.60	0.66	0.42	0.26	0.20
1986	−1.33	−0.06	0.41	0.68	0.60	0.48	0.64	0.11
1987	−0.09	0.17	0.48	1.18	0.65	0.33	0.65	0.47
1988	0.22	0.16	0.09	0.46	0.40	0.51	0.71	0.19
1989	0.01	0.09	0.07	0.20	0.66	0.47	0.58	0.34
1990	3.27	−0.07	0.08	0.05	0.45	0.40	0.32	0.32
1991	5.80	−0.52	−0.09	0.13	−3.70	0.46	−0.28	−0.52
1992	−0.59	−0.17	−0.12	−0.25	0.42	0.51	0.10	0.45
1993	−0.07	0.20	0.17	0.53	1.31	0.82	0.94	0.31
1994	0.22	0.07	0.49	0.69	0.71	0.60	0.70	−0.11
1995	0.41	−0.10	−0.12	−0.17	0.83	0.56	0.42	0.36
1996	0.27	−1.18	0.18	0.36	0.63	0.62	0.36	0.53
1997	0.24	−0.04	0.32	0.16	0.34	0.54	0.04	0.18
1998	−0.23	−1.28	0.24	1.69	1.14	0.08	5.06	0.03
1999	−0.33	−0.19	0.35	0.33	0.58	0.37	0.27	0.29

年份	耐用品制造业	非耐用品制造业	金融、保险业	房地产业	专业、商业服务业	教育服务、健康医疗及社会救助业	艺术、休闲娱乐、住宿及饮食服务业	除政府外的其他服务业
2000	0.04	1.15	0.04	0.29	0.40	0.38	0.27	0.15
2001	0.49	−2.40	0.17	0.04	−0.34	0.28	2.06	0.25
2002	209.00	−2.60	0.08	−0.04	−0.73	0.46	0.16	0.49
2003	−1.47	−0.89	0.44	0.24	−0.09	0.38	0.32	−1.61
2004	−0.11	−0.38	0.14	0.34	0.37	0.31	0.39	0.16
2005	0.08	−0.38	0.14	0.22	0.47	0.42	0.49	−0.20
2006	0.06	−0.38	0.36	0.36	0.46	0.42	0.38	0.14
2007	−0.77	−0.39	0.70	−0.08	0.33	0.57	0.53	1.02
2008	1.07	3.38	0.16	−0.39	−0.09	0.37	0.79	3.80
2009	1.17	−3.54	−0.58	−15.54	1.29	0.32	1.23	7.15
2010	−0.33	−0.84	−0.36	−1.99	0.21	0.61	−0.10	−3.92
2011	0.63	−0.05	0.37	0.01	0.74	0.45	0.55	0.60
2012	0.55	0.02	0.16	0.38	0.60	0.56	0.56	0.36
2013	0.29	0.33	0.11	0.70	0.94	1.12	0.76	0.14

资料来源：根据原始数据求得，原始数据出自美国商务部经济分析局，http://www.bea.gov。

表4-4中清晰地展现了1949~2013年各个中类细分行业的经济增长的就业弹性的变化特点。

从表4-4中可以清晰地看到1949~2013年各个中类细分行业经济增长的就业弹性的变化特点，其中各个行业个别年份（经济危机或金融危机除外）出现的极大或极小突变点是计算造成的，不是真实经济自身特点的反映。

总体而言，中类细分行业经济增长的就业弹性最大的特点就是波动性较大，而且各个行业波动特点显著差异；相对于大类行业而言，最大的差异是：中类细分行业经济增长的就业弹性除非耐用品制造业以外，整体上正值偏多。

（1）耐用品制造业GDP增长的就业弹性。耐用品制造业GDP增长的就业弹性在考察时间范围内大都是正值，而且是所有中类细分行业中弹性最大的；从数值上看，耐用品制造业GDP增长与就业增长的正相关关系明显，表现出了整个中类行业中最平稳的波动。

（2）非耐用品制造业 GDP 增长的就业弹性。该行业的就业弹性有三个明显特点：第一，该行业的就业弹性是中类行业中波动幅度较大的行业之一；第二，该行业弹性明显地表现为负值，其经济增长率与就业增长率的相关性是所有中类行业中最明显的；第三，波动具有明显的阶段性：1960年之前和 2000 年之后波动幅度大，而 1960~2000 年波动的幅度小。

（3）金融、保险业 GDP 增长的就业弹性。金融、保险业 GDP 增长的就业弹性是所有大类行业中正值最大的，而且也是波动幅度较大的行业之一；就业弹性的数值表现出了明显的下降趋势；在 1990 年以后波动频率加快，波动幅度加大，但就弹性平均值而言仍然是正值。

（4）房地产业 GDP 增长的就业弹性。房地产业 GDP 增长的就业弹性较为平缓，平缓程度仅次于耐用品制造业；从数值上看，除了 2009 年因"次贷危机"产生了一个突变点外，整体较为稳定，也就是说房地产业的就业弹性的均值也是正值，但是正值不大，就业弹性基本是沿着"0"度线在小幅波动。

（5）专业、商业服务业 GDP 增长的就业弹性。专业、商业服务业 GDP 增长的就业弹性整体上表现出明显的正值，即经济增长与就业是明显的正相关关系。专业、商业服务业 GDP 增长的就业弹性比房地产业波动要大，从数值上看，1992 年之后的波动幅度大于之前的波动幅度；在 2000 年以后，从数值上看，经济增长与就业表现了正相关关系，而且数值一直在上升。

（6）教育服务、健康医疗及社会救助业 GDP 增长的就业弹性。教育服务、健康医疗及社会救助业 GDP 增长的就业弹性的特点明显：第一，波动幅度是整个中类细分行业中最大的；第二，增长的就业弹性是所有中类行业中唯一全部年度都是正值的行业；第三，经济增长与就业表现出了明显的正相关关系，而且趋势是下降的。

（7）艺术、休闲、娱乐、住宿及饮食服务业 GDP 增长的就业弹性。艺术、休闲、娱乐、住宿及饮食服务业 GDP 增长的就业弹性的变化幅度不大，统计期间内就业弹性几乎都表现为正值，而且也表现出了阶段性特征：1985 年之前波动幅度较小，而 1985 年以后波动幅度较大，整体看弹性较大，弹性值在所有中类细分行业中仅次于专业、商业服务业。

（8）除政府外的其他服务业 GDP 增长的就业弹性。除政府外的其他服务业 GDP 增长的就业弹性相对于其他中类细分行业波动较为平缓，在 1960 年之前和 2000 年之后波动幅度比较大，而在 1960~2000 年间，波动幅度相对较小；总体上，经济增长的就业弹性是正值。

为了进一步考察中类细分行业经济增长的就业弹性的变化，画出各个行业就业弹性的曲线，如图 4-8 所示：

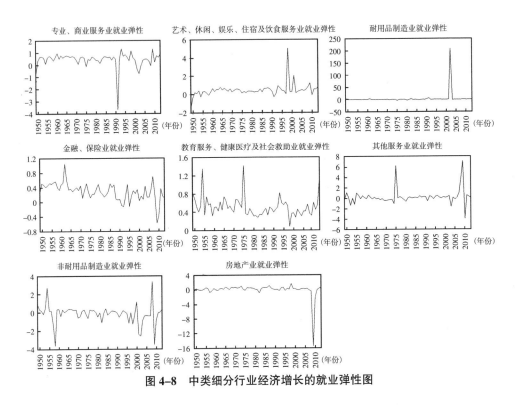

图 4-8　中类细分行业经济增长的就业弹性图

图 4-8 中清晰地展示了各个中类细分行业经济增长的就业弹性的变化。在所考察的范围内各个中类细分行业经济增长的就业弹性是不一致的，波动情况也不一致。其中需要说明的是一些较大的突变点可能是计算造成的，不是经济自身特点的反映。

从时间上看，在数值上，1949~2013 年，整体上各个中类细分行业经济增长的就业弹性变化不大；随时间变化波动幅度较大的是非耐用品制造业，金融、保险业，教育服务、健康医疗及社会救助业这三个中类细分行业；随时间变化波动幅度不明显的是耐用品制造业，房地产业；而专业、商业服务业，艺术、休闲、娱乐、住宿及饮食服务业，除政府外的其他服务业的就业弹性波动幅度处于上述两类之间。

从波动的频率看，不同于大类细分行业经济增长的就业弹性，各个中类细分行业增长的就业弹性要更大，正值也更明显，其中除了非耐用品制造业经济增长的就业弹性整体表现为负值外，其他中类细分行业经济增长的就业弹性整体上都是正值，特别是教育服务、健康医疗及社会救助业增长的就业弹性，在所考察范围的所有年度从未出现过负值。

总体而言，1949~2013 年，中类细分行业经济增长的就业弹性整体变化不大，基本呈水平趋势，尤其是耐用品制造业，就业弹性曲线几乎是一条水平线，另外，房地产业和除政府外的其他服务业的就业弹性曲线的水平趋势也比较明显，但是，教育服务、健康医疗及社会服务业，金融、保险业的就业弹性曲线表现出了明显波动的特点，但总趋势仍是水平的，图 4-7 中其他中类行业就业弹性曲线的水平趋势也比较明显。因此，就业弹性曲线特征表明，长期内经济增长率和就业增长率的变化幅度基本是一致的，同理，从中类行业的角度来看"奥肯定律"，就经济增长率和就业增长率指标而言，其经验法则在美国仍然可以得到验证。

第三节　小类细分行业经济增长与就业增长的比较

依据前文对小类细分行业经济增长和就业增长特点的分析，可以得出以下结论：

关于经济总量与增速：

从小类细分行业的 GDP 占 GDP 总量的比例进行选择有如下行业：

27 公司及企业治理业、废物处理与管理业；

20 联邦储备银行、信托中介及相关业；

29 健康医疗及社会救助业；

26 专业、科学及技术服务业；

24 房地产业。

从小类细分行业的 GDP 增长速度进行选择有如下行业：

28 教育服务业；

27 公司及企业治理业、废物处理与管理业；

21 证券、期货及投资业；

17 石油制品、煤制品业；

23 基金、信托及其他金融工具业。

从小类细分行业的 GDP 影响因子进行选择有如下行业：

27 公司及企业治理业、废物处理与管理业；

20 联邦储备银行、信托中介及相关业；

24 房地产业；

29 健康医疗及社会救助业；

26 专业、科学及技术服务业。

关于就业总量与增速：

在小类细分行业中，对就业增长总量及就业增速影响大的行业从小类细分行业的就业数量占就业总量的比例进行选择有如下行业：

28 教育服务业；

26 专业、科学及技术服务业；

31 住宿及饮食服务业；

27 公司及企业治理、废物处理与管理业；

29 健康医疗及社会救助业。

从小类细分行业的就业增长速度进行选择有如下行业：

30 艺术、休闲及娱乐业；

26 专业、科学及技术服务业；

31 住宿及饮食服务业；

29 健康医疗及社会救助业；

28 教育服务业。

从小类细分行业的就业影响因子进行选择有如下行业：

29 健康医疗及社会救助业；

31 住宿及饮食服务业；

27 公司及企业治理、废物处理与管理业；

26 专业、科学及技术服务业；

28 教育服务业。

把上述分析结果整理成表格形式，如表 4-5 所示：

表 4-5 筛选后的小类细分行业

小类细分行业 GDP 综合排序		
比例	速度	影响因子
27 公司及企业治理业、废物处理与管理业	28 教育服务业	27 公司及企业治理业、废物处理与管理业
20 联邦储备银行、信托中介及相关业	27 公司及企业治理业、废物处理与管理业	20 联邦储备银行、信托中介及相关业
29 健康医疗及社会救助业	21 证券、期货及投资业	24 房地产业
26 专业、科学及技术服务业	17 石油制品、煤制品业	29 健康医疗及社会救助业
24 房地产业	23 基金、信托及其他金融工具业	26 专业、科学及技术服务业

GDP 筛选结果：17、20、21、23、24、26、27、28、29、30

小类细分行业就业综合排序		
比例	速度	影响因子
28 教育服务业	30 艺术、休闲及娱乐业	29 健康医疗及社会救助业
26 专业、科学及技术服务业	26 专业、科学及技术服务业	31 住宿及饮食服务业
31 住宿及饮食服务业	31 住宿及饮食服务业	27 公司及企业治理、废物处理与管理业
27 公司及企业治理、废物处理与管理业	29 健康医疗及社会救助业	26 专业、科学及技术服务业
29 健康医疗及社会救助业	28 教育服务业	28 教育服务业

就业筛选结果：26、27、28、29、30、31

综合的并集结果，即要研究的小类细分行业：17、20、21、23、24、26、27、28、29、30、31

资料来源：根据前文分析结果整理。

可见，按照并集筛选，对经济总量增长和速度增长、就业总量增长和速度增长影响大的小类细分行业有 11 个，但是由于行业 31（住宿及饮食服务业）的数据不全，加之综合影响不大，因此不作研究；而且可以发现在 GDP 指标里的行业 27（公司及企业治理业）、行业 28（废物处理与管理业），在就业指标里合并成了一个行业，即行业 27（公司及企业治理、废物处理与管理业），所以，此处也做合并处理：

这样剩余为 9 个小类细分行业，分别是：

17（石油制品、煤制品业），20（联邦储备银行、信托中介及相关业），21（证券、期货及投资业），23（基金、信托及其他金融工具业），24（房地产业），26（专业、科学及技术服务业），27（公司及企业治理、废物处理与管理业），28（教育服务业），29（健康医疗及社会救助业）。

显然这 9 个小类细分行业的经济增长和就业增长大体上是同步的，但是同步性不如大类和中类细分行业。

比较对经济增长影响大的行业和对就业影响大的行业会发现，在小类细分行业中对经济影响大的行业和对就业影响大的大类行业并不一致，这种不一致性决定了本书对所列出的行业取并集后进一步研究。

根据前文分析结果，我们将对上述 9 个小类细分行业的经济增长率和就业增长率进行分析。

一、行业 GDP 增长率与就业增长率的比较

研究方法与大类、中类细分行业的研究方法相同，但截取的数据不同于对大类细分行业和中类细分行业的研究，而是取小类行业研究的数据，即以 1998~2013 年的数据为样本，对经济与就业增长率进行考察。具体情况如图 4-9 所示：

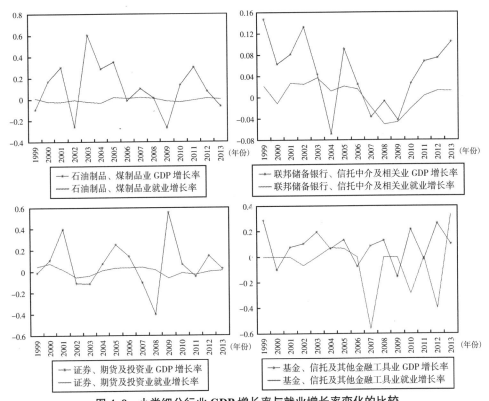

图 4-9 小类细分行业 GDP 增长率与就业增长率变化的比较

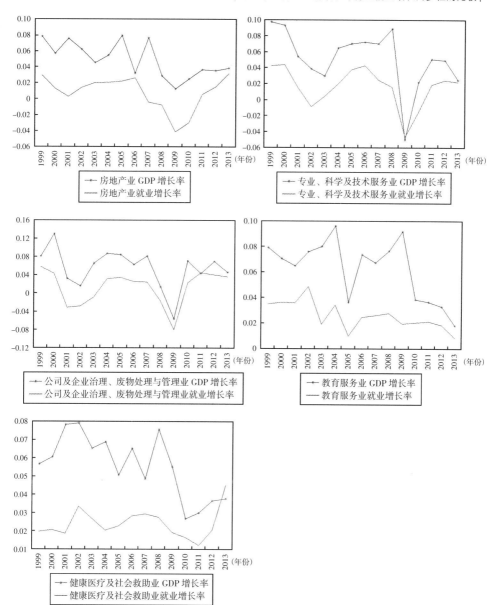

图 4-9 小类细分行业 GDP 增长率与就业增长率变化的比较（续）

图 4-9 中分别列出了 9 个小类细分行业的 GDP 增长率和就业增长率的情况。总体比较，各个小类细分行业的经济增长率高于就业增长率，且这两个指标都表现出了明显的下行趋势，都具有一定程度的同步性和滞后性，而且波动性更明显。

（1）石油制品、煤制品业的 GDP 增长率与就业增长率的比较。总体而言，石油制品、煤制品业的经济增长率和就业增长率表现出了不同的特点，经济增长明显要快于就业增长，经济增长率的变动幅度也较大，相对于经济增长率，就业增长率几乎没有变动，几乎一直在横坐标为"0"的水平线上，滞后性不明显甚至在图中没有得到体现。

（2）联邦储备银行、信托中介及相关业的 GDP 增长率与就业增长率的比较。总体上，在统计的范畴内，这两个指标表现出了明显的下行趋势，经济增长率要快于就业增长率，而且经济增率的波动幅度也要大于就业增长率的波动幅度；相对于石油制品、煤制品业的就业增长率和经济增长率，联邦储备银行、信托中介及相关业的经济增长和就业增长率表现出了一定程度的同步性；联邦储备银行、信托中介及相关业经济增长率和就业增长率的波动幅度是小类细分行业中最大的。

（3）证券、期货及投资业的 GDP 增长率与就业增长率的比较。总体而言，证券、期货及投资业的就业增长率和经济增长率在统计的范畴内表现出的特点类似于石油制品、煤制品业经济增长和就业增长的特点，经济增长明显要快于就业增长，经济增长率的变动幅度较大，相对于经济增长率，就业增长率几乎没有变动，这两个指标的差值也比较大，但相对于前面分析的两个小类细分行业，其波动幅度不大，就业增长与 GDP 增长的同步性没有在图中表现出来。

（4）基金、信托及其他金融工具业的 GDP 增长率与就业增长率的比较。基金、信托及其他金融工具业的就业增长率和经济增长率在统计的范畴内，其波动幅度要小于前面论述的 3 个小类细分行业，其经济增长也要快于就业的增长，而且经济增长与就业增长的同步性很强，滞后性表现是全部小类细分行业中最明显的，滞后期也是最长的，大概两年左右；该行业的经济增长率和就业增长率的波动频率是所有小类细分行业中最大的。

（5）房地产业的 GDP 增长率与就业增长率的比较。房地产业的就业增长率和经济增长率在考察期间内的同步性较强，而且下行趋势明显，房地产业保持了较快的增长，该行业经济增长远快于就业增长，就业增长随着 GDP 增长的特点明显，相对于经济增长，就业增长表现出了一定的滞后性；房地产业的经济增长率和就业增长率在 2009 年均达到了考察期内的最低点。

（6）专业、科学及技术服务业的 GDP 增长率与就业增长率的比较。专业、科学及技术服务业的就业增长率和经济增长率在考察期间内表现出了很强的同步性，该行业的经济增长率明显快于就业增长率，而且在 2007 年以前这两个指标基本上都是正值，且都表现了下行的趋势，并在 2009 年同时达到了统计范围内的最低值；专业、科学及技术服务业的就业增长率明显滞后于 GDP 增长率。

（7）公司及企业治理、废物处理与管理业的 GDP 增长率与就业增长率的比较。公司及企业治理、废物处理与管理业的就业增长率和经济增长率总体变化趋势类似于专业、科学及技术服务业，但相对而言波动幅度更大；该行业的这两个指标在统计的范畴内同步性明显，经济增长也是快于就业增长，但两者的差值不大，比前面分析的行业都要小；在 2009 年表现出了与之前分析的 6 个行业相同的特点，即经济增长率和就业增长率都达到了考察期内的最低点。总体而言，公司及企业治理、废物处理与管理业的 GDP 增长率与就业增长率同步性明显，就业增长滞后于经济增长的特点也是比较清晰的。

（8）教育服务业的 GDP 增长率与就业增长率的比较。教育服务业的就业增长率和经济增长率在考察期间明显区别于其他行业的特点是：第一，两个指标持续正增长，从未出现过负值，且两者差值较大；第二，该行业的两个指标都表现了明显的下行趋势，特别是在 2009 年以后一直下行没有出现回升趋势；第三，就业增长随经济增长而增长，但具有 1 年左右的滞后期。

（9）健康医疗及社会救助业的 GDP 增长率与就业增长率的比较。健康医疗及社会救助业的就业增长率和经济增长率在统计的范畴内持续正增长，且这两个指标下行趋势明显，差值是所有小类细分行业中最大的，但是差值逐渐缩小的趋势明显；在统计的范围内，健康医疗及社会救助业的 GDP 增长与就业增长同步性明显，而且相对于经济增长就业的增长具有明显的滞后性。

综合以上分析可见，在考察的期间内，除石油制品、煤制品业和证券、期货及投资业这两个小类行业外，小类细分行业的 GDP 增长率和就业增长率表现出了明显的一致性，而且就业增长滞后于经济增长，但滞后期随着行业不同而不同；小类行业的经济增长率和就业增长率下行趋势明显，且几乎所有行业（联邦储备银行、信托中介及相关业的经济增长率在 2004 年达到最低值；教育服务业的 GDP 增长率与就业增长率到 2013 年为止一直在下降）的这两个指标在 2007 年美国"次贷危机"前后都下降为统计期内的最低值。

二、行业单位 GDP 就业贡献值的比较

同前所述，单位 GDP 的就业贡献值是指 GDP 每增加若干单位拉动的就业增加或减少的数量。这里继续使用单位 GDP 的就业贡献来衡量小类细分行业经济增长与就业增长的关系。

分别看一下 9 个小类细分行业的单位 GDP 就业贡献值，如表 4-6 所示。

表 4-6　小类细分行业百万美元 GDP 的就业贡献

单位：人

年份	石油制品、煤制品业	联邦储备银行、信托中介及相关业	证券、期货及投资业	基金、信托及其他金融工具业	房地产业	专业、科学及技术服务业	公司及企业治理、废物处理与管理业	教育服务业	健康医疗及社会救助业
1998	2	10	7	1	1	9	27	31	23
1999	3	8	7	1	1	9	26	30	23
2000	2	8	7	1	1	9	24	29	22
2001	2	7	5	1	1	8	23	28	21
2002	2	7	5	1	1	8	22	27	20
2003	1	7	6	1	1	8	20	26	19
2004	1	7	5	1	1	7	19	24	18
2005	1	7	4	1	1	7	18	24	18
2006	1	7	4	1	1	7	18	23	17
2007	1	7	5	0	1	7	17	22	17
2008	1	7	8	0	1	6	16	21	16
2009	1	7	5	0	1	6	16	19	15
2010	1	6	4	0	1	6	15	19	15
2011	1	6	5	0	1	6	15	19	15
2012	1	6	4	0	1	6	15	19	15
2013	1	5	4	0	1	6	15	18	15
均值	1	7	5	1	1	7	19	24	18

资料来源：根据原始数据求得，原始数据出自美国商务部经济分析局，http://www.bea.gov。

　　总体上看，显然在考察期间内不考虑价格因素的影响，除房地产业外，各个小类细分行业单位 GDP 的就业贡献都在下降，服务业下降最为明显，但基数也最大。2013 年，基金、信托及其他金融工具业百万美元 GDP 的就业为 0 人，为行业最低；教育服务业百万美元 GDP 的就业人数为 18 人，为行业最高。可见，各个小类细分行业百万美元 GDP 就业贡献差别很大。

　　按大类行业来看，其中各个小类服务业的百万美元 GDP 就业贡献是最大的，其次是金融、保险及房地产业，最后是制造业。

　　在考察期间内，把历年各个小类细分行业百万美元 GDP 就业人数的均值按照从少到多的顺序排列：

　　基金、信托及其他金融工具业 1 人，房地产业 1 人，石油制品、煤制品业 1 人，证券、期货及投资业 5 人，联邦储备银行、信托中介及相关业 7 人，专业、科学及技术服务业 7 人，健康医疗及社会救助业 18 人，公司及企业治理、废物处理与管理业 19 人，教育服务业 24 人。

　　可以看出，在小类行业中经济增长拉动就业明显的行业基本是劳动密集型的服务行业，首先是教育服务业，其次是公司及企业治理、废物处理与管理业，健康医疗及社会救助业；而经济增长拉动就业不明显的基本是非劳动密集型或者资本或技术密集型的行业，首先是基金、信托及其他金融工具业，其次是房地产业，石油制品、煤制品业。其中，石油制品、煤制品业源于大类细分行业的制造业和中类细分行业的耐用品制造业，但该行业并没有表现出类似于大类、中类细分行业的特点，即制造业类的行业由劳动密集型向非劳动密集型转换，而是直接表现出了非劳动密集型的特征，除了小类行业就业弹性自身特点外，这与小类细分行业考察周期比较短也有一定关系。

　　可见，在小类细分行业中，服务业百万美元 GDP 拉动就业的作用明显，换句话说，服务业 GDP 的增长将会带动就业的增长，这两个指标的增长表现出了一定程度的一致性，但不如大类、中类细分行业明显。

　　为了清楚地表现行业 GDP 的就业贡献，1998~2013 年各个小类细分行业百万美元 GDP 的就业拉动人数的变化趋势，画其趋势图如图 4-10 所示：

　　图 4-10 中的曲线左端点是 1998 年百万美元 GDP 就业数值，右端点是 2013 年百万美元 GDP 就业数值。可以看出，曲线清楚地表现了 9 个小类细分行业 GDP 增长的就业贡献值，总体上看，除房地产业以外，各个行业该指标都表现出了下降的趋势，并且下降的差异化十分明显。

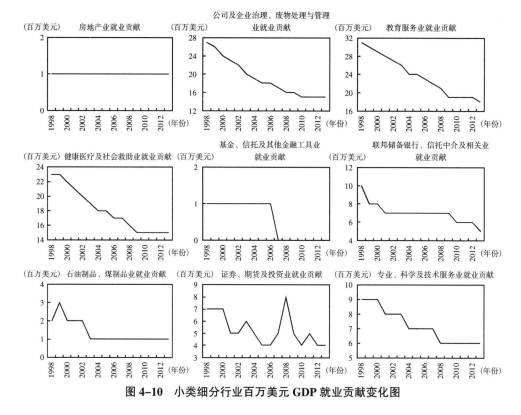

图4-10 小类细分行业百万美元GDP就业贡献变化图

总体而言，在所考察的1998~2013年，如果不考虑价格因素，各个大类细分行业的单位GDP贡献率在持续下降，而且下降趋势越来越明显。

分行业来看：

（1）房地产业百万美元GDP拉动就业是1人，在考察期间内始终是1人，表明其经济增长拉动就业的值在考察期间内是恒定的，曲线是截距为1的直线。

（2）公司及企业治理、废物处理与管理业就业贡献是19人，其GDP增长拉动就业增长的作用明显，仅次于教育服务业，其曲线几乎是沿着45度线平缓下行。

（3）教育服务业的就业贡献是24人，是全行业最多的，可见该行业是拉动就业增长的主要行业，其曲线也是沿着45度线下降，但降幅要大于公司及企业治理、废物处理与管理业。

（4）健康医疗及社会救助业就业贡献是18人，也是拉动就业增长的主要小类细分行业之一，曲线下行至2007年后呈水平状，即就业贡献值不再下降。

（5）基金、信托及其他金融工具业就业贡献是 1 人，但 2006 年以后降为 0，曲线也就分为了截距为 1 和截距为 0 的 2 段水平线组成的折曲线。

（6）联邦储备银行、信托中介及相关业就业贡献是 7 人，是金融保险业里就业贡献最大的小类行业，曲线总趋势下行，但 2001~2009 年为水平线，此后继续下降。

（7）石油制品、煤制品业就业贡献是 1 人，2003 年之前在 2 人和 3 人间波动，2003~2013 年一直为 1 人，曲线也相应表现为折线和水平线的结合。

（8）证券、期货及投资业就业贡献是 5 人，是所有小类行业中就业贡献波动最大的，指标一直下降，但 2008 年大幅上升至所统计期间的最高值 8 人，然后又开始下降，曲线的波动幅度较大。

（9）专业、科学及技术服务业的就业贡献是 7 人，是服务业里面贡献较低行业，曲线表现为明显的阶梯状下降。

由图 4-10 可见，曲线左右两个端点处数值都比较大的是教育服务业，公司及企业治理、废物处理与管理业，健康医疗及社会救助业，说明这三个行业是劳动密集型的服务行业，也表明该行业单位 GDP 就业贡献值比较大；而曲线左右两个端点处数值都比较小的是基金、信托及其他金融工具业，房地产业，石油制品、煤制品业，表明了这三个行业属于非劳动密集型或者资本或技术密集型行业，也说明其单位 GDP 就业贡献值比较小；其中比较特殊的是房地产业，左侧端点处数值和右侧端点处数值一样大，说明该行业的就业贡献率在统计时间内没有变化；而类似于大类、中类细分行业的制造业类行业的劳动密集型向非劳动密集型转换的属性并没有出现，该行业直接表现出了非劳动密集型的属性。

可见，在考察期间内，美国小类细分行业的单位 GDP 就业人数在持续下降，但相对于大类和中类细分行业而言，下降幅度不大，据此判断，随着其经济的发展，美国传统工业行业经济增长的就业效应总体在削弱，服务业的 GDP 增长正在成为拉动就业的主要力量。

三、行业经济增长的就业弹性比较

方法同上，在此仍然用单位 GDP 的变动量所拉动的就业变动量的大小来表示小类细分行业经济增长的就业弹性，据此求出弹性值，如表 4-7 所示。

表 4-7 小类细分行业经济增长的就业弹性

单位：%

年份	石油制品、煤制品业	联邦储备银行、信托中介及相关业	证券、期货及投资业	基金、信托及其他金融工具业	房地产业	专业、科学及技术服务业	公司及企业治理、废物处理与管理业	教育服务业	健康医疗及社会救助业
1999	-8.30	14.33	-424.81	0.00	37.80	43.21	71.63	44.27	34.88
2000	-14.48	-18.31	70.62	0.00	22.70	47.02	33.12	51.49	34.23
2001	-8.24	32.92	4.48	0.00	3.75	27.67	-95.64	55.29	24.00
2002	3.27	18.51	49.35	-64.65	22.82	-22.85	-177.62	64.08	42.41
2003	-4.24	84.00	34.10	0.00	44.74	14.32	-12.74	24.13	41.15
2004	-12.24	-17.07	15.87	110.95	37.48	30.54	36.33	35.68	29.77
2005	5.19	22.61	13.70	49.83	27.82	53.40	40.61	28.05	44.93
2006	-68.80	61.35	25.52	0.00	81.88	59.12	40.77	33.63	43.34
2007	17.69	50.08	-41.02	-665.68	-5.01	35.04	30.06	38.87	60.44
2008	73.67	703.56	-3.98	0.00	-26.77	17.92	-117.80	36.40	36.50
2009	6.41	108.24	-10.93	0.00	-329.40	92.95	142.92	21.44	34.95
2010	-19.63	-76.89	-17.97	-132.54	-119.26	-72.34	32.44	53.39	61.78
2011	-2.99	4.05	59.24	15.22	36.67	103.59	58.48	40.92
2012	12.28	16.78	-0.79	-152.50	42.94	48.97	57.71	56.17	56.12
2013	0.00	11.38	36.46	330.39	83.03	89.19	79.24	47.22	120.10

资料来源：根据原始数据求得，原始数据出自美国商务部经济分析局，http://www.bea.gov。

表 4-7 中呈现了 1999~2013 年各个小类细分行业经济增长的就业弹性的变化特点。其中各个行业个别年份（经济危机或金融危机除外）出现的极大或极小突变点是计算造成的，不是真实经济自身特点的反映。

总体而言，小类细分行业经济增长的就业弹性最大的特点就是波动性较大，而且各个小类细分行业波动显著差异；相对于大类细分行业和中类细分行业而言，最大的差异是：由于考察周期短，小类细分行业经济增长的就业弹性波动更大，弹性的正值更多。

（1）石油制品、煤制品业 GDP 增长的就业弹性。石油制品、煤制品业 GDP 增长的就业弹性在考察时间范围内负值居多，波动较大，但是趋势平稳，2006 年下降到最低点，到 2008 年又升到了最高点；从数值上看，石油制品、煤制品业 GDP 增长的就业弹性不大。

（2）联邦储备银行、信托中介及相关业 GDP 增长的就业弹性。该行业的就业弹性有明显特点：联邦储备银行、信托中介及相关业 GDP 增长的就业弹性是所有小类细分行业中波动最平稳的，除了 2008 年有一个正的突变点外，其余年份的波动幅度都不大。

（3）基金、信托及其他金融工具业 GDP 增长的就业弹性。基金、信托及其他金融工具业 GDP 增长的就业弹性相对于其他小类细分行业波动幅度较大。在 2007 年以后波动幅度较大，与其他行业相比较，突升突降的特点明显。总体上，经济增长的就业弹性是负值。

（4）房地产业 GDP 增长的就业弹性。房地产业 GDP 增长的就业弹性也是较为平缓的，平缓程度仅次于证券、期货及投资业；从数值上看，除了 2007 年开始连续 4 年出现异常负值，其余时间都保持了平稳较大弹性的状态；联系其异常值的经济背景，美国次贷危机的影响可见一斑。

（5）专业、科学及技术服务业 GDP 增长的就业弹性。专业、科学及技术服务业 GDP 增长的就业弹性整体上表现出明显的正值，即该行业的经济增长与就业是明显的正相关关系。专业、科学及技术服务业 GDP 增长的就业弹性除了在 2002 年和 2010 年出现了两个异常低负值外其余年份的就业弹性都较高；从数值上看，经济增长的就业弹性，除上述两个异常点外都是正值。

（6）教育服务业 GDP 增长的就业弹性。教育服务业 GDP 增长的就业弹性的明显特点：第一，波动幅度是整个小类细分行业中最大的；第二，增长的就业弹性是所有小类行业中所有年度都是正值的两个行业之一；第三，经济增长的就业弹性始终在 0.4 左右，而且趋势是稳定的。

（7）健康医疗及社会救助业 GDP 增长的就业弹性。健康医疗及社会救助业 GDP 增长的就业弹性是统计范围内所有小类细分行业中，全部年度增长的就业弹性都表现为正值的两个行业之一，而且其弹性是所有小类细分行业中最大的，也是所有小类细分行业中唯一的就业弹性表现出明显上行趋势的行业。

（8）证券、期货及投资业 GDP 增长的就业弹性。证券、期货及投资业 GDP 增长的就业弹性的波动也是比较平稳的，平稳度与联邦储备银行、信托中介及相关业 GDP 增长的就业弹性相似，除了 1999 年出现的一个异常低值外，2000 年开始平稳波动，直至 2007 年又出现一个异常低值，然后又恢复平稳增长，经济增长的整体就业弹性是正的。

（9）公司及企业治理、废物处理与管理业 GDP 增长的就业弹性。公司及企业治理、废物处理与管理业 GDP 增长的就业弹性总体是正值，除

2001 年、2002 年、2008 年出现了 3 个异常低值外，增长的就业弹性都是平稳的，且趋势是上升的。

为了更清楚地分析小类细分行业经济增长的就业弹性的变化特点，画出各个小类细分行业就业弹性的曲线，如图 4-11 所示。

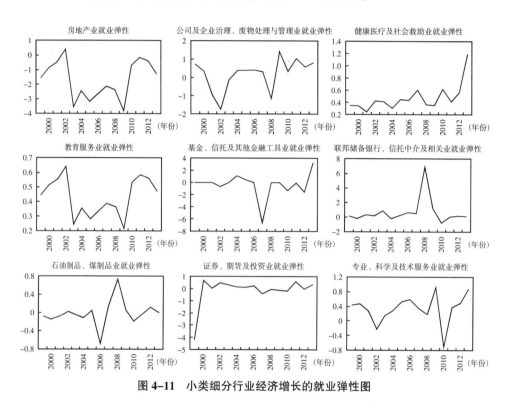

图 4-11　小类细分行业经济增长的就业弹性图

从图 4-11 中可以看出，在所考察的范围内各个小类细分行业的就业弹性是不同的，波动情况也不一致，相对于大类细分行业和中类细分行业而言，小类细分行业的考察时间周期短，所以图形上表现出曲线波动幅度较大的特点，而实际上与前两类行业的就业弹性相比，小类行业的弹性反而更为稳定，由于经济基数小，弹性的变化幅度也相对小。

图 4-11 中各个小类细分行业的就业弹性的变化清晰可见。

从时间上看，在数值上，1999~2013 年各个小类细分行业经济增长的就业弹性变化不大；随时间变化波动幅度较大的是石油制品、煤制品业，房地产业，专业、科学及技术服务业，教育服务业，公司及企业治理、废物处理与管理业 5 个行业；随时间变化波动较为平稳的小类细分行业是联邦储备银行、信托中介及相关业，基金、信托及其他金融工具业，健康医疗及社会救助业，证券、期货及投资业 4 个行业。其中，健康医疗及社会救助业，教育服务业，公司及企业治理、废物处理与管理业这 3 个行业的就业弹性有明显的上升趋势，尤其是健康医疗及社会救助业，在考察期间内的就业弹性持续上升。

从波动的频率看，各个小类细分行业中就业弹性变化频率最高的，波动最频繁的是健康医疗及社会救助业，但是其波动幅度不大，基本在 0.2~0.4 内波动，而且表现了整个小类行业中最明显的上升趋势；而证券、期货及投资业是全行业就业弹性波动幅度最小的，从 2000 年开始基本是在 0 水平线上浮动。

可见，1999~2013 年，小类细分行业经济增长的就业弹性变化不大，其中房地产业，健康医疗及社会救助业，证券、期货及投资业，联邦储备银行、信托中介及相关业的就业弹性曲线表现出了明显的水平趋势，尤其是健康医疗及社会救助业的就业弹性表现出了水平上升的趋势；而其他小类细分行业的就业弹性虽然波动较大但趋势仍然是水平的。所以，就业弹性曲线特征表明，长期内小类细分行业的经济增长和就业增长是趋于一致的，但是趋势没有大类、中类细分行业那样明显。

总体而言，在考察的时间范围内，各个小类细分行业经济增长的就业弹性虽有波动但是幅度不大，长期变化趋势不大，即小类细分行业经济增长与就业增长具有一定的同步性。

第四节　本章小结

通过比较大类、中类和小类细分行业经济增长率和就业增长率、单位 GDP 就业贡献、就业弹性，表明总体上经济增长与就业增长是同步的，但具体行业的同步程度是有差别的。研究结果表明，服务业类的大类、中类、小类行业的经济增长拉动就业效果最明显，即服务业经济增长与就业增长的同步性最强。

通过本书研究可以看到，美国行业经济增长拉动行业就业的关系，与联合国开发署对经济增长率和就业增长率的关系划分[①] 基本一致，但有所差别，差别主要体现在，美国行业经济增长拉动就业主要表现为以下四种类型：高经济增长、高就业机会型，高经济增长、低就业或无就业机会型，低经济增长、就业机会下降型，高经济增长、就业机会下降型。而经济增长率下降、就业机会有所扩大型在各类行业中表现不明显，其中美国特有的一个类型——高经济增长、就业机会下降型体现了美国行业经济增长与行业就业关系的特点。

研究表明，如果不考虑经济危机的影响，无论是大类细分行业还是中类细分行业抑或小类细分行业，其就业的变动和经济增长的变动具有一定的同步性；其中大类、中类、小类的服务业相关行业经济增长与行业就业的关系最为同步，属于"高经济增长、高就业机会型"；大类、中类、小类的金融、保险及房地产业经济增长与行业就业的关系同步性次之，属于"高经济增长、就业机会下降型"；大类、中类、小类的制造业相关行业经济增长与就业之间的同步关系一般，属于"高经济增长、低就业或无就业型"；大类、中类、小类的农业、采矿业、建筑业等相关行业经济增长与就业之间的同步关系最不明显，属于"低经济增长、就业机会下降型"。这里金融、保险及房地产等相关行业被本书划分为"高经济增长、就业机会下降型"，这一点体现了美国行业经济增长与行业就业增长的特点，是联合国划分的关于经济增长与就业关系类型中所没有体现的。

从行业属性看，单位 GDP 就业贡献值表明了：金融、保险及房地产及细分行业、采矿业是资本密集型的行业，其经济增长的就业贡献比较小，经济增长与就业增长的同步性比较弱；而服务业是典型的劳动密集型行业，零售业和建筑业及细分行业也是劳动密集型行业，其经济增长的就业贡献比较大，经济增长与就业增长同步性比较强。也就是说如果从行业属性看，劳动密集型行业，即服务业，经济增长拉动就业贡献大，二者之间同步性强；而资本或技术密集型行业，即金融、保险及房地产业，经济增长拉动就业增长贡献比较小，二者同步性弱。

---

① 联合国开发署根据经济增长率和就业增长率的关系，把增长与就业的关系划分为四种类型：高经济增长、高就业机会型；高经济增长、低就业或无就业型；低经济增长、就业机会下降型；经济增长率下降、就业机会有所扩大型，具体见表 3-1。

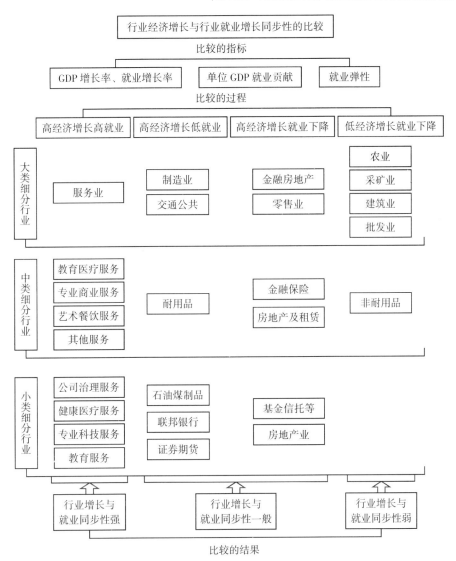

图 4-12 本章结构的逻辑关系图

第五章 行业经济增长拉动就业增长的理论分析

前文分层次阐述了美国各个层级不同行业经济增长和就业增长的事实，呈现了美国大类、中类、小类细分行业经济增长与就业增长的特点，比较分析了不同行业经济增长对就业的拉动作用，并证实了这种拉动作用的行业差异，但并没有从理论上刻画关于经济增长拉动就业的数量关系及变化，所以下文将对此做进一步研究。

第一节 模型构建理论依据

从前文分析中可知，美国各个行业 GDP 与其拉动的就业人数没有必然的对应关系，无论对于大类细分行业、中类细分行业还是小类细分行业，经济增长和就业增长所倚重的行业并不相同，而且随着时间的变化各个行业拉动就业的人数在变化；就单个行业单位 GDP 所拉动就业人数而言是下降的，但是就全部行业而言经济增长与就业关系长期内是均衡的，即没有出现大幅度的长期失业，这就形成了一种悖论，因此下文将对此进行理论解释。

一、模型的前提

前文分析的关于经济增长和就业增长的事实表明，就业增长和经济增长具有一定的同步性，也就是说，就全行业总体而言经济增长一定程度上能够拉动就业的增长，那么如何衡量这种拉动作用的大小呢？拉动就业的作用机制会受到哪些因素的影响？这样需要从理论上进一步探讨。

二、模型的假设

1. 投入的要素

由于要考察的是经济增长对就业的拉动作用，所以基于传统理论的假设，从投入产出开始分析，产出是 Y，投入的要素是资本 K 和劳动 L，由于各个行业单位 GDP 就业数量在减少，所以假设投入的要素可以相互替代，并按照可变的比例组合，依据前文行业增长与就业的事实，假设各个行业投入的资本数额与该行业占经济总量比不存在某种固定的关系。

2. 技术进步

在此假设技术进步是中性的，不考虑是希克斯中性、索洛中性还是哈罗德中性；也就是说在资本与劳动力投入比不变的情况下，当技术发生变化时，资本边际产出与劳动力边际产出的比例保持不变，所以把技术看作是影响就业的一个因素，除了资本和劳动还有技术也影响产出，而其他因素归为常数，不考虑"全要素"生产率。

3. 生产规模

一般而言，在柯布—道格拉斯生产函数和索洛增长方程中，假设规模收益不变，即 $\alpha + \beta = 1$，也就是说生产的单位成本不会随着规模的变化而改变，资本 K 和劳动 L 这两个要素的权重相加为 1，但各自权重大小不确定。

4. 相关性

由于本书要考察的是行业经济增长与行业就业问题，所以依据经验事实认为两者之间具有相关性，但不同层级的行业其相关程度不同；当然与就业相关的还有技术因素、资本因素等，而其他因素暂不考虑，均设为常数，根据研究目标，后文将对各个要素进行合并。

5. 行业性

行业性指的是行业之间的差异性，不同类别的行业经济增长拉动就业的作用不同，相同类别的不同行业经济增长拉动就业的作用也是不同的。

6. 经济条件

根据前文分析，大类、中类、小类细分行业中的每个行业提供的产品是差异化的，因此假设经济处于垄断竞争状态，生产要素的使用是充分的，那么要素边际报酬是递减的。

第二节 模型的相关概念及推导

一、一个行业的模型

本书讨论行业的经济增长拉动就业问题时，首先讨论一个行业的情况，并且从与本书研究目标贴近的、比较容易入手的柯布—道格拉斯生产函数开始，具体如下：

柯布—道格拉斯生产函数：

$$Y = AK^{\alpha}L^{\beta} \tag{5-1}$$

其中，Y 是 GDP 增量，A 代表技术进步，K 代表资本投入，L 代表就业，α 代表资本的产出弹性，β 代表劳动的产出弹性；在此把技术进步看作是资本投入的系数，因为技术进步程度和投入研发的资本数量正相关。

首先假设：

大类、中类、小类细分行业中的每个行业都是由不同厂商构成的。

那么，根据本书研究目的，要把 L 表示成 Y 的函数，所以假设行业厂商的利润函数如下：

$$\pi = PY - wL - rK \tag{5-2}$$

其中，P 代表行业产品的价格，w 代表该行业的工资水平，r 代表该行业投入资本的利息。

把式（5-1）代入式（5-2），根据厂商利润最大化的"一阶条件"得：

$$w = P \cdot MP_L = \beta APK^{\alpha}L^{\beta-1} \tag{5-3}$$

$$r = P \cdot MP_k = \alpha APK^{\alpha-1}L^{\beta} \tag{5-4}$$

然后，把式（5-3）和式（5-4），组成方程组可求 K：

$$K = \frac{\alpha L}{\beta} \cdot \frac{w}{r} \tag{5-5}$$

把式（5-5）代入式（5-1）得到：

$$Y = A\left(\frac{\alpha L}{\beta} \cdot \frac{w}{r}\right)^{\alpha} L^{\beta} \tag{5-6}$$

然后，按照索洛增长模型的推导方法，对式（5-6）两边同时取对数，可以得到就业 L 的表达式：

$$\ln L = \theta_0 + \theta_1 \ln A + \theta_2 \ln Y + \theta_3 \ln \frac{w}{r} \tag{5-7}$$

根据上述推导，

θ_0、θ_1、θ_2、θ_3 的表达式可以写成：

$$\theta_0 = -\frac{\alpha \ln \dfrac{\alpha}{\beta}}{\alpha + \beta}, \quad \theta_1 = -\frac{1}{\alpha + \beta}, \quad \theta_2 = \frac{1}{\alpha + \beta}, \quad \theta_3 = -\frac{\alpha}{\alpha + \beta}$$

通过上述表达式可以看出，就业量与经济增长 Y、工资水平 w、技术进步 A 等变量有关；由于上文已经假设技术进步是资本投入的函数，因此，上述表达式（5-7）可以写成：

$$\ln L = \theta_0 + \theta_1 \ln K + \theta_2 \ln Y + \theta_3 \ln \frac{w}{r} \tag{5-8}$$

需要说明的是，由于本书讨论的是经济增长拉动就业的单向关系，因此不考虑就业的变动对经济增长的影响。

技术进步是影响就业的另一个因素，因为美国科学技术水平和开放程度都比较高，所以假设各个行业享受技术进步的机会是均等的，或者说技术进步的增长与行业经济增长是同步的。也就是说各个行业的资本边际投入应该等于各个行业的资本边际产出。

换言之，因为技术进步源自资本的大量投入，在利润最大化的条件下，如果技术进步的机会均等，那么各个行业资本的边际投入也应该是相等的。

即应该存在：

$k_t = k_{i,t} = k_{m,t}$

下面对此进行证明。

此处证明的是多个行业 t 时期的情况，这样后面讨论多行业时，就不再进行证明了。

变量的含义同上，其中 k_{Nt}（$N = 1$，…，i，m）表示资本投入量。

现证明如下：

令 $Y_{i,t} = A_{i,t} F(K_{i,t}, L_{i,t}) = A_{i,t} K_{i,t}^{\alpha} L_{i,t}^{1-\alpha}$，$f(k_{i,t}) = f\left(\dfrac{K_{i,t}}{L_{i,t}}\right) = \left(\dfrac{K_{i,t}}{L_{i,t}}\right)^{\alpha} = k_{i,t}^{\alpha}$，

则，$F_{k,t}^{i} = A_{i,t} \alpha \left(\dfrac{K_{i,t}}{L_{i,t}}\right)^{\alpha-1} = A_{i,t} f'(k_{i,t})$。

$$F_{N,t}^i = A_{i,t}(1-\alpha)\left(\frac{K_{i,t}}{L_{i,t}}\right)^\alpha = A_{i,t}\left[\left(\frac{K_{i,t}}{L_{i,t}}\right)^\alpha - \alpha\frac{K_{i,t}}{L_{i,t}}\left(\frac{K_{i,t}}{L_{i,t}}\right)^{\alpha-1}\right]$$

$$= A_{i,t}\left[k_{i,t}^{\alpha} - k_{i,t}f'(k_{i,t})\right]$$

因此，$\dfrac{F_{L,t}^i}{F_{K,t}^i} = \dfrac{A_{i,t}\left[k_{i,t}^{\alpha} - k_{i,t}f'(k_{i,t})\right]}{A_{i,t}f'(k_{i,t})} = \dfrac{k_{i,t}^{\alpha} - k_{i,t}f'(k_{i,t})}{f'(k_{i,t})}$ 为 $k_{i,t}$ 的单调递增函数。

这样，由 $\dfrac{v_{i,t}}{v_{m,t}} = \dfrac{F_{K,t}^m}{F_{K,t}^i} = \dfrac{F_{L,t}^m}{F_{L,t}^i}$ 可知，

对于 $i = 1,\cdots,m-1$，$\dfrac{F_{K,t}^i}{F_{L,t}^i} = \dfrac{F_{K,t}^m}{F_{L,t}^m}$ 有唯一的解，而且所有的解都是相等的，所以，对于 $i = 1,\cdots,m-1$，有 $k_{i,t} = k_{m,t}$，代入 $\displaystyle\sum_{i=1}^{m} n_{i,t}k_{i,t} = k_t$ 有 $k_{i,t} = k_{m,t} = k_t$。

因此，$\dfrac{p_{i,t}}{p_{m,t}} = \dfrac{v_{i,t}}{v_{m,t}} = \dfrac{F_{K,t}^m}{F_{K,t}^i} = \dfrac{A_{m,t}\alpha\left(\dfrac{K_{m,t}}{L_{m,t}}\right)^{\alpha-1}}{A_{i,t}\alpha\left(\dfrac{K_{i,t}}{L_{i,t}}\right)^{\alpha-1}} = \dfrac{A_{m,t}\alpha k_{m,t}^{\alpha-1}}{A_{i,t}\alpha k_{i,t}^{\alpha-1}} = \dfrac{A_{m,t}}{A_{i,t}}$。

综上，有 $k_t = k_{i,t} = k_{m,t}$。

即各个大类、中类、小类细分行业中的每个行业资本的边际投入相等。对工资资本等影响因素进行处理后，表达式（5-8）就可以写成：

$$\ln L = \theta_0 + \theta_1 \ln Y + \phi \tag{5-9}$$

根据本书研究需要，重写表达式为：

$$\ln L = \theta_0 + \theta_1 \ln GDP + \phi \tag{5-10}$$

由此，便得出了本书所需要的式（5-10），即一个行业的就业关于经济增长的具体表达式。

此处需要说明的是，各个行业资本的投入机会是均等的，并不代表各个行业资本投入的实际水平一定相等。

二、多个行业的模型

上述得出了在一个行业内，经济增长拉动就业关系的表达式，但由于本书主要研究的是大类细分行业、中类细分行业、小类细分行业 3 个类别的多个行业的经济增长和就业的关系，因此，下面在多行业的框架下讨论

经济增长拉动就业的问题。

由于本书研究内容涉及到很多行业，包括大类、中类、小类 3 个行业类别 26 个主要行业，所以在此采用投入系数矩阵来分析经济增长对就业的拉动作用。

对于和前文不同的假设将做说明，否则遵循前文假设。

虽然本书研究的范围涉及大类、中类、小类 3 个层次的行业，但由于每个层次所包含的行业具有同质性，而且都是考察经济增长对就业的拉动作用，所以无论是大类细分行业还是中类细分行业抑或是小类细分行业都可以用相同的投入系数矩阵表示，因此，可以直接写出行业投入的系数矩阵：

$$A = (a_{LY}, a_{KY}) \tag{5-11}$$

其中，a_{LY} 表示单位 GDP 能够拉动的就业量，a_{KY} 表示单位 GDP 需要的资本数量。如果把 A 展开可得：

$$A = \begin{bmatrix} a_{ij} \end{bmatrix} \begin{bmatrix} i = 1, 2, \cdots, m \\ j = 1, 2, \cdots, n \end{bmatrix}$$

进一步展开可得，

$$A = \begin{bmatrix} a_{11} & a_{12} & \cdots & a_{1n} \\ a_{21} & a_{22} & \cdots & a_{2n} \\ \vdots & \vdots & \ddots & \vdots \\ a_{m1} & a_{m2} & \cdots & a_{mn} \end{bmatrix} = \sum_{j=1}^{n} a_{1j} A_{1j} = \sum_{j=1}^{n} a_{1j} (-1)^{i+j} M_{1j}$$

可见，系数矩阵可以把各个年度，各个层次的不同类别的多个行业就业与经济增长的关系直接表现出来。

为了表达简洁，在后文的分析中采用式（5-11）的形式。

首先，讨论影响投入矩阵系数的一些因素：

一是技术。同前文假设，技术是资本 K 的正相关函数，即技术产出随着资本投入增加而增加，随着资本投入减少而下降；由于前文已经假设技术与资本是可以相互替代的，所以 a_{LY} 变小，表示资本投入增加引起的技术进步替代了劳动投入，进而 a_{KY} 会变大；a_{LY} 变大，表示资本投入减少引起劳动投入替代了技术进步投入，进而 a_{KY} 会变小。

二是规模。规模影响着投入系数的大小，若是规模报酬递增，产出的增加将大于投入的增加；若是规模报酬递减，产出的增加将小于投入的增加；如果规模报酬不变，产出的增加将等于投入的增加。

三是价格。对于价格问题，讨论一个行业经济增长拉动就业时已经涉及，但此处稍有不同；为了方便研究，假设多行业投入系数是要素价格的"零次齐次"函数，即要素价格是同比例升降的，变化时并不改变投入矩阵系数。

四是其他行业产出。由于本书研究的三个层次的行业各自都包含了多个小行业，所以一个行业的就业增长不仅受到本行业 GDP 增长的影响，也会受到其他行业 GDP 增长的影响，这里用 S 表示其他行业。

这样可以把一个行业生产的一种产品 a_i 表示为：

$$a_i(y, r, t, w, h), i = L, K, S \tag{5-12}$$

其中，y 表示 GDP，r 表示资本收入，t 表示资本投入与技术进步的参数，w 表示工资，h 表示其他行业经济增长对本行业就业的影响参数。

据此，可以写出单位 GDP 投入的成本函数：

$$c = c(y, r, t, w, h) = wa_L + ra_K + ha_S \tag{5-13}$$

根据式（5-13），可以得出：

$$a_L = \frac{\partial c}{\partial w} = \frac{L}{Y} \tag{5-14}$$

$$a_K = \frac{\partial c}{\partial r} = \frac{K}{Y} \tag{5-15}$$

$$a_S = \frac{\partial c}{\partial h} = \frac{S}{Y} \tag{5-16}$$

这样，投入要素与 GDP 之间的关系被表示出来，包括本书要分析的就业。

在此，本书采用分—总的分析方法，即首先逐一分析所有影响就业的因素，然后再把这些因素全部归总为经济增长这一个因素，进而只研究行业经济增长拉动行业就业的问题。

为了分析影响就业增长的各个因素，就要分析行业产出量变化率的影响因素和行业中单位产出量变化率的影响因素；要分析行业产出量变化率，就要分析影响行业产出量的行业成本变化率，进而就要对影响成本的因素：劳动量、资本量、其他行业增长量这 3 个因素进行分析，而其他行业增长量变化也是通过劳动量和资本量这两个要素实现的，所以只分析劳动量与资本量的变化即可。

1. 分析影响行业单位产出投入劳动量，以及影响行业单位产出投入资本量的因素

首先，分析影响单位产出投入劳动量的因素。

由于劳动是经济增长过程中一个主要的生产要素，要分析经济增长的就业拉动作用，必须把劳动作为一个投入要素进行分析。

对式（5-14）进行全微分，可以得出单位产量所需劳动力变化的影响因素，以及单位产量所需资本变化的影响因素。

劳动力投入系数的变化可以表示为：da_L/a_L。

对式（5-14）进行全微分后，两边都同时除以 a_L，可得方程：

$$\frac{da_L}{a_L} = \frac{1}{a_L}\frac{\partial^2 c}{\partial w^2}dw + \frac{1}{a_L}\frac{\partial^2 c}{\partial w \partial t}dr + \frac{1}{a_L}\frac{\partial^2 c}{\partial w \partial t}dt + \frac{1}{a_L}\frac{\partial^2 c}{\partial w \partial y}dy + \frac{1}{a_L}\frac{\partial^2 c}{\partial w \partial h}dh$$

$$(5-17)$$

因为已经假设投入系数是要素价格的"零次齐次"方程，根据欧拉方程可以得到：

$$\frac{\partial^2 c}{\partial w^2}dw = -\frac{r}{w}\frac{\partial^2 c}{\partial w \partial r \partial h}dr \qquad (5-18)$$

用 σ 表示替代弹性，则根据替代弹性的定义可以得到：

$$\sigma_{all} = \frac{c \times (\partial^2 c/\partial w \partial r \partial h)}{(\partial c/\partial w)(\partial c/\partial r)(\partial c/\partial h)} \qquad (5-19)$$

现在只是考察资本投入与劳动就业之间的关系，所以假设其他行业GDP增长对本行业就业的影响不变，即不考虑交叉弹性，则有

$$\sigma = \frac{c \times (\partial^2 c/\partial w \partial r)}{(\partial c/\partial w)(\partial c/\partial r)}$$

σ 表示产出量不发生变化时，技术替代率比率变动 1%，要素比率变动百分之几。

把欧拉方程与替代弹性 σ 的表达式代入式（5-17），并作恒等变换，可以把式（5-17）的前两项合到一起，即

$$-\sigma\theta_K\left(\frac{dw}{w} - \frac{dr}{r}\right)$$

其中，θ_K 表示资本要素占总成本的份额。

同理，θ_L 表示劳动要素占总成本的份额。

由于假设投入的要素有资本和劳动两种，那么有：

$$\theta_K + \theta_L = 1$$

把式（5-17）中的第三项，经过恒等变换为：

$$\frac{1}{a_L}\frac{\partial a_L}{\partial t}dt$$

经济含义是技术变动所引起的投入系数的变动。

根据经济事实以及前文假设，技术进步一般会对劳动投入产生一个替代效应，即技术的使用是减少劳动投入的。

所以有，$b_L = -\frac{1}{a_L}\frac{\partial a_L}{\partial t}dt$。

同理，由于 $a_L = \frac{\partial c}{\partial w}$，将式（5-17）中的第四项，经过恒等变换为：

$\frac{1}{a_L}\frac{\partial a_L}{\partial y}dy$，经济含义是生产规模变动所引起的投入系数的变动；将式（5-17）

中的第五项，经过恒等变换为：$\frac{1}{a_L}\frac{\partial a_L}{\partial h}dh$，经济含义是其他行业经济变动

所引起的投入系数的变动。

又由于 $\varphi_L = \frac{1}{a_L}\frac{\partial a_L}{\partial t}dt$，这样式（5-17）经过恒等变形变换为：

$$\frac{da_L}{a_L} = -\sigma\theta_L\left(\frac{dw}{w} - \frac{dr}{r}\right) - b_L + \varphi_L + \phi_L \tag{5-20}$$

式（5-20）表明某行业的单位产出量所需要的劳动量受到以下因素影响：

一是资本对劳动的替代弹性；

二是资本所占总成本的份额；

三是技术进步变动引起的投入系数变动的比率；

四是生产规模变动引起的投入系数的变动；

五是其他行业经济增长的变动引起的本行业就业的变动。

其中需要说明的是，不同于技术进步对劳动就业的影响，基于经济事实就可以观察到其负相关关系；其他行业经济增长对本行业就业的影响 ϕ_L 可以是负值，也可以是正值，具体要通过表达式中相关量的大小来判断。φ_L 是规模报酬的影响，如果规模递增，则 φ_L 大于 0；如果规模递减，则 φ_L 小于 0；如果规模不变，则 φ_L 等于 0。

其次，分析影响单位产出投入资本量的因素。

与分析影响单位产出投入资本量的因素方法相同，因此可以直接得到，资本 K 变动的表达式为：

$$\frac{da_K}{a_k} = -\sigma\theta_K\left(\frac{dw}{w} - \frac{dr}{r}\right) - b_K + \varphi_K + \phi_K \qquad (5-21)$$

式（5-21）表明某行业的单位产出量所需要的劳动量受到以下因素影响：

一是劳动对资本的替代弹性；

二是劳动所占总成本的份额；

三是技术进步变动引起的投入系数变动的比率；

四是生产规模变动引起的投入系数的变动；

五是其他行业经济增长的变动引起的本行业资本的变动。

综上，本书分析了影响行业单位产出投入的劳动量和资本量的因素，得出产出量 GDP 和投入要素劳动（就业）的数量和逻辑关系，如式（5-20）所示。

但是，到目前为止，不能判断式（5-20）以及式（5-21）整体是正号还是负号，即不能够判断各个不同影响单位产量变动的因素综合起来是正号还是负号。对此将在下文讨论就业量的变化率时一并讨论。

最后，比较分析结果，得出行业经济增长与行业就业的一般关系。

比较式（5-20）和式（5-21），会发现：

$b_L - b_K$ 可以用来衡量经济增长的类型。

如果，$b_L - b_K > 0$，表明减少的劳动量变动的比率要大于减少的资本量变动的比率，也就是说经济增长是倾向于减少就业的；

如果，$b_L - b_K < 0$，表明减少的劳动量变动的比率要小于减少的资本量变动的比率，也就是说经济增长是倾向于增加就业的；

如果，$b_L - b_K = 0$，表明减少的劳动量变动的比率等于减少的资本量变动的比率，也就是说经济增长没有引起就业的变化。

如果把 $b_L - b_K$ 定义为 $b_L - b_K = \zeta$，这样表述更为方便，即

$\zeta > 0$ 时，经济增长减少劳动需求；

$\zeta < 0$ 时，经济增长增加劳动需求；

$\zeta = 0$ 时，经济增长对劳动需求无影响。

2. 分析影响行业单位产出投入成本变化率的因素

成本函数中的劳动投入直接影响产出量 GDP，所以要分析成本的变化率。为了求出单位产出投入的成本的变化率，同样需要对式（5-13）等号两侧进行全微分，并把结果的两侧同时除以 c，经过恒等变换，依据前文的条件：

$\theta_K + \theta_L = 1$

变换得到如下方程：

$$\frac{dc}{c} = \frac{dw}{w}\theta_L + \frac{dr}{r}\theta_K - b_L\theta_L - b_K\theta_K + \varphi_L\theta_L + \varphi_K\theta_K + \phi_L\theta_L + \phi_K\theta_K$$

(5-22)

讨论式（5-22）参数的含义及变化。

（1）$b_L\theta_L + b_K\theta_K$ 代表着经济增长的程度。

如果令 $b_L\theta_L + b_K\theta_K = T$，则 T 越大经济增长越快，相对单位产量所需生产成本就越少；T 越小经济增长越慢，相对单位产量所需生产成本就越多。

（2）$\varphi_L\theta_L + \varphi_K\theta_K = \tau$，代表着生产规模的变化引起的单位产量投入的变化。

当规模报酬递增时，要维持一定的产出量，单位产出需要投入的成本倾向于减少，即 $\varphi_L\theta_L + \varphi_K\theta_K < 0$；当规模报酬递减时，要维持一定的产出量，单位产出需要投入的成本倾向于增加，即 $\varphi_L\theta_L + \varphi_K\theta_K > 0$。

（3）$\phi_L\theta_L + \phi_K\theta_K = \upsilon$ 代表其他行业 GDP 增长变化引起的单位产量投入的变化。

如果其他行业与本行业正相关，要维持一定的产出量，相对本行业所需的生产成本就倾向于减少，$\phi_L\theta_L + \phi_K\theta_K < 0$；如果其他行业与本行业负相关，要维持一定的产出量，相对本行业所需的生产成本就倾向于增加，$\phi_L\theta_L + \phi_K\theta_K > 0$。

3. 得出劳动就业关于经济增长的多要素模型表达式

在此，把产量变化率定义为：

$$\frac{dy}{y} = \frac{dL}{L} - \frac{da_L}{a_L}$$

又 $\theta_K + \theta_L = 1$，

通过一系列恒等变换，得到关于产量变化率影响因素的方程：

$$\frac{dy}{y} = \frac{dL}{L}\theta_L + \frac{dK}{K}\theta_K + b_L\theta_L + b_K\theta_K - \varphi_L\theta_L - \varphi_K\theta_K - \phi_L\theta_L - \phi_K\theta_K$$

(5-23)

据此，把式（5-22）经过恒等代换表达为劳动变化量的函数，可以得到关于劳动变化率影响因素的方程：

$$\frac{dL}{L} = \frac{1}{\theta_L}\frac{dy}{y} - \frac{\theta_K}{\theta_L}\frac{dK}{K} - b_L - \frac{\theta_K}{\theta_L}b_K + \varphi_L + \frac{\theta_K}{\theta_L}\varphi_K + \phi_L + \frac{\theta_K}{\theta_L}\phi_K$$

$$(5-24)$$

其中，$\frac{\theta_K}{\theta_L}$ 表示行业资本变化率与劳动变化率的比例，即劳动投入变化率变化了 1%，那么资本投入变化率变化了百分之几。

假设 $\frac{\theta_K}{\theta_L} = \gamma$，则式（5-24）变换为：

$$\frac{dL}{L} = \frac{1}{\theta_L}\frac{dy}{y} - \gamma\frac{dK}{K} - b_L - \gamma b_K + \varphi_L + \gamma\varphi_K + \phi_L + \gamma\phi_K \qquad (5-25)$$

进一步整理可得：

$$\frac{dL}{L} = \frac{1}{\theta_L}\frac{dy}{y} + \gamma\left(\varphi_K + \phi_K - b_K - \frac{dK}{K}\right) + (\varphi_L + \phi_L - b_L) \qquad (5-26)$$

式（5-26）是复合函数，因此在后面的讨论中将做进一步代换。

至此，分析了影响行业总产量的变化因素和影响行业总成本的变化因素，并得出了劳动就业的表达式，为进一步分析影响劳动即总就业量的变化因素奠定了基础。

可以看到，技术进步程度越大，产量增加越多，随之雇佣的劳动力就越多，技术进步增加了就业；而同时，如前所述技术进步也表现为资本投入的增加，而 $\theta_K + \theta_L = 1$，表明技术进步引起资本对劳动的替代，就业减少。

所以如前文所述，出现了技术进步对就业作用的"悖论"。

据此分析结论，为了简化不必要的分析，使问题简单明了，加之技术进步问题不是本书讨论的主题，所以，将在以后分析中把技术进步视为资本投入增加的结果，即技术进步等同于资本投入量的增加。

这样，行业经济增长以后，对该行业就业增加还是减少的几个影响因素都做了分析。但是，具体增加还是减少，取决于本行业经济增长程度、其他行业经济增长的特点、本行业规模报酬、本行业资本的投入量对就业的替代作用等因素。下面将对行业经济增长拉动就业的影响因素进行分析。

第三节 模型的确定及影响因素分析

为了分析行业经济增长对行业就业的拉动作用，上文已经分析了行业产量、行业成本的影响因素，在此基础上，下文将对影响行业就业的因素进行分析。

一、行业增长拉动就业充要条件的推导

如前所述，行业经济增长既可能拉动就业，也可能减少就业，因为在行业经济增长的同时，对就业起作用的变量参数变化的正负方向不确定，即有的变量倾向于增加就业，而有的变量倾向于减少就业，这些参数的变化综合起来，才可知经济增长过程中总就业量 $\Delta L/L$ 是如何被决定的，这样需要进一步分析。

1. 就业变化率的影响因素及变化方向

仍然先从单个行业入手分析。

同前，假设大类、中类、小类细分行业中的每个行业都是由不同厂商组成的，任何一类行业中的厂商，其目标都是利润最大化，即：

$$\pi = p(y)y_i - cy_i, \quad i = 1, 2, \cdots, n \tag{5-27}$$

$p(y)$ 是行业所生产的商品的价格。利润最大化要求：

$$m(u) = m(c) \tag{5-28}$$

即边际收益等于边际成本，为达到利润最大化，式（5-27）的第一阶导数要为 0，即：

$$p'(y)y_i \frac{\partial y}{\partial y_i} + p(y) - c = 0 \tag{5-29}$$

假设企业利润最大化的二阶条件自动满足。

在式（5-29）中有 $\frac{\partial y}{\partial y_i}$，设 $\gamma = \frac{\partial y}{\partial y_i}$，表示单个厂商产量变动对整个行业产量的影响，而对行业影响的大小与假设的市场环境有关：

如果是完全竞争的市场环境，厂商产量变动不影响整个行业产量变动，即：

$\gamma = 0$

如果是垄断竞争的市场环境，厂商产量变动会影响整个行业产量变动，即：

$1 > \gamma > 0$

如果是垄断的市场环境，厂商产量变动就是整个行业产量变动，即：

$\gamma = 1$

根据美国行业经济发展的事实可以判断，美国应该是垄断竞争的市场结构，即：

$1 > \gamma > 0$

因此，式（5-29）可以写成：

$$p'(y)y_i \frac{\partial y}{\partial y_i} + p(y) = c \tag{5-30}$$

根据需求弹性的公式，$e = -\dfrac{py}{p'(y)y_i}$，据此可以把式（5-29）改写为：

$$p(y)\left(1 - \frac{\gamma y_i}{ey}\right) = c \tag{5-31}$$

即厂商利润最大化的反映曲线。

由于本书所研究的是不同行业利润最大化问题，这样，可以通过简单加总求出行业利润最大化曲线：

$$p(y)\left(1 - \frac{\gamma}{en}\right) = c \tag{5-32}$$

对式（5-32）的等号两侧全微分，得到表达式：

$$p'(y)y\left(1 - \frac{\gamma}{en} - \frac{\gamma y e'}{en}\right)\left(\frac{dy}{y}\right) = c\left(\frac{dc}{c}\right) \tag{5-33}$$

下面对式（5-33）进行等量代换。

假设：

$$\omega = -\frac{dy/y}{dc/c}$$

这样需要求出 $\dfrac{dy/y}{dc/c}$ 的表达式。

由式（5-32）得，$\dfrac{p(y)}{c} = \left(1 - \dfrac{r}{en}\right)^{-1} = \mu$；

根据式（5-33）可得，$-\dfrac{dy/y}{dc/c} = -\dfrac{c}{p'(y)y\mu}$；

又有：

$$c = p(y)\left(1 - \frac{r}{en}\right)$$

$$e = -\frac{py}{p'(y)y_i}$$

经过代换得：

$$\omega = -\frac{dy/y}{dc/c} = -\frac{c}{yp'(y)}\frac{1}{\mu} = -\frac{p(y)}{p(y)yp'(y)}\frac{1}{\mu} = \frac{e}{m\mu} \tag{5-34}$$

这里假设 μ、m 分别为：

$$1 - \frac{r}{en} - \frac{rye'}{en} = \mu \tag{5-35}$$

$$1 - \frac{p(y)}{c} = \left(1 - \frac{r}{en}\right)^{-1} = m \tag{5-36}$$

最后，把式（5-22）和式（5-23）代入式（5-34）得：

$$\left(\sigma\frac{\theta_L}{\theta_K}\frac{1}{\omega} + 1\right)\frac{dL}{L} = -\zeta + (T - \tau + \upsilon)\left(1 - \frac{1}{\omega}\right)\frac{\sigma}{\theta_K} \tag{5-37}$$

根据前文假设，$b_L\theta_L + b_K\theta_K = T$ 表示 GDP 增长的程度；$\varphi_L\theta_L + \varphi_K\theta_K = \tau$ 表示单位产量成本随着生产规模的变化而发生变化的程度；$\phi_L\theta_L + \phi_K\theta_K = \upsilon$ 代表其他行业 GDP 增长变化引起的单位产量投入的变化。

从式（5-37）可以得到就业变化率的影响因素及作用方向。先看式（5-37）等号左边的系数 $\left(\sigma\dfrac{\theta_L}{\theta_K}\dfrac{1}{\omega} + 1\right)$，如果可以证明其总是大于 0 或者小于 0，那么 $\dfrac{dL}{L}$ 和 $-\zeta + (T - \tau + \upsilon)\left(1 - \dfrac{1}{\omega}\right)\dfrac{\sigma}{\theta_K}$ 就是相同符号的或者不同符号的，因此，可以通过式子 $-\zeta + (T - \tau + \upsilon)\left(1 - \dfrac{1}{\omega}\right)\dfrac{\sigma}{\theta_K}$ 的符号来判断各行业就业量增加还是减少，即，判断 $\dfrac{dL}{L}$ 是正值还是负值。

2. 行业增长拉动就业的充分必要条件

下面通过分析参数正负情况来分析 $\left(\sigma\dfrac{\theta_L}{\theta_K}\dfrac{1}{\omega} + 1\right)$ 的正负情况。

一是 σ，劳动对资本的替代弹性应该是正的。

二是 $\dfrac{\theta_L}{\theta_K}$，资本或劳动所占总成本的份额也是大于零的。

三是 ω，关于 ω 的符号，可从式（5-34）中最后一项中推断出其符号也为正。因为需求弹性 $e > 0$，$m = \dfrac{p(y)}{c}$ 也为正，事实上，μ 也大于 0，所以 $\omega > 0$。

根据式（5-34）可以推断出来，因为 $p'(y)\mu$ 是行业边际收益曲线的一阶导数，所以有 $p'(y)\mu < 0$。

因为行业最大化利润存在的"二阶条件"是二阶导数为负，我们已经假设利润最大化的"二阶条件"自动满足，再加上 $p'(y) < 0$，所以 $\mu > 0$，至此可以判断 $\left(\sigma \dfrac{\theta_L}{\theta_K} \dfrac{1}{\omega} + 1 \right) > 0$，进而表明，$\dfrac{dL}{L}$ 和 $-\zeta + (T - \tau + \upsilon)\left(1 - \dfrac{1}{\omega} \right)$ $\dfrac{\sigma}{\theta_K}$ 是相同符号的，即同时为正值或者同时为负值。

因此可以用 $-\zeta + (T - \tau + \upsilon)\left(1 - \dfrac{1}{\omega} \right) \dfrac{\sigma}{\theta_K}$ 的符号来判断经济增长的就业效应，即判断就业量增加还是就业量减少：

$-\zeta + (T - \tau + \upsilon)\left(1 - \dfrac{1}{\omega} \right) \dfrac{\sigma}{\theta_K} > 0$，劳动需求上升，就业量增加；

$-\zeta + (T - \tau + \upsilon)\left(1 - \dfrac{1}{\omega} \right) \dfrac{\sigma}{\theta_K} < 0$，劳动需求下降，就业量减少。

据上分析，可以得出以下结论：

经济增长拉动就业，即就业效应为正值的充分必要条件：

$$(T - \tau + \upsilon)\left(1 - \dfrac{1}{\omega} \right) \dfrac{\sigma}{\theta_K} > \zeta \tag{5-38}$$

经济增长减少就业，即就业效应为负值的充分必要条件：

$$(T - \tau + \upsilon)\left(1 - \dfrac{1}{\omega} \right) \dfrac{\sigma}{\theta_K} < \zeta \tag{5-39}$$

经济增长对就业无作用，即就业效应为 0 的充分必要条件：

$$(T - \tau + \upsilon)\left(1 - \dfrac{1}{\omega} \right) \dfrac{\sigma}{\theta_K} = \zeta \tag{5-40}$$

根据式（5-38）~式（5-40）可以看出：

$(T - \tau + \upsilon)\left(1 - \dfrac{1}{\omega} \right) \dfrac{\sigma}{\theta_K}$ 越大，ζ 越小，行业经济增长的就业效应就越

倾向于正值，这一增长过程是促进就业的。

$(T - \tau + \upsilon)\left(1 - \dfrac{1}{\omega}\right)\dfrac{\sigma}{\theta_K}$ 越小，ζ 越大，行业经济增长的就业效应就越倾向于负值，这一增长过程是减少就业的。

据此可以看出行业经济增长是拉动就业的还是减少就业的。

二、模型参数的变动与经济含义

一是 T 值大小对行业就业的影响。T 越大，$(T - \tau + \upsilon)\left(1 - \dfrac{1}{\omega}\right)\dfrac{\sigma}{\theta_K}$ 就越大，经济增长就倾向于促进就业，反之，T 越小，$(T - \tau + \upsilon)\left(1 - \dfrac{1}{\omega}\right)\dfrac{\sigma}{\theta_K}$ 就越小，经济增长倾向于阻碍就业，即经济增长的程度越大越倾向于促进就业。

可见，任何一个行业经济增长对就业的作用都是双向的：第一，经济增长过程中会因为资本和技术的投入而对劳动投入产生一种替代效应，就会倾向于减少劳动需求，即导致就业减少；第二，经济增长会使生产扩张，导致引致需求，进而增加劳动需求，即导致就业增加。这一点，通过对式（5-23）中的系数关系的分析可以验证。

从式（5-38）中可以看出，经济增长得越快，就业增加得就越多，也就是说经济增长拉动就业的作用大于经济增长对就业的挤出作用。因此，总体上来说，经济增长对就业是有积极作用的。这一研究结果表明，经济增长并非必然挤出就业。而本书研究的一些文献得出的结论是，经济增长会增加资本和技术投入从而对就业产生替代作用，这样就会减少就业。现在重新分析这种观点，应该是有失偏颇，或者研究过程中受到了垄断等因素的制约，导致理论研究结果和经济发展的实际特点不符。

二是规模报酬不同对就业的影响。如果是递增规模报酬，τ 小于零；如果是递减规模报酬，τ 大于零。进而通过式（5-38）可以得到验证，规模报酬递增时经济增长是倾向于增加就业的，规模报酬递减时经济增长是倾向于减少就业的。尽管规模报酬递增时随着生产规模的扩大，单位产量所需的投入水平会下降，进而劳动需求随之下降，就业减少；但是，通过式（5-23）可以看到，规模报酬递增时，经济增长也倾向于产出的增加，导致引致需求增加，劳动需求也会随之增加，即就业量就会增加。

所以规模报酬递增时，经济增长所带来的行业就业量会发生增加和减少两种情况，式（5-28）、式（5-29）和式（5-30）证明了这两种情况最终的合力结果是增加就业。实际上依据卡尔多事实，假若行业处于规模报酬递增阶段，则这种规模报酬递增的状态不仅能从静态上表现为大量的生产节约，包括劳动投入的节约、就业的减少；更重要的是这种规模报酬递增状态从动态上可以导致更高的资本积累水平，从而带来更高的产出水平，包括劳动需求的增长、就业的增加。

对于行业而言也是如此，不同的规模报酬对劳动需求的影响也是不同的。如果经济增长发生在规模报酬递增的行业，那么行业产量增加时单位产出需要的投入是减少的，劳动需求也是减少的，即就业量减少，进而规模报酬会弱化经济增长对就业的拉动作用；从另一个角度来看，规模报酬递增的行业会扩大产出，行业产出增加要求投入的增加，劳动需求是增加的，即就业量增加，进而规模报酬会强化经济增长对就业的拉动作用。

三是 υ ——其他行业 GDP 增长变化引起的本行业单位产量投入的变化。由前文可知，$\upsilon = \phi_L \theta_L + \phi_K \theta_K$，其经济含义是指其他行业 GDP 增长所引起的本行业单位产量投入的变化，这里的投入包括劳动和资本，本书中主要是指劳动的投入。也就是说，要考察当一个行业经济增长时，是"促增"其他行业就业还是"促减"其他行业就业。如果两个行业的或几个行业的关联度较大，那么当一个行业发生经济增长时，就会拉动其他相关行业的就业，或者会减少其他相关行业的就业，此时，通过 υ 来考察。

四是 ω ——产出的变化与成本变化的比率，对就业的影响。总体而言，ω 越大，$1 - \dfrac{1}{\omega}$ 就越大，经济增长就越倾向于拉动就业；ω 越小，$1 - \dfrac{1}{\omega}$ 就越小，经济增长就越倾向于减少就业。对于 ω 的经济含义，式（5-34）中已经做了解释。ω 表示成本变化 1%，产出变化百分之几，可以用 ω 这一变量来衡量行业的垄断程度。

ω 越大，说明单位成本较小的增加，就会引起产出较大的增加，也就是规模递增的，表示市场环境的竞争程度较高，也就是说很小的成本会带来很大的产出，会增加更多的引致需求，会使就业增加。反之，ω 越小，说明单位成本较大的增加，就会引起产出较小的增加，也就是规模递减的，表示市场环境的垄断程度较高，也就是说很大的成本会带来很小的产出，会增加较少的引致需求，会使就业减少。

也就是说竞争程度越大经济增长越倾向于增加就业，垄断程度越高经济增长越倾向于减少就业。

五是 σ——要素比率变动除以技术替代率比率变动，即资本—劳动的替代弹性比上技术替代弹性。前文已经解释，σ 用来衡量产出不变时，技术替代率比率变动 1%，要素比率变动百分之几。产量不变的前提下，σ 越大，越倾向于资本劳动的替代，而不是技术替代，经济增长越倾向于促进就业；反之，σ 越小，越倾向于技术的替代，而不是资本劳动的替代，经济增长就越倾向于减少就业。对于此结论，很多学者也持类似观点。资本—劳动替代弹性的大小能够反映一个经济系统对各种静态变化的适应程度。"比值越大预示某行业的经济发展程度越高，产出增加越多，这是因为增长相对较快的要素比较容易替代增长相对较慢的要素"[1]。Sinclair P.J.N（1981）在宏观经济的研究中运用 IS-LM 模型，得出的结果与上述类似[2]。John Van Reenen（1997）证明了资本—劳动替代弹性越大，就业—技术进步弹性越高，劳动需求倾向于增加[3]。

所以，竞争的经济背景下经济增长对就业的拉动作用更为明显。事实上因为竞争提高了生产效率，在产量不变的情况下企业将会投入更少的成本，节省的成本部分可以用于扩大生产规模，但在垄断的市场环境下企业为了实现垄断利润并维持较高的产品价格而限制了生产规模的扩张，减少了对劳动的需求，就业也就减少了。

六是 θ_K——资本所占总成本的份额。由于资本和劳动是可以互相替代的，在投入总成本不变的情况下，又 $\theta_K + \theta_L = 1$，那么，θ_K 越大 θ_L 就越小，也就是说资本的份额越多，劳动的份额就越小，就业就越少；反之 θ_K 越小 θ_L 就越大，也就是说资本的份额越小，劳动的份额就越大，就业就越多。

如果从产品需求的角度来分析，道理就更明显了。劳动所占总成本的份额越大，劳动者的整体收入就越高，因为劳动者同时也是消费者，消费者收入越高，对产品的需求就越多，将促进厂商扩大生产，进而增加对劳

① 黄彬云. 中国产业发展的就业效应 [M]. 北京：中国财政经济出版社，2009.

② Sinclair P. J. N. When Will Technical Progress Destroy Jobs? [J]. Oxford Economic Papers，1981（31）：1–18.

③ Reenen J. V. Employment and Technological Innovation：Evidence from U. K. Manufacturing Firms [J]. Journal of Labor Economics，1997，15（2）：255–284.

动力的需求。

如果从产品供给的角度来分析，企业在促进经济增长的过程中，所产生的就业效应不仅是对企业自身就业的拉动，而且还涉及引致需求对就业的拉动，因此发展高端的劳动密集型产业，比发展劳动密集型产业更能拉动就业，因为高端的劳动密集型产业能够创造更多的引致劳动需求。

七是 ζ，用来衡量技术进步引起的劳动减少和资本减少的程度。b_L 和 b_K 都是技术进步系数，也就是说技术进步既节省了劳动又节省了资本，但是节省的多少不同，因此用 $b_L - b_K = \zeta$ 来衡量技术进步节省的资本多还是劳动多。

如果 $\zeta > 0$，说明 $b_L > b_K$，表明节省的劳动多，也就意味着劳动投入减少，即就业减少，称之为节省劳动型的技术进步。

如果 $\zeta < 0$，说明 $b_L < b_K$，表明节省的劳动少，也就意味着劳动投入增加，即就业增加，称之为节省资本型的技术进步。

如果 $\zeta = 0$，说明 $b_L = b_K$，表明节省的劳动和节省的资本是一样多的，也就意味着劳动投入保持了原来的水平，即就业不变，称之为中性的技术进步。

所以，与前文分析的结果一致，ζ 越小越倾向于增加就业，ζ 越大越倾向于减少就业。

上述分析的是垄断竞争的市场环境，因为这种市场环境比较适合美国经济发展的现实特点。出于理论研究的目的，下面将简单介绍在完全竞争和垄断市场环境下，经济增长对就业的拉动作用。在完全竞争和完全垄断的市场环境下暂不考虑其他行业经济增长对本行业就业的影响。

首先，在完全竞争的情况下。

尽管在前文中 ω 被用来衡量垄断程度，但是在完全竞争的条件下 ω 可以用来表示产品的市场需求弹性，这一点可以通过式（5-34）、式（5-35）、式（5-36）来说明。在式（5-34）中，最后一个等号表示：

$$\omega = \frac{e}{m\mu} \tag{5-41}$$

如果是完全竞争的市场环境，那么前述假设变量将会发生变化，即可以把式（5-35）简化为 $\mu = 1$，因为完全竞争时 $\gamma = 0$。再通过式（5-36）可以得到 $m = 1$，因为如果是完全竞争的情况 $p = c$。将 $m = 1$，$\mu = 1$ 代入式（5-41）可以得到 $\omega = e$。因此，在完全竞争的条件下只要需求的价格弹性大于 1，技术进步的就业效应就是正的。

在完全竞争情况下，如果 $\mu = 1$，$m = 1$，那么 $\omega = e$，进而式（5-38）、式（5-39）、式（5-40）变形如下：

经济增长拉动就业，即就业效应为正值的充分必要条件：

$$(T - \tau + \upsilon)\left(1 - \frac{1}{e}\right)\frac{\sigma}{\theta_K} > \zeta \tag{5-42}$$

经济增长减少就业，即就业效应为负值的充分必要条件：

$$(T - \tau + \upsilon)\left(1 - \frac{1}{e}\right)\frac{\sigma}{\theta_K} < \zeta \tag{5-43}$$

经济增长对就业无作用，即就业效应为 0 的充分必要条件：

$$(T - \tau + \upsilon)\left(1 - \frac{1}{e}\right)\frac{\sigma}{\theta_K} = \zeta \tag{5-44}$$

其中，T、τ、θ_K、θ_L 的含义同式（5-38）、式（5-39）、式（5-40），在此不赘述。

其次，在完全垄断的市场环境下，$Y = 1$，$n = 1$，再根据式（5-35），可得如下方程：

$$\mu = 1 - \frac{1}{e} - \frac{ye'}{e} \tag{5-45}$$

$$\frac{ye'}{e} = ee \tag{5-46}$$

可见，ee 表示对弹性求导，也就是弹性的弹性，经济含义是变化率的变化率，用以描述经济变量变化率变化的快慢。

如果 $ee > 0$，表示需求的弹性是递增的，如果价格下降，那么需求增加，增加的速度要比价格下降的速度更快。

如果 $ee < 0$，表示需求的弹性是递减的，如果价格上升，那么需求减少，减少的速度要比价格上升的速度更快。

把式（5-46）代入式（5-45），得：

$$\mu = 1 - \frac{1}{e} - ee \tag{5-47}$$

把式（5-41）代入式（5-47），得：

$$\frac{1}{\omega} = \frac{m}{e}\left(1 - \frac{1}{e} - ee\right) \tag{5-48}$$

把式（5-48）代入式（5-42）、式（5-43）、式（5-44），再根据式

（5-36），可得在垄断市场环境下：

经济增长拉动就业，即就业效应为正值的充分必要条件：

$$(T - \tau + \upsilon)\left(1 - \frac{1 - ee \times m}{e}\right)\frac{\sigma}{\theta_K} > \zeta$$

经济增长拉动就业，即就业效应为负值的充分必要条件：

$$(T - \tau + \upsilon)\left(1 - \frac{1 - ee \times m}{e}\right)\frac{\sigma}{\theta_K} < \zeta$$

经济增长拉动就业，即就业效应为零的充分必要条件：

$$(T - \tau + \upsilon)\left(1 - \frac{1 - ee \times m}{e}\right)\frac{\sigma}{\theta_K} = \zeta$$

同完全竞争的市场环境，T、τ、υ、θ_K、θ_L 的含义同式（5-38）、式（5-39）、式（5-40），在此不赘述。

结果同上，在竞争的市场结构下经济增长对就业的拉动作用，要大于垄断的市场结构下经济增长对就业的拉动作用。

可见模型 $\left(\sigma\frac{\theta_L}{\theta_K}\frac{1}{\omega} + 1\right)\frac{dL}{L} = -\zeta + (T - \tau + \upsilon)\left(1 - \frac{1}{\omega}\right)\frac{\sigma}{\theta_K}$ 表达了美国各个行业经济增长拉动就业的关系，而且经过分析可知，参数 T、τ、υ、θ_K、θ_L 都可以表述为经济增长，所以在下一部分的分析中，对于自变量本书只分析经济增长。

综上，通过对各个参数经济含义及变动的分析表明，各个行业经济增长的差异是行业经济增长拉动行业就业的作用不一致的一个重要原因；各个行业经济增长差异的重要原因是各个行业经济增长创造的"引致需求"不同；"引致需求"是行业细分化的动力，行业细分化创造了就业，是就业增长的动力；而行业细分化与就业创造的根本原因都是行业经济增长。

第四节　本章小结

通过本书第三章、第四章对美国经济增长与就业增长事实的分析，发现美国单位 GDP 的就业贡献值急剧下降，本章在理论上解释了这一现象。本质原因在于经济增长使得人均产出迅速增加，也就是说人均 GDP 增长迅速，如果反过来用单位 GDP 就业人数衡量经济增长拉动就业的作用，显然是下降的；另外，如果从行业的角度进行考量，分工日益专业化以及行业日趋细化，使得就业行业结构发生了变化，这在一定程度上降低了行业单位 GDP 的就业贡献。当然一些学者认为人口老龄化也是一个原因，但本书对此内容不作研究，而且长期来看，如果人口结构不发生大的变化其影响不大。

诚然，正如前文文献中所提到的，很多学者认为，经济增长将会促进技术进步，进而技术和资本的投入相对增加，将会对就业产生替代效应，那么从趋势上看，长期就业将随经济的增长越来越少。

虽然美国科技高歌猛进，但本章分析认为其就业系统是均衡的，也就是说，除经济危机期间外，历年美国社会的就业基本是稳定的，纵使科技与资本的投入很多，也没有对劳动力投入形成明显的替代，而使得美国陷入高失业的窘态。

因此本章分析发现，科技与资本的投入对就业的作用是双重的，即"促增就业"作用和"促减就业"作用。科技与资本大量投入以促进经济增长时，会表现出对就业的替代效用：短期内，一定程度的劳动需求减少，即就业下降；但由于科技与资本的大量投入，一段时期后必将促进经济增长，进而产生多种引致需求，将增加劳动需求，即就业增加，于是出现了前文所阐述的"悖论"。根据前文所述美国经济增长、就业增长、人口增长的特点，可知美国的就业系统是稳定的，即长期没有太大变化，表明经济增长"促增就业"的力量与"促减就业"的力量是均衡的。

承前所述，本章理论分析从"引致需求"的角度解释了行业经济增长与行业就业增长不同步的现象，认为总体上行业经济增长拉动了行业就业增加，行业 GDP 增长的"促增就业"的作用大于行业 GDP 增长的"促减就业"作用，行业的细分化拉动了就业增加，而行业就业增长的根本原因是行业经济增长创造的引致需求。也就是说行业经济增长与行业就业增长之间的矛盾实质是"引致需求"和细分行业的产品稀缺之间的矛盾。

因此，不能根据美国各个行业单位 GDP 增长所拉动的就业人数持续下降，就武断其经济增长的就业贡献值下降；与此同时应该看到，各个行业人均创造 GDP 的数量正随着经济增长不断增加，因为社会财富总量始终在增长，而且其增长的速度快于人口增长的速度，这样如果用单位 GDP 拉动来衡量就业，结果必然是下降的，而且 GDP 增长速度越快，就业贡献值下降的速度就越快。据此可以判断，单位 GDP 拉动就业下降最快的行业基本就是劳动边际产出最高的行业，也是经济增长最快的行业。因此可以说，美国行业单位 GDP 就业贡献值的下降是技术、资本投入增多引起人均产出增加并推进经济增长的一个表现。

可见，从表层看，行业经济增长与行业就业增长不同步，是行业经济增长的差异性造成的；从深层看，根本原因是行业经济增长创造的"引致需求"不同。从表层看，行业细分化拉动了就业；从深层看，是社会分工的发展创造了就业，其根本原因也是行业经济增长创造的"引致需求"。而"行业经济增长与行业就业增加不一致"的矛盾本质上是"社会需求增加与细分新行业产品创造稀缺"之间的矛盾。

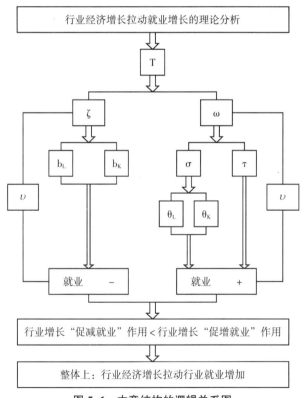

图 5-1　本章结构的逻辑关系图

第六章 行业经济增长拉动就业的计量检验

根据前文所述，在经验事实的阐述和理论分析的过程中，都表明各个行业经济增长对就业存在一定的促进作用，但是促进作用的大小，以及各个行业经济增长对本行业拉动作用有多大，对其他行业的拉动作用有多大，并没有给出具体的数量关系，下文将就此方面的问题，通过面板数据作进一步的研究。

第一节 模型的数据与处理

在此将根据第三章和第四章关于大类细分行业、中类细分行业和小类细分行业的经济增长与就业的基本数据，使用平衡面板模型对经济理论进行验证，并得出相应的数量关系。

一、模型的理论依据

根据第五章的理论分析的内容，各个行业的就业和经济增长存在着一定的数量关系，表达为式（5-37）：

$$\left(\sigma \frac{\theta_L}{\theta_K} \frac{1}{\omega} + 1 \right) \frac{dL}{L} = -\zeta + (T - \tau + \upsilon)\left(1 - \frac{1}{\omega}\right)\frac{\sigma}{\theta_K}$$

各个变量含义在此不赘述。

理论分析表明，影响本行业就业的因素有：本行业经济增长、技术投入、资本投入。由于前文已经分析，其他因素最终都转化为经济增长，因此本书在此处仅对经济增长的就业拉动作用作研究，一些参数要做相应的调整与合并，将在下文说明。

二、模型的数据说明

根据本书研究的特点，在此选取面板数据进行计量检验。面板数据是指根据相同类别的研究对象在很多不同时间连续观测得到的数据类，其特点是同时具有截面数据和时间序列数据的特征。

面板数据不仅因其数据量大而能更准确地估计模型参数，而且能够获得更多的动态信息。

由于本书使用了不同行业的经济增长与就业的时间序列数据，这些数据的特点符合面板数据的要求，因此将运用面板数据进行研究。本书在第三章和第四章分析的过程中构建了经济增长拉动就业的面板数据，这些类别的数据组将作为本章面板数据模型回归分析中的因变量和自变量；而本书第五章中构建的理论将作为经济增长拉动就业的数量关系依据。

三、模型的参数处理

前文第五章中的式（5–26）为：

$$\frac{dL}{L} = \frac{1}{\theta_L}\frac{dy}{y} + \gamma\left(\varphi_K + \phi_K - b_K - \frac{dK}{K}\right) + (\varphi_L + \phi_L - b_L)$$

可以看出，影响一个行业就业的主要因素有本行业经济增长、其他行业经济增长、技术进步、资本投入等，由于已经在第五章中把除经济增长以外的其他因素并入到经济增长中，因此模型的表达形式也随之发生了变化。

据此可以构建面板数据模型：

$$TL_{it} = \lambda_{it} + \lambda_1 y_{it} + \lambda_2 \tau_{it} + \lambda_3 \theta_{it} + \lambda_4 \varsigma_{it} + u_{it} \tag{6–1}$$

由于本书主要研究的是行业经济增长对行业就业的拉动作用，出于本书此研究目的，对于技术投入与资本投入可以看作是干扰项 ε，而且前文分析的经济事实和经济理论都表明，技术进步 ς_{it} 和资本投入 θ_{it} 这两者与经济增长相关关系明显，因此可以把这两个因素对行业就业的影响合并到行业经济增长对行业就业的影响当中。另外，为使模型在形式上一致，把表示其他行业增长对本行业就业影响的因素 τ_{it} 表示为 Y_{it}^0，

则式（6–1）变形为

$$TL_{it} = \lambda_{it} + \lambda_1 Y_{it} + \lambda_2 Y_{it}^0 + \varepsilon_{it} \tag{6–2}$$

由于本书将对本行业经济增长拉动本行业就业和其他行业经济增长拉

动本行业就业分开研究，所以，式（6-2）可以拆解为

$$TL_{it} = \lambda_{it} + \lambda_1 Y_{it} + \varepsilon_{it}$$

$$TL'_{it} = \lambda'_{it} + \lambda_2 Y^0_{it} + \varepsilon'_{it}$$

由于本书研究的是行业增长对就业的拉动作用，因此，最终采用的模型形式是本行业经济增长拉动本行业就业的形式：

$$TL_{it} = \lambda_{it} + \lambda_1 Y_{it} \tag{6-3}$$

四、面板数据模型的估计

第五章的理论分析表明，一般情况下本行业经济增长越快，对行业就业拉动作用就越大，资本成本在总成本份额中的比例就越大，经济增长拉动就业就越明显；技术进步越快，经济增长拉动就业就越快，其他行业经济增长越快、越倾向于拉动本行业就业增长也越快，反之则相反。总体而言，经济增长得越快对就业的拉动作用越大。诚然这是整体上一个一般的经验性结果，但由于本书要分析的行业很多，不确定是否在每一行业中都符合以上理论，所以本章要验证这一理论分析结果的正确性，并找出不符的原因。

第二节　变量数据的平稳性分析
——单位根检验

由于一些非平稳的经济时间序列往往表现出共同的变化趋势，但是这些序列之间未必有直接的关系，此时对这些数据进行回归，尽管有较高的 R^2，但其结果是没有任何实际经济意义的，这就产生了计量经济学中的"伪回归"。

为了避免伪回归，确保估计结果的有效性，在对行业经济增长拉动就业增长关系作回归之前，先检验面板数据的平稳性。而检验数据平稳性最常用的办法就是单位根检验。

面板数据常用的单位根检验方法一般有两种，LLC 检验和崔仁（In

Choi) 检验[①]。LLC 检验[②] 是于 2002 年提出来的，用于检验面板数据具有相同根的情形；崔仁检验用于面板数据具有不同根的情形。

一、单位根检验——LLC 检验

1. 大类细分行业的 LLC 检验

对大类细分行业首先进行 LLC 检验，LLC 检验原理仍然遵循 ADF 检验的基本原理，但使用的却是 Δy_{it} 和 y_{it} 剔除了自相关和确定项影响的、标准化的代理变量。具体的做法是：先从 Δy_{it} 和 y_{it} 剔除自相关和确定项的影响，并使其标准化成为代理变量；然后用代理变量做 ADF 回归，$\hat{\varepsilon}_{it}^* = \rho \tilde{\varepsilon}_{it}^* + \nu_{it}$。LLT 修正的 $t_{(\hat{\rho})}$ 服从渐进分布 $N(0，1)$ 分布，详细步骤如下：

$H_0：\rho = 0$（有单位根）

$H_1：\rho < 0$

LLC 检验为左向单端检验，LLC 检验以如下 ADF 检验式为基础：

$$\Delta y_{it} = \rho_{it-1} + \sum_{j=1}^{k_i} \gamma_{it-j} + Z'_{it}\phi + \varepsilon_{it}, \quad i = 1，2，\cdots，N；t = 1，2，\cdots，T$$

其中，Z_{it} 表示外生变量（确定性变量）列向量，ϕ 表示回归系数列向量。

据此对 9 个大类细分行业各自的 GDP 面板数据作 LLC 检验，LLC 检验的输出结果如表 6-1 所示。

表 6-1　大类细分行业 LLC 检验的 Eviews 输出结果

Sample：1948 2013		
Total number of observations：525		
Cross-sections included：9		
Method	Statistic	Prob.**
Levin，Lin & Chu t*	6.17095	1.0000
** Probabilities are computed assuming asympotic normality		
Intermediate results on GDP?		

① 张晓峒. 应用数量经济学 [M]. 北京：机械工业出版社，2009.

② Levin A., Lin C. F. and Chu C. Unit Root Test in Panel Data：Asymptotic and Finite-sample Properties [J]. Journal of Econometrics，2002（108）：1-24.

Series	2nd Stage Coefficient	Variance of Reg	HAC of Dep.	Lag	Max Lag	Band-width	Obs
GDPCAIKUANGYE	0.07975	1.E+08	1.E+08	2	10	3.0	63
GDPNONGYE	0.04771	6.E+08	7.E+08	0	10	3.0	65
GDPJIANZHUYE	−0.00530	1.E+08	1.E+09	7	10	2.0	58
GDPZHIZAOYE	−0.00618	1.E+09	2.E+09	10	10	1.0	55
GDPPIFAYE	0.02629	2.E+08	6.E+08	10	10	3.0	55
GDPLINGSHOUYE	−0.00838	1.E+08	5.E+08	10	10	4.0	55
GDPJIAOTONGGONGGONG	−0.00784	1.E+08	1.E+09	10	10	5.0	55
GDPJINRONGBAOFANG	0.05749	9.E+08	1.E+10	10	10	5.0	55
GDPFUWUYE	0.02029	2.E+09	3.E+10	1	10	6.0	64
	Coefficient	t–Stat	SE Reg	mu*	sig*		Obs
Pooled	0.01035	2.354	1.021	−0.528	0.813		525

从表 6-1 中可以看到 LLC 的值。因为 LLC = 6.17 > −1.65 或者说 LLC = 6.17 对应的 p 值近似为 1，所以接受原假设，大类细分行业面板数据的 9 个个体存在单位根。

2. 中类细分行业的 LLC 检验

对于中类细分行业进行 LLC 检验的前提假设与大类细分行业是相同的，同前所述对 8 个中类细分行业各自的 GDP 面板数据作单位根的 LLC 检验，LLC 检验的输出结果如表 6-2 所示：

表 6-2　中类细分行业 LLC 检验的 Eviews 输出结果

Sample：1948 2013			
Total number of observations：513			
Cross-sections included：8			
Method		Statistic	Prob.**
Levin，Lin & Chu t*		12.6139	1.0000
** Probabilities are computed assuming asympotic normality			

Intermediate results on GDP?

Series	2nd Stage Coefficient	Variance of Reg	HAC of Dep.	Lag	Max Lag	Band-width	Obs
GDPNAIYONGPIN	0.01300	9.E+08	8.E+08	0	10	5.0	65

续表

Series	2nd Stage Coefficient	Variance of Reg	HAC of Dep.	Lag	Max Lag	Band-width	Obs
GDPFEINAIYONGPIN	0.03071	2.E+08	9.E+08	0	10	5.0	65
GDPJINRONGBAOXIAN	0.03628	8.E+08	1.E+09	0	10	3.0	65
GDPFANGDICHAN	0.01678	3.E+08	5.E+09	1	10	6.0	64
GDPZHUANYESHANGYE	0.02833	9.E+08	5.E+09	1	10	5.0	64
GDPJIAOYUFUWUJIANSHE	0.01377	6.E+07	3.E+09	1	10	6.0	64
GDPYISHUXIUYUCANZHU	0.01276	2.E+08	9.E+08	1	10	4.0	64
GDPQITAFUWU	0.01661	3.E+07	1.E+08	3	10	4.0	62
	Coefficient	t-Stat	SE Reg	mu*	sig*		Obs
Pooled	0.02099	8.357	1.010	−0.526	0.805		513

从表 6-2 中可以看到 LLC 的值。因为 LLC = 12.61 > −1.65，或者说 LLC = 12.61 对应的 p 值近似为 1，所以接受原假设，中类细分行业面板数据的 8 个个体存在单位根。

3. 小类细分行业的 LLC 检验

对于小类细分行业而言，本书根据第四章的分析，采用经济增长和就业对整个影响较大而且数据匹配的 9 个小类细分行业的面板数据。

小类细分行业的 LLC 检验的前提假设与大类、中类细分行业是相同的，同前所述对 9 个小类细分行业各自的 GDP 面板数据作单位根的检验，LLC 检验的输出结果如表 6-3 所示：

表 6-3　小类细分行业 LLC 检验的 Eviews 输出结果

Sample: 1998 2013		
Total number of observations: 134		
Cross-sections included: 9		
Method	Statistic	Prob.**
Levin, Lin & Chu t*	−0.32017	0.3744
** Probabilities are computed assuming asymptotic normality		
Intermediate results on GDP?		

Series	2nd Stage Coefficient	Variance of Reg	HAC of Dep.	Lag	Max Lag	Band-width	Obs
GDPSHIYOUMEI	−0.11719	4.E+08	1.E+08	0	2	6.0	15

Series	2nd Stage Coefficient	Variance of Reg	HAC of Dep.	Lag	Max Lag	Band-width	Obs
GDPLIANBANGYINHANG	−0.13894	5.E+08	7.E+08	0	2	1.0	15
GDPZHENGQUANQIHUO	−0.49178	9.E+08	1.E+08	0	2	11.0	15
GDPJIJINXINTUO	0.18379	7.E+06	6.E+06	1	2	1.0	14
GDPFANGDICHAN	−0.02060	5.E+08	6.E+08	0	2	0.0	15
GDPZHUANYEKEJI	−0.03678	9.E+08	3.E+08	0	2	5.0	15
GDPGONGSIZHILIFEI	−0.01658	5.E+08	4.E+08	0	2	3.0	15
GDPJIAOYUFUWU	−0.00060	7.E+06	8.E+06	0	2	1.0	15
GDPJIANKANGYISHE	0.00170	1.E+08	1.E+08	0	2	0.0	15
	Coefficient	t-Stat	SE Reg	mu*	sig*		Obs
Pooled	−0.00777	−0.810	1.040	−0.554	0.919		134

从表 6-3 中可以看到 LLC 的值。因为 LLC = −0.32 > −1.65，或者说 LLC = 12.61 对应的 p 值近似为 1，所以接受原假设，小类细分行业面板数据的 9 个个体存在单位根。

但是从 p 只可以看出，小类细分行业的平稳性不如中类细分行业和大类细分行业，这需要对参数作进一步处理，此项工作将在后文关于面板模型修正的内容里进行。

二、单位根检验——崔仁检验

崔仁（In Choi）检验又称 Fisher-ADF 检验，适用于面板数据个体具有不同根情形。崔仁检验是在 2001 年提出来的[①]。崔仁检验含有两个检验统计量，ADF-Fisher χ^2 和 ADF-Choi Z 统计量。这两个统计量都从 Fisher 原理出发，首先对每个个体进行 ADF 检验，用 ADF 统计量所对应的概率值 p_i 之和构造 ADF-Fisher χ^2 和 ADF-Choi Z 统计量。

崔仁检验的原假设 H_0 是存在单位根。在原假设成立条件下，

$$ADF - Fisher\chi^2 = -2 \sum_{i=1}^{N} \log(p_i) \rightarrow \chi^2(2N)$$

[①] Choi I. Unit Root Test for Panel Data [J]. Journal of International Money and Finance，2002（20）：249-272.

其中，p_i 是相应的 ADF 统计量对应的 p 值，N 表示个体个数。ADF-Fisher χ^2 统计量是右单侧检验，即

$$ADF - ChoiZ = \frac{1}{\sqrt{N}} \sum_{i=1}^{N} \Phi^{-1}(p_i) \rightarrow N(0, 1)$$

其中，p_i 是相应的 ADF 统计量对应的 p 值，$\Phi^{-1}(p_i)$ 表示标准正态累积分布函数的反函数。ADF-Choi Z 统计量是左单侧检验。

1. 大类细分行业的崔仁检验

据此对 9 个大类细分行业各自的 GDP 面板数据作 ADF-Fisher χ^2 和 ADF-Choi Z 统计量检验，检验的输出结果如表 6-4 所示：

表 6-4 大类细分行业 ADF-Fisher 和 ADF-Choi Z 检验的 Eviews 输出结果

Sample: 1948 2013

Total number of observations: 525

Cross-sections included: 9

Method			Statistic	Prob.**
ADF-Fisher Chi-square			1.06887	1.0000
ADF-Choi Z-stat			7.69451	1.0000

Intermediate ADF test results GDP?

Series	Prob.	Lag	Max Lag	Obs
GDPCAIKUANGYE	1.0000	2	10	63
GDPNONGYE	0.9993	0	10	65
GDPJIANZHUYE	0.9186	7	10	58
GDPZHIZAOYE	0.9084	10	10	55
GDPPIFAYE	0.9958	10	10	55
GDPLINGSHOUYE	0.7920	10	10	55
GDPJIAOTONGGONGGONG	0.8911	10	10	55
GDPJINRONGBAOFANG	1.0000	10	10	55
GDPFUWUYE	1.0000	1	10	64

从表 6-4 中可以看到 ADF-Fisher χ^2 和 ADF-Choi Z 检验的输出结果，由表可见，因为 ADF-Fisher χ^2 = 1.07 < χ^2(18) = 28.87 或者 ADF-Choi Z = 7.69 > -1.65，或者说 ADF-Fisher χ^2 和 ADF-Choi Z 统计量对应的 p 值近似为 1，所以接受原假设，该面板数据存在单位根。

表 6-4 的下半部分显示，9 个大类细分行业个体 ADF 值对应的 p (Prob.) 值都远大于 0.05，所以 9 个大类细分行业个体都存在单位根。

2. 中类细分行业的崔仁检验

对于中类细分行业数据单位根进行崔仁检验的前提假设与大类细分行业是相同的，同前所述对 8 个中类细分行业各自的 GDP 面板数据作 ADF-Fisher χ^2 和 ADF-Choi Z 统计量检验，检验的输出结果如表 6-5 所示：

表 6-5　中类细分行业 ADF-Fisher 和 ADF-Choi Z 检验的 Eviews 输出结果

Sample：1948 2013

Total number of observations：513

Cross-sections included：8

Method		Statistic	Prob.**
ADF-Fisher Chi-square		0.00957	1.0000
ADF-Choi Z-stat		12.2272	1.0000

Intermediate ADF test results GDP?

Series	Prob.	Lag	Max Lag	Obs
GDPNAIYONGPIN	0.9976	0	10	65
GDPFEINAIYONGPIN	1.0000	0	10	65
GDPJINRONGBAOXIAN	1.0000	0	10	65
GDPFANGDICHAN	1.0000	1	10	64
GDPZHUANYESHANGYE	1.0000	1	10	64
GDPJIAOYUFUWUJIANSHE	1.0000	1	10	64
GDPYISHUXIUYUCANZHU	0.9978	1	10	64
GDPQITAFUWU	0.9999	3	10	62

表 6-5 中数据表明了 ADF-Fisher χ^2 和 ADF-Choi Z 检验的输出结果，由表可见，因为 ADF-Fisher $\chi^2 = 0.0096 < \chi^2(16) = 26.30$ 或者 ADF-Choi Z = $12.23 > -1.65$，或者说 ADF-Fisher χ^2 和 ADF-Choi Z 统计量对应的 p 值近似为 1，所以接受原假设，该面板数据存在单位根。

表中的下部分显示了 8 个中类细分行业个体 ADF 值对应的 p (Prob.) 值都远大于 0.05，所以 8 个中类细分行业个体都存在单位根。

3. 小类细分行业的崔仁根检验

对于小类细分行业数据单位根的崔仁检验的前提假设与大类、中类细分行业是相同的，同前所述对 9 个小类细分行业各自的 GDP 面板数据作 ADF-Fisher χ^2 和 ADF-Choi Z 统计量检验，检验的输出结果如表 6-6 所示：

表 6-6　小类细分行业 ADF-Fisher 和 ADF-Choi Z 检验的 Eviews 输出结果

Sample：1998 2013

Total number of observations：134

Cross-sections included：9

Method	Statistic	Prob.**
ADF-Fisher Chi-square	5.74836	0.9971
ADF-Choi Z-stat	3.01793	0.9987

Intermediate ADF test results GDP?

Series	Prob.	Lag	Max Lag	Obs
GDPSHIYOUMEI	0.7380	0	2	15
GDPLIANBANGYINHANG	0.6483	0	2	15
GDPZHENGQUANQIHUO	0.2514	0	2	15
GDPJIJINXINTUO	0.9967	1	2	14
GDPFANGDICHAN	0.7390	0	2	15
GDPZHUANYEKEJI	0.7877	0	2	15
GDPGONGSIZHILIFEI	0.8996	0	2	15
GDPJIAOYUFUWU	0.9412	0	2	15
GDPJIANKANGYISHE	0.9557	0	2	15

表 6-6 中数据表明了 ADF-Fisher χ^2 和 ADF-Choi Z 检验的输出结果，由表可见，因为 ADF-Fisher $\chi^2 = 5.75 < \chi^2(18) = 28.87$ 或者 ADF-Choi Z = 3.02 > −1.65，或者说 ADF-Fisher χ^2 和 ADF-Choi Z 统计量对应的 p 值分别为 0.997 和 0.999，近似为 1，所以接受原假设，该面板数据存在单位根。

表中的下部分显示了 9 个小类细分行业个体 ADF 值对应的 p（Prob.）值都远大于 0.05，所以 9 个小类细分行业个体都存在单位根。

第三节　面板数据模型的构建与选择

在此首先判断，对于各类细分行业的面板数据应该使用混合模型，还是使用个体固定效应模型抑或个体随机效应模型。

一、面板数据模型的构建

进行面板数据模型回归分析之前首先要判断面板数据模型的类型。固定效应模型与随机效应模型的主要区别在于，固定效应模型假定截距项与回归自变量相关，而随机效应模型假定截距项与回归自变量不相关，所以有学者称固定效应模型为"相关效应模型"，并称随机效应模型为"非相关效应模型"。

在实证研究中，混合模型与个体固定效应模型的选择可以用 F 统计量来判断，而随机效应模型与固定效应模型的选择可用 H_0（Hausman）统计量来判断。检验模型是个体固定效应还是混合效应模型的原假设 H_0：模型为混合模型，备择假设 H_1：模型为个体固定效应模型。F 统计量定义为：

$$F = \frac{(RSS_r - RSS_u)/(N - 1)}{RSS_u/(NT - N - k)}$$

其中，RSS_r 表示混合模型估计结果的残差平方和，RSS_u 表示个体固定效应模型估计结果的残差平方和。F 统计量在原假设条件下服从 F 分布，自由度为 N，NT − N − k，判别规则为：若 F ≤ 临界值，则接受原假设，表示应建立混合效应模型；若 F > 临界值，则拒绝原假设接受备择假设，应建立个体固定效应模型。

检验模型是固定效应还是随机效应模型的原假设 H_0：模型为个体随机效应模型；备择假设 H_1：模型为个体固定效应模型。H 统计量的构造要复杂一些，统计软件大都会直接给出结果。判别规则为：若 H ≤ 临界值就接受原假设，建立个体随机效应模型相对合理；反之，应建立个体固定效应模型。

本书分析过程中使用了 Eviews 8.0 软件，这使得计算更为简便。通过分析影响经济增长与就业增长效应模型的各种因素，比较混合模型、个体随机效应模型、个体固定模型，最终选择建立经济增长拉动就业的一个合适的计量模型。

二、面板模型的选择

(一) 大类细分行业

首先，估计混合模型，用混合最小二乘估计法得出结果如下：

$$\hat{E}mploy_{it} = 4360.328 + 0.009424GDP$$

$$(12) \qquad (22.98)$$

$R^2 = 0.4717 \quad RSS_r = 3.26E + 10 \quad DW = 0.0066 \quad T = 66 \quad N = 9 \quad TN = 594$

其次，个体固定效应模型的估计结果是：

$$\hat{E}mploy_{it} = 4245.805\lambda_{01} + \cdots + 13135.02\lambda_{09} + 0.007050GDP$$

$$(22.97)$$

$R^2 = 0.8248 \quad RSS_u = 1.08E + 10 \quad DW = 0.019034 \quad T = 66 \quad N = 9 \quad TN = 594$

其中，λ_{01}，$\cdots$，λ_{09} 的定义是：

$$\lambda_i = \begin{cases} 1, & \text{如果属于第 i 个个体，i = 1，2，} \cdots \text{，9} \\ 0, & \text{其他} \end{cases}$$

最后，个体随机效应模型的估计结果是：

$$\hat{E}mploy_{it} = -4200.527\lambda_{01} + \cdots + 13010.89\lambda_{09} + 0.007076GDP$$

$$(26.10)$$

$R^2 = 0.533974 \quad RSS = 3.44E + 10 \quad DW = 0.005978 \quad T = 66 \quad N = 9 \quad TN = 594$

1. F 统计量检验

用 F 统计量检验应该建立混合模型还是个体固定效应模型。

由混合模型可知 $RSS_r = 2.27E + 10$，$RSS_u = 2.17E + 09$，$T = 66$，$N = 9$，则：

$$F = \frac{(RSS_r - RSS_u)/(N - 1)}{RSS_u/(NT - N - 1)} = \frac{(3.26E^{10} - 1.08E^{10})/8}{RSS_u/(594 - 9 - 1)} = 289$$

$$F_{0.05}(8，576) = 1.96$$

因为 $F = 289 > F_{0.05}(8，576) = 1.96$，推翻原来的假设，对比上述两种模型，对于大类细分行业，建立个体固定效应模型比建立混合效应模型要合理。

Eviews 的检测结果如表 6-7 所示。

表 6-7 大类细分行业 F 检验的 Eviews 输出结果

Redundant Fixed Effects Tests

Test cross-section fixed effects

Effects Test	Statistic	d.f.	Prob.
Cross-section F	289.306161	(8, 576)	0.0000
Cross-section Chi-square	958.157385	8	0.0000

因为 F 检验相应的 p 值小于 0.05，结论是推翻原假设，所以应该建立个体固定效应模型。

2. H 统计量检验

用 H 统计量检验应该建立个体固定效应模型还是个体随机效应模型。

$\hat{\beta}_W = 0.007050$ $s_{(\hat{\beta}_W)} = 0.000271$ $\widetilde{\beta}_{RE} = 0.007076$ $s_{(\widetilde{\beta}_{RE})} = 0.000271$

因为被比较的回归系数只有一个（β_1），所以原假设成立条件下 $H \sim \chi^2(1)$。

$$H = \frac{(\hat{\beta}_W - \widetilde{\beta}_{RE})^2}{s_{(\hat{\beta}_W)} - s_{(\widetilde{\beta}_{RE})}} = \frac{0.007050 - 0.007076}{0.000271 - 0.000271} = 3.51$$

因为 $H = 3.51 > \chi^2_{0.05}(1) = 3.84$，所以模型存在个体固定效应。因此，大类细分行业应该建立个体固定效应模型。Eviews 的检测结果如表 6-8 所示。

表 6-8 大类细分行业 H 检验的 Eviews 输出结果

Correlated Random Effects-Hausman Test

Test cross-section random effects

Test Summary	Chi-Sq. Statistic	Chi-Sq. d.f.	Prob.
Cross-section random	3.514018	1	0.0609

Cross-section random effects test comparisons:

Variable	Fixed	Random	Var (Diff.)	Prob.
GDP?	0.007050	0.007076	0.000000	0.0609

因为 H 检验相应的 p 值小于 0.05，结论是推翻原假设，所以应该建立个体固定效应模型。

（二）中类细分行业

方法同前述，对于中类细分行业的面板数据应该使用混合模型，还是使用个体固定效应模型抑或个体随机效应模型，要进行判断。

首先，估计混合模型，用混合最小二乘估计法得出结果如下：

$$\hat{Employ}_{it} = 4365.767 + 0.004750GDP$$

$$(19) \qquad (12)$$

$R^2 = 0.2123 \quad RSS_r = 8.83E+9 \quad DW = 0.0108 \quad T = 66 \quad N = 8 \quad TN = 528$

其次，个体固定效应模型的估计结果是：

$$\hat{Employ}_{it} = 7803.278\lambda_{01} + \cdots + 13135.02\lambda_{08} + 0.005397GDP$$

$$(17.6)$$

$R^2 = 0.5939 \quad RSS_u = 4.55E+9 \quad DW = 0.0209 \quad T = 66 \quad N = 8 \quad TN = 528$

其中，λ_{01}，$\cdots$，λ_{09} 的定义是：

$$\lambda_i = \begin{cases} 1, & \text{如果属于第 } i \text{ 个个体，} i = 1, 2, \cdots, 8 \\ 0, & \text{其他} \end{cases}$$

最后，个体随机效应模型的估计结果是：

$$\hat{Employ}_{it} = 7758.592\lambda_{01} + \cdots + 4482.263\lambda_{08} + 0.005387GDP$$

$$(26.10)$$

$R^2 = 0.370399 \quad RSS = 8.87E+9 \quad DW = 0.010727 \quad T = 66 \quad N = 8 \quad TN = 528$

1. F 统计量检验

用 F 统计量检验中类细分行业应该建立混合模型还是个体固定效应模型。

由混合模型可知 $RSS_r = 8.83E+9$，$RSS_u = 4.55E+09$，$T = 66$，$N = 8$，则：

$$F = \frac{(RSS_r - RSS_u)/(N-1)}{RSS_u/(NT-N-1)} = \frac{(8.83E^9 - 4.55E^9)/7}{RSS_u/(528-8-1)} = 264$$

$$F_{0.05}(7, 519) = 2.03$$

因为 $F = 264 > F_{0.05}(7, 519) = 2.03$，推翻原来的假设，对比上述两种模型，对于中类细分行业建立个体固定效应模型比建立混合效应模型更合理。

Eviews 的检测结果如表 6-9 所示。

从表 6-9 中可以看到，因为 F 检验相应的 p 值小于 0.05，结论是推翻原假设。所以，对于中类细分行业应该建立个体固定效应模型。

2. H 统计量检验

下面用 H 统计量检验应该建立个体固定效应模型还是个体随机效应模型。

表 6-9　中类细分行业 F 检验的 Eviews 输出结果

Redundant Fixed Effects Tests

Test cross-section fixed effects

Effects Test	Statistic	d.f.	Prob.
Cross-section F	263.513260	(7, 512)	0.0000
Cross-section Chi-square	806.069886	7	0.0000

$\hat{\beta}_W = 0.005397 \quad s_{(\hat{\beta}_W)} = 0.000307 \quad \widetilde{\beta}_{RE} = 0.005387 \quad s_{(\widetilde{\beta}_{RE})} = 0.000306$

因为被比较的回归系数只有一个（β_1），所以原假设成立条件下 $H \sim \chi^2(1)$。

$$H = \frac{(\hat{\beta}_W - \widetilde{\beta}_{RE})^2}{s_{(\hat{\beta}_W)} - s_{(\widetilde{\beta}_{RE})}} = \frac{0.005397 - 0.005387}{0.000307 - 0.000306} = 3.51$$

因为 $H = 0.58 < \chi^2_{0.05}(1) = 3.84$，所以模型存在个体随机效应。应该建立个体随机效应模型。Eviews 的检测结果如表 6-10 所示。

表 6-10　中类细分行业 H 检验的 Eviews 输出结果

Correlated Random Effects-Hausman Test

Test cross-section random effects

Test Summary	Chi-Sq Statistic.	Chi-Sq. d.f.	Prob.
Cross-section random	0.580289	1	0.4462

Cross-section random effects test comparisons:

Variable	Fixed	Random	Var (Diff.)	Prob.
GDP?	0.005397	0.005387	0.000000	0.4462

不同于大类细分行业的 H 检验，因为表中中类细分行业的 H 检验相应的 p 值为 0.45，大于 0.05，结论是接受原假设。所以应该建立个体随机效应模型。

（三）小类细分行业

与大类、中类细分行业的研究方法相同，下面对于小类细分行业的面板数据应该使用混合模型、个体固定效应模型，还是个体随机效应模型进行判断。

首先，估计混合模型，用混合最小二乘估计法得出结果如下：

$$\hat{Employ}_{it} = 2423.382 + 0.003895GDP$$

$$(4.26) \qquad (4.86)$$

$R^2 = 0.1426 \quad RSS_r = 3.08E+9 \quad DW = 0.001437 \quad T = 16 \quad N = 9 \quad TN = 144$

其次，个体固定效应模型的估计结果是：

$$\hat{Employ}_{it} = -839.587\lambda_{01} + \cdots + 12861.796\lambda_{09} + 0.002424GDP$$

$$(9.02)$$

$R^2 = 0.9910 \quad RSS_u = 3.15E+9 \quad DW = 0.129849 \quad T = 16 \quad N = 9 \quad TN = 144$

其中，$\lambda_{01}, \cdots, \lambda_{09}$ 的定义是：

$$\lambda_i = \begin{cases} 1, & \text{如果属于第 i 个个体，} i = 1, 2, \cdots, 9 \\ 0, & \text{其他} \end{cases}$$

最后，个体随机效应模型的估计结果是：

$$\hat{Employ}_{it} = -159.495\lambda_{01} + \cdots + 4482.263\lambda_{09} + 0.002433GDP$$

$$(9.08)$$

$R^2 = 0.368538 \quad RSS = 8.87E+9 \quad DW = 0.001327 \quad T = 16 \quad N = 9 \quad TN = 144$

1. F 统计量检验

用 F 统计量检验小类细分行业应该建立混合模型还是个体固定效应模型。由于检验过程与大类、中类细分行业相同，在此直接给出结果。

根据混合模型和固定效应模型把 RSSr 及方差、RSSu 及方差、T、N 等值代入 F 统计量公式得：

$$F = \frac{(RSS_r - RSS_u)/(N-1)}{RSS_u/(NT-N-1)} = 1584.49$$

$F_{0.05}(8, 134) = 2.01$

因为 $F = 289 > F_{0.05}(7, 519) = 2.01$，推翻原来的假设，对比上述两种模型，对于小类细分行业建立个体固定效应模型比建立混合效应模型更合理。Eviews 的检测结果如表 6-11 所示。

由表 6-11 可知，因为 F 检验相应的 p 值小于 0.05，所以结论是推翻原假设。所以应该建立个体固定效应模型。

2. H 统计量检验

下面用 H 统计量检验对于小类细分行业应该建立个体固定效应模型还是个体随机效应模型。

表 6-11　小类细分行业 F 检验的 Eviews 输出结果

Redundant Fixed Effects Tests

Test cross-section fixed effects

Effects Test	Statistic	d.f.	Prob.
Cross-section F	1584.490956	(8, 134)	0.0000
Cross-section Chi-square	656.659576	8	0.0000

因为被比较的回归系数只有一个（β_1），所以原假设成立条件下 $H \sim \chi^2(1)$。

由于检验的过程和大类、中类细分行业是相同的，因此，直接把参数 $\hat{\beta}_W$、$s_{(\hat{\beta}_W)}$、$\tilde{\beta}_{RE}$、$s_{(\tilde{\beta}_{RE})}$ 代入 H 统计量的表达式得出结果：

$$H = \frac{(\hat{\beta}_W - \tilde{\beta}_{RE})^2}{s_{\hat{\beta}_W} - s_{\tilde{\beta}_{RE}}} = 0.19$$

因为 $H = 0.19 < \chi^2_{0.05}(1) = 3.84$，所以模型存在个体随机效应。对于小类细分行业应该建立个体随机效应模型。Eviews 的检测结果如表 6-12 所示。

表 6-12　小类细分行业 H 检验的 Eviews 输出结果

Correlated Random Effects-Hausman Test

Test cross-section random effects

Test Summary	Chi-Sq. Statistic	Chi-Sq. d.f.	Prob.
Cross-section random	0.185501	1	0.6667

Cross-section random effects test comparisons:

Variable	Fixed	Random	Var (Diff.)	Prob.
GDP?	0.002424	0.002433	0.000000	0.6667

可以看出小类细分行业 H 检验不同于大类细分行业的 H 检验，但和中类细分行业的 H 检验结果是相似的，因为小类细分行业的 H 检验相应的 p 值为 0.67，大于 0.05，结论是接受原假设。所以应该建立个体随机效应模型。

第四节　面板数据模型的修正与
回归方程的经济解释

因所考察的经济增长和就业的面板数据存在着单位的差异，这样数据的数量级很大，而且根据第三章和第四章所分析的在 GDP 和就业的数据中有时会出现异常值，这就要在不改变经济含义的前提下，对各类不同行业的模型进行修正。

一、面板数据模型的修正

如上所述，为了降低数量级，缩小异方差，减少异常值的影响，完善回归方程，现对经济增长与就业的数据进行取对数处理，通过修正变量数据来实现对面板模型的修正。

1. 大类细分行业

对上述取对数之后的大类细分行业的数据平稳性进行检验。

首先是 LLT 检验。对取对数后的 9 个大类细分行业各自的 GDP 面板数据作 LLC 检验，LLC 检验的输出结果如表 6-13 所示：

表 6-13　取对数大类细分行业 LLC 检验的 Eviews 输出结果

Sample：1948 2013

Total（balanced）observations：576

Cross-sections included：9

Method	Statistic	Prob.**
Levin，Lin & Chu t*	4.80615	1.0000

从表 6-13 中可以看到 LLC 的值。因为 LLC = 4.81 > -3.42 或者说 LLC = 4.81 对应的 p 值近似为 1，所以接受原假设，说明对原始数据取对数以后，面板数据的 9 个个体存在单位根。

其次是 ADF-Fisher χ^2 和 ADF-Choi Z 检验。对于取对数后的 9 个大类细分行业各自的 GDP 面板数据作 ADF-Fisher χ^2 和 ADF-Choi Z 检验。

ADF-Fisher χ² 和 ADF-Choi Z 检验的输出结果如表 6-14 所示：

表 6-14　取对数大类细分行业 ADF-Fisher 和 ADF-Choi Z 检验 Eviews 输出结果

Sample：1948 2013

Total（balanced）observations：576

Cross-sections included：9

Method	Statistic	Prob.**
ADF-Fisher Chi-square	3.53973	0.9999
ADF-Choi Z-stat	5.36291	1.0000

** Probabilities for Fisher tests are computed using an asymptotic Chi-square distribution. All other tests assume asymptotic normality.

Intermediate ADF test results LOG（GDP?）

Series	Prob.	Lag	Max Lag	Obs
LOG（GDPNONGYE）	0.5278	1	1	64
LOG（GDPCAIKUANGYE）	0.5970	1	1	64
LOG（GDPJIANZHUYE）	0.5616	1	1	64
LOG（GDPZHIZAOYE）	0.9824	1	1	64
LOG（GDPPIFAYE）	0.9967	1	1	64
LOG（GDPLINGSHOUYE）	0.9961	1	1	64
LOG（GDPJIAOTONGGONGGONG）	0.9989	1	1	64
LOG（GDPJINRONGBAOFANG）	0.9919	1	1	64
LOG（GDPFUWUYE）	0.9961	1	1	64

从表 6-14 中可以看到大类细分行业 ADF-Fisher χ² 和 ADF-Choi Z 检验的输出结果：

因为 ADF-Fisher χ² = 3.54 < χ²（18）= 28.87，或者 ADF-Choi Z = 5.36 > -3.42，或者说 ADF-Fisher χ² 和 ADF-Choi Z 统计量对应的 p 值近似为 1，所以接受原假设，分行业 GDP 的面板数据存在单位根。

表中的下半部分显示，取对数后 9 个大类细分行业个体 ADF 值对应的 p（Prob.）值都远大于 0.05，所以 9 个大类细分行业个体都存在单位根。

可见取对数后，不但原有的经济学意义没有被改变，而且使得数据变得更为平稳了。

2. 中类细分行业

与大类细分行业数据的处理方法一样，对中类细分行业通过取对数的方法检验数据平稳性。

首先是 LLT 检验。对取对数后的 8 个中类细分行业各自的 GDP 面板数据作 LLC 检验，LLC 检验的输出结果如表 6-15 所示：

表 6-15　取对数中类细分行业 LLC 检验的 Eviews 输出结果

Sample：1948 2013

Total（balanced）observations：512

Cross-sections included：8

Method	Statistic	Prob.**
Levin，Lin & Chu t*	5.65405	1.0000

从表 6-15 中可以看到 LLC 的值。因为 LLC = 5.65 > -3.42 或者说 LLC = 5.65 对应的 p 值近似为 1，所以接受原假设，说明对原始数据取对数以后，中类面板数据的 8 个个体存在单位根。

其次是 ADF-Fisher χ^2 和 ADF-Choi Z 检验。对于取对数后的 8 个中类细分行业各自的 GDP 面板数据作 ADF-Fisher χ^2 和 ADF-Choi Z 检验，ADF-Fisher χ^2 和 ADF-Choi Z 检验的输出结果如表 6-16 所示：

表 6-16　取对数中类细分行业 ADF-Fisher 和 ADF-Choi Z 检验 Eviews 输出结果

Sample：1948 2013

Total（balanced）observations：512

Cross-sections included：8

Method	Statistic	Prob.**
ADF-Fisher Chi-square	2.84862	0.9999
ADF-Choi Z-stat	6.38899	1.0000

** Probabilities for Fisher tests are computed using an asymptotic Chi-square distribution. All other tests assume asymptotic normality.

Intermediate ADF test results LOG（GDP?）

Series	Prob.	Lag	Max Lag	Obs
LOG（GDPNAIYONGPIN）	0.9340	1	1	64
LOG（GDPFEINAIYONGPIN）	0.9907	1	1	64
LOG（GDPJINRONGBAOXIAN）	0.9975	1	1	64

Series	Prob.	Lag	Max Lag	Obs
LOG（GDPFANGDICHAN）	0.9886	1	1	64
LOG（GDPZHUANYESHANGYE）	0.9993	1	1	64
LOG（GDPJIAOYUFUWUJIANSHE）	0.9999	1	1	64
LOG（GDPYISHUXIUYUCANZHU）	0.2646	1	1	64
LOG（GDPQITAFUWU）	0.9975	1	1	64

ADF-Fisher χ^2 和 ADF-Choi Z 检验的输出结果表明，因为

ADF-Fisher χ^2 = 2.89 < χ^2（16）= 26.30，或者 ADF-Choi Z = 6.39 > -3.43，或者说 ADF-Fisher χ^2 和 ADF-Choi Z 统计量对应的 p 值分别为 0.99 和 1，都近似为 1，所以接受原假设，该面板数据存在单位根。

上表中的后半部分显示，取对数后 8 个中类细分行业个体 ADF 值对应的 p（Prob.）值都远大于 0.05，所以 8 个中类细分行业个体都存在单位根。

可见，对于中类细分行业取对数后，数据变得更为平稳了。

3. 小类细分行业

与大类、中类细分行业的检验方法相同，在此对于取对数后的小类细分行业的数据平稳性进行检验。

首先是 LLT 检验。对于取对数后的 9 个小类细分行业各自的 GDP 面板数据作 LLC 检验，LLC 检验的输出结果如表 6-17 所示：

表 6-17　取对数小类细分行业 LLC 检验的 Eviews 输出结果

Sample：1998 2013

Total（balanced）observations：126

Cross-sections included：9

Method	Statistic	Prob.**
Levin, Lin & Chu t*	0.05106	0.5204

从表 6-17 中可以看到 LLC 的值。因为 LLC = -0.051 > -1.65 或者说 LLC = 0.051 对应的 p 值为 0.52 近似为 1，所以接受原假设，说明对原始数据取对数以后，面板数据的 9 个个体存在单位根。

显然从检验结果来看，虽然小类细分行业可以通过 LLC 检验，但是其

效果没有大类和中类细分行业那样明显，因为 p 值偏小，仅是 0.52。

其次是 ADF-Fisher χ^2 和 ADF-Choi Z 检验。方法和大类、中类细分行业一样，对于取对数后的 9 个小类细分行业各自的 GDP 面板数据作 ADF-Fisher χ^2 和 ADF-Choi Z 检验。

ADF-Fisher χ^2 和 ADF-Choi Z 检验的输出结果如表 6-18 所示：

表 6-18　取对数小类细分行业 ADF-Fisher 和 ADF-Choi Z 检验 Eviews 输出结果

Sample: 1998 2013

Exogenous variables: Individual effects, individual linear trends

User-specified lags: 1

Total (balanced) observations: 126

Cross-sections included: 9

Method	Statistic	Prob.**
ADF-Fisher Chi-square	11.1031	0.8899
ADF-Choi Z-stat	2.17966	0.9854

** Probabilities for Fisher tests are computed using an asymptotic Chi-square distribution. All other tests assume asymptotic normality.

Intermediate ADF test results LOG (GDP?)

Series (LOGGDP)	Prob.	Lag	Max Lag	Obs
(GDPSHIYOUMEI)	0.7353	1	1	14
LOG (GDPLIANBANGYINHANG)	0.6078	1	1	14
LOG (GDPZHENGQUANQIHUO)	0.0523	1	1	14
LOG (GDPJIJINXINTUO)	0.7122	1	1	14
LOG (GDPFANGDICHAN)	0.9326	1	1	14
LOG (GDPZHUANYEKEJI)	0.6667	1	1	14
LOG (GDPGONGSIZHILIFEI)	0.3824	1	1	14
LOG (GDPJIAOYUFUWU)	0.9984	1	1	14
LOG (GDPJIANKANGYISHE)	0.9833	1	1	14

表 6-18 中清楚地呈现了小类细分行业 ADF-Fisher χ^2 和 ADF-Choi Z 检验的输出结果，由表可见，

因为 ADF-Fisher $\chi^2 = 11.10 < \chi^2(18) = 28.87$ 或者 ADF-Choi Z = 2.18 > -3.45，或者说 ADF-Fisher χ^2 和 ADF-Choi Z 统计量对应的 p 值分别为

0.89 和 0.99 近似为 1，所以接受原假设，分行业 GDP 的面板数据存在单位根。

表中的下半部分显示，取对数后 9 个小类细分行业个体 ADF 值对应的 p（Prob.）值除证券期货小类行业外，都远大于 0.05，所以 9 个小类细分行业个体都存在单位根。

可见，对于小类细分行业取对数后，不但原有的经济学意义没有被改变，而且使得数据变得更为平稳了。

二、面板数据模型的经济解释

根据上述分析，下面把调整后的大类、中类和小类细分行业的面板数据的回归方程写出来。

1. 大类细分行业

根据上述对大类细分行业的分析，可知在考察大类细分行业经济增长拉动就业的关系时，最为合理的模型是建立个体固定效应模型。

据此，建立相应的大类行业的个体固定效应模型，处理后得到回归方程组，形成表格，结果如表 6-19 所示：

表 6-19　取对数之后大类细分行业 GDP 拉动就业的系数

大类行业类别（log）	截距	系数	标准差	t-统计量	p 值
农业	9.314827	−0.169904	0.019668	−8.638614	0.0000
采矿业	6.822402	−0.023105	0.012902	−1.790756	0.0739
建筑业	5.415847	0.255281	0.012071	21.14912	0.0000
制造业	10.26622	−0.039300	0.014439	−2.721812	0.0067
批发业	5.847183	0.215413	0.012147	17.73389	0.0000
零售业	6.097029	0.274526	0.013266	20.69380	0.0000
交通运输及公共服务业	6.297801	0.187267	0.012196	15.35512	0.0000
金融、保险及房地产业	4.322563	0.320933	0.010270	31.25065	0.0000
服务业	4.761701	0.405352	0.009030	44.88852	0.0000

根据第五章给出的关于经济增长拉动就业的基本经济关系的函数形式，如果把大类细分行业拉动就业的总量设为 TL_{it}^B，那么可以得出：

大类细分行业经济增长拉动就业的经济模型：

$$TL_{it}^B = \lambda_{it}^B + \lambda_{it}^{BB}Y_{it} \quad (i = 1, \cdots, 9; \ t = 1948, \cdots, 2013)$$

其中，λ_{it}^B 是截距项，其经济含义是表示大类细分行业就业增长的基数；λ_{it}^{BB} 是系数，其经济含义是大类细分行业单位 GDP 增长拉动的就业人数。

先看截距。截距是就业基数，可以看出截距最大的是制造业，表明制造业就业基数是最大的，接下来是农业和采矿业；而基数最小的是金融、保险及房地产业，其次是服务业。

再看系数。系数为负值的是农业、采矿业、制造业这三个大类行业，也就是说随着经济的发展，这三个行业的就业相对于经济增长是下降的；系数最大的是服务业，也就是说服务业 GDP 增长拉动就业人数最多。

比较截距与系数。不难发现，作为传统行业的农业、制造业、建筑业、批发业、零售业的就业基数较大，但是随着经济的发展，经济增长的就业贡献值越来越小；作为后发展起来的服务业，金融、保险及房地产业就业基数不大，但随着经济的发展，就业贡献值越来越大，并逐渐成为拉动就业的主要行业。

虽然具体行业经济增长拉动就业的表现不同，但总的系数为正，因此总体而言大类行业经济增长是在拉动就业的增加。

可见，对数据的计量结论验证了前文的理论分析，即传统的农业、制造业等就业基数大，但拉动就业乏力，新兴的服务业、金融房地产业就业基数不大，但是拉动就业的后劲十足，是预期的发展方向。

2. 中类细分行业

基于前文部分对中类细分行业的分析，建立个体随机效应模型描述中类细分行业经济增长拉动就业的关系比较合理。

据此，建立相应的中类行业的个体随机效应模型，处理后得到回归方程组，形成表格，结果如表 6-20 所示：

表 6-20　取对数之后中类细分行业 GDP 拉动就业的系数

中类行业类别（log）	截距	系数	标准差	t-统计量	p 值
耐用品制造业	9.197234	0.001720	0.010536	0.163258	0.8704
非耐用品制造业	9.985814	−0.091506	0.009791	−9.345788	0.0000
金融、保险业	4.755816	0.292048	0.006722	43.44817	0.0000
房地产业	2.578823	0.355168	0.007531	47.16322	0.0000

续表

中类行业类别（log）	截距	系数	标准差	t-统计量	p 值
专业、商业服务业	2.136364	0.538179	0.005694	94.51280	0.0000
教育服务、健康医疗及社会救助业	2.900794	0.503249	0.006170	81.56077	0.0000
艺术、休闲、娱乐、住宿及餐饮服务业	1.910386	0.559418	0.006167	90.71380	0.0000
除政府外的其他服务业	6.242699	0.204735	0.009019	22.70080	0.0000

参考第五章给出的关于经济增长拉动就业的基本经济关系模型形式，如果把中类细分行业拉动就业的总量设为 TL_{it}^M，那么可以得出：

中类细分行业经济增长拉动就业的经济模型：

$$TL_{it}^M = \lambda_{it}^M + \lambda_{it}^{MM}Y_{it}（i = 1，\cdots，8；t = 1948，\cdots，2013）$$

其中，λ_{it}^M 是截距项，其经济含义是，表示中类细分行业就业增长的基数；λ_{it}^{MM} 是系数，其经济含义是中类细分行业单位 GDP 增长拉动的就业人数。

先看截距。同上所述，截距是就业基数，可以看出截距最大的是耐用品制造业和非耐用品制造业，因为它们共同组成了制造业；而基数最小的是艺术、休闲、娱乐、住宿及餐饮服务业，而服务业中除了除政府外的其他服务业外，其余的中类细分行业基数都不大。

再看系数。系数为负值的是非耐用制造业，而耐用品制造业的系数稍大于 0，也就是说随着经济的发展，耐用品制造业与非耐用品制造业的就业相对于经济增长前者是缓慢增长，后者是下降的；系数最大且基数最小的是艺术、休闲、娱乐、住宿及餐饮服务业；专业、商业服务业，教育服务、健康医疗及社会救助业这两类服务业稍次之，也就是说整体上中类细分行业中，各类服务业 GDP 增长拉动就业人数最多。

比较截距与系数。这会得到与分析大类行业相似的结论，制造业分出来的耐用品制造业和非耐用品制造业的就业基数很大，但是经济增长的就业贡献值却越来越小；而各类服务业就业基数不大，但随着经济的发展就业贡献值却越来越大，代表着就业的发展方向。

这里不同于大类行业的是除政府外的其他服务业，基数大，但增长数度不快，类似于那些传统行业的特点。这一行业所包含的内容是汽车修理服务、机器、电器、设备维修服务，可以称之为传统服务业，因为是和传统行业相伴而生的，所以具备了相似的特点。

还有一个明显的特点就是金融、保险业的就业基数在增加，而系数在减小，按照前文分析的趋势规律，如果继续发展下去，那么系数会越来越小，基数也会越来越大。

总体而言，大类行业细分为中类行业以后，行业经济增长拉动就业的作用更为明显。除了非耐用品制造业，各个中类行业的就业都在随经济增长而增长，但增长的程度不同，各类服务业最快，金融、保险业次之，最慢的是制造业细分出的中类行业。

同样，对于中类行业数据的计量结论验证了前文的理论，即传统行业就业基数大，但拉动就业后劲不足，服务业等新兴行业基数小，拉动就业动力十足。

3. 小类细分行业

依据前文对小类细分行业面板数据模型选择的分析，建立个体随机效应模型描述小类细分行业经济增长拉动就业的关系相对合理。

据此，建立相应的小类行业的个体随机效应模型，处理后得到回归方程组，形成表格，结果如表 6-21 所示：

表 6-21 取对数之后小类细分行业 GDP 拉动就业的系数

小类行业类别（log）	截距	系数	标准差	t-统计量	p 值
石油制品、煤制品业	5.49631	−0.065202	0.061210	−1.065223	0.2888
联邦储备银行、信托中介及相关业	6.565794	0.103703	0.187742	0.552371	0.5817
证券、期货及投资业	6.091233	0.056565	0.133263	0.424464	0.6720
基金、信托及其他金融工具业	17.07196	−1.469986	0.094367	−15.57730	0.0000
房地产业	5.448845	0.129678	0.134464	0.964406	0.3367
专业、科学及技术服务业	4.733613	0.289958	0.129769	2.234422	0.0272
公司及企业治理、废物处理与管理业	7.204319	0.158306	0.124851	1.267954	0.2072
教育服务业	3.297228	0.398023	0.100314	3.967785	0.0001
健康医疗及社会救助业	3.899815	0.418590	0.114177	3.666162	0.0004

对照第五章给出的关于经济增长拉动就业的基本经济关系模型形式，如果把小类细分行业拉动就业的总量设为 TL_{it}^L，那么可以得出小类细分行业经济增长拉动就业增长的经济模型：

$$TL_{it}^L = \lambda_{it}^L + \lambda_{it}^{LL} Y_{it} \quad (i=1, \cdots, 9; \ t=1997, \cdots, 2013)$$

其中，λ_{it}^L 是截距项，其经济含义是，表示小类细分行业就业增长的基数；λ_{it}^{LL} 是系数，其经济含义是小类细分行业单位 GDP 增长拉动的就业人数。

先看截距。可以看出截距最大的是基金、信托及其他金融工具业，其次是联邦储备银行、信托中介及相关业；而基数最小的是教育服务业，其次是健康医疗及社会救助业；而从大类制造业分类下来到中类的耐用品制造业再到小类的石油制品、煤制品业截距依旧较大。

再看系数。系数为负值的，一个是石油制品、煤制品业，这是其上一个层级的中类细分行业耐用品制造业系数逐渐减小的表现；另一个为负值的小类细分行业是基金、信托及其他金融工具业，是从中类行业金融、保险业分离出来的，验证了前文对金融保险业就业基数与增速的分析。

比较截距与系数。这会得到与分析大类行业相似的结论，从制造业分出来的石油制品、煤制品业的就业基数依旧很大，但是随着经济的增长就业却在减少；而各类服务业就业基数不大，但随着经济的增长就业贡献值越来越大，这一规律再次得到了验证。

总体而言，中类行业细分为小类行业以后，原来的金融、保险业的就业基数在增加，系数在减少；服务业等新兴行业基数不断增加，系数也在相对增加，对就业的拉动作用越来越大。

第五节　本章小结

本章研究表明，"美国通过再工业化来增加就业"的观点是有待商榷的，可以说除经济危机的特殊情况外，美国就业增长与经济增长基本是均衡的，若真的出现了急需解决的就业问题，那么本书认为可以作为抓手的行业也不是工业，而是服务业，因为研究结果显示服务业的经济增长拉动就业的系数最大。

由于行业越来越细化，所以单个行业经济增长对于行业就业的影响力不断下降，但是传统行业的就业基数很大，随着经济发展越来越快，就业的拉动作用越来越小。对于任何一个行业经济增长拉动就业的一般规律是，随着行业就业基数越来越大，拉动就业的作用越来越小，新兴行业就业基数小，但总是可以很大程度地拉动就业，而随着经济发展，会不断出现新的行业，拉动就业的动力会源源不断，那么以前的新兴行业会逐渐变为传统行业，就业基数不断增加，就业拉动作用不断减小，所以社会分工的细化是创造就业的一个动力。

本章的分析验证了第五章的理论，即与就业相关的参数有很多，但有的是"促增就业"，有的是"促减就业"；而把这些因素全部归结为经济增长后，那么经济增长会表现为既减少就业，又增加就业，因为劳动是经济增长的一个投入要素，其他投入要素的投入会对劳动产生替代效应，表现为就业的下降；而其他要素的投入必然促进经济增长，产生大量引致需求，导致劳动需求增大，表现为就业增加。所以经济增长的替代效应与引致效应叠加才是就业效应。经验数据分析与理论分析都证明，叠加后，总体上经济增长的就业效应是正的，这说明即使资本技术之类的要素投入不断增加，会对就业增长产生一个挤出效应，但经济增长始终在拉动就业的增长，只是在各个行业的表现不同，有个别行业的经济增长使就业减少，而多数行业的经济增长拉动了就业增长。从整个美国社会看，其长期人口增长、就业增加及其经济增长是均衡的，而且其人口一直在增长，不考虑经济危机影响，其失业率并没有大的波动，而且表 3-23 显示，人口增长率均值是 0.99%，就业增长率均值是 1.36%，就业增长率是大于人口增长率的，表明社会吸纳就业的总量在增加，即经济增长是拉动劳动就业的。

综上所述，如果从行业的角度分析经济增长拉动就业，各个行业经济增长对于各个行业就业增长的拉动程度不同，之所以有的行业增长可以拉动就业有的行业增长不能拉动就业，其内在原因是经济增长对劳动的替代效应和经济增长产生的引致效应的大小不同。

可以粗略地概括为：如果一个行业的经济增长对行业劳动需求所产生的替代效应大于引致效应，那么则表现为该行业经济增长而就业相对下降，即经济增长没有拉动就业增加；如果一个行业的经济增长对行业劳动需求所产生的引致效应大于替代效应，那么则表现为该行业经济增长而就业也随之增加，即经济增长拉动了就业的增加。从长期来看，美国的经济增长所产生的引致效应是大于替代效应的，所以美国行业经济增长始终在拉动着行业就业增长。

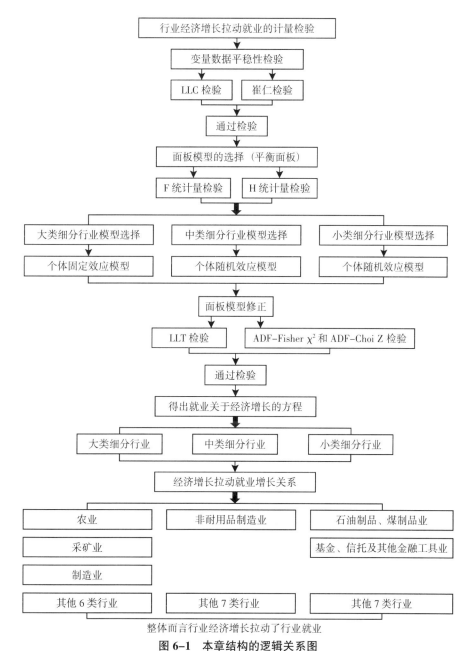

图6-1 本章结构的逻辑关系图

第七章　结论与政策启示

第一节　相关结论

本书基于美国经济增长和就业增长的事实，以美国行业经济增长能否拉动行业就业增长或多大程度地拉动就业作为考察目标，通过对美国的大类、中类、小类细分行业经济增长拉动就业增长同步性问题的分析，得出了关于行业经济增长与行业就业增长的如下几个结论。

一、关于行业经济增长的结论

总体而言，从行业的角度来考察，不均衡是美国行业经济增长的显著特征，美国行业经济在以 GDP 衡量的总量上表现出持续增加的特点，在增长速度上表现出了持续上升的态势，但是从长期趋势看，美国经济增长速度在放缓，特别是 2007 年的"次贷危机"引发了很多美国经济自身的顽疾和历史遗留缺陷，导致其在危机后经济增长恢复缓慢，经济系统由工业行业主导发展成为金融房地产行业主导后，其抵御危机的能力变得相对以往更为脆弱。分行业看，美国大类、中类、小类细分行业经济增量及增长率表现出了不同的特点：

首先，大类细分行业经济增长受各种经济冲击的影响波动明显，金融、保险及房地产业和服务业显著增长，在整个考察期间内几乎表现了持续增长的特点；而且随着经济的发展，各个行业的增长受金融影响越来越明显；在统计期间内，各个大类细分行业都发生了或大或小的波动，基本是 10 年左右波动一次，而且间隔时间越来越短，波动对经济发展产生的负效应越来越大，表明经济的金融影响日趋加深。

考察各个大类细分行业 GDP 份额占 GDP 总量比值发现，各类服务业越来越成为经济社会的主导产业，印证了美国的产业发展正在逐渐服务化的事实，而且服务业的分工越来越精细化。这种行业占比的变化改变了行业的就业结构。研究表明，各个大类细分行业中，制造业，服务业，金融、保险及房地产业这 3 个行业的增长足以拉动美国经济的增长。

其次，通过考察中类细分行业 GDP 的总量和所占总量的比例发现，金融、保险业以及专业、商业服务业发展迅速，增量很大；而且，随着经济的不断发展，金融、服务业等正在逐渐成为影响美国经济变动的主导因素，而传统的生产制造业的发展相对缓慢。通过对美国各个中类细分行业增长速度的分析表明，相对大类而言，中类细分行业的波动幅度更小，其行业经济增长速度最近 10 年一直在减缓，暗示美国经济总的增长速度也在放缓，从长期趋势看，美国经济增长速度呈现下行趋势。

研究发现，在中类细分行业中对整个经济影响最大的是专业、商业服务业，其次是房地产业，这两个行业的综合影响因子远远高于其他中类细分行业；其中耐用品制造业和非耐用品制造业增长速度较慢，但是由于其占经济总量的比例较大，所以影响力依旧很大。美国中类细分行业的发展表现出两个明显的特征：一方面服务类行业如专业、商业服务业和教育服务、健康医疗及社会救助业发展的速度很快，而且随着经济的发展所占的份额越来越大；另一方面如金融、保险业和房地产业的强势发展，预示着金融、保险及房地产业的变动对美国整个经济的影响会越来越深远。

最后，通过对小类细分行业的增长速度和数量的考察，得出如下结论：在小类细分行业中房地产业，专业、科学及技术服务业，健康医疗及社会救助业这 3 个小类细分行业的增长可以拉动整个美国私营经济发展，其中房地产业表现了"一股独大"的气势，该行业增长对美国经济能够起到一个绝对的拉动作用；小类细分行业中房地产业，专业、科学及技术服务业，健康医疗及社会救助业这 3 个行业的 GDP 比重占美国 GDP 经济总量一半以上，这足以证实房地产业和服务业是美国行业的发展方向，美国行业发展过程中服务化日益明显。

综上，不但服务业对美国社会经济的影响日趋明显，而且整个经济趋于服务化的趋势也越来越明朗。

二、关于行业就业增长的结论

本书通过考察不同类别行业的就业问题，对比就业总量和就业增长率下降、上升的时间点和经济增长下降、上升的时间点发现：往往经济增长先于就业下降而下降，而后又先于就业上升而上升，也就是说，美国就业增长率的波动趋势大体上是随着其经济增长率的变化而变化的，因此可以说美国就业增长率的波动区间和经济增长率的波动区间基本是吻合的，但相对于经济增长率的变化而言就业增长率的变化具有滞后性。分行业看：

首先，大类细分行业就业增长受各种经济增长因素影响的痕迹明显；分析发现：服务业，金融、保险及房地产业这两个行业的就业总量增长是全行业最显著的，几乎表现了持续增长的特点；服务业就业总量几乎影响了全社会的就业，而且其就业增长非常稳定，无论是 1997 年的"亚洲金融危机"还是 2007 年的美国"次贷危机"，服务业的就业总量几乎没有发生太大的波动。

大类细分行业就业的波动是随着经济增长的波动而变化的，是和经济增长的波动相一致的。另外研究表明，各个大类细分行业就业的增长速度和就业人口总量并不匹配，也就是说有的大类细分行业总量很大，但是其增长速度很慢，甚至就业人口逐渐减少；而有的大类细分行业的就业增长速度虽然很快，但是就业人口总量并不多，把这两个指标结合起来考察，得出的结论是：服务业是吸纳就业能力最强、速度最快的一个行业。

其次，中类细分行业就业的增长受各种经济增长因素的影响明显，就业变化周期和经济增长变化周期相似性较强；同时对中类细分行业就业的分析表明，2007 年美国"次贷危机"引起了中类细分行业就业的较大波动；对于耐用品制造业而言，虽然其就业人数在减少，但其就业基数仍然较大，各类服务业虽然就业人数的基数不大，但就业数量增长十分明显；同样，中类细分行业的就业增长率变化也与经济增长率的变化表现出了相似的波动幅度，所不同的是，各个中类细分行业所表现出的就业的增长速度和就业人口总量不匹配的特点比大类细分行业更为明显。

把美国就业总量、所占比例和增长速度统一起来衡量各个中类细分行业对就业的整体影响时，所得出的结论仍然是，服务业的就业吸纳能力越来越大。

最后，小类细分行业的就业增长表现出如下特点：就业基数较大的制造业类的小类行业的就业一直在下降，而就业基数较小的服务业类的小类行业的就业一直在增加。本书所考察的各个小类细分行业的就业增长时间较短，但就业增长也表现出了随经济的波动而波动的特点，而且就业波动具有滞后性；如果用就业指标来衡量，则得出的结论是：制造业在衰落，而服务业在发展。

综上，无论从小类细分行业的就业总量上衡量，还是从其增长速度上考察，美国服务业细分得到的小类行业的就业是全社会就业的主要拉动行业，同时验证了美国就业发展过程中服务化的趋势日渐凸显的特点。

三、关于经济增长拉动就业同步性比较的结论

本书经研究认为，各类行业经济的增长拉动了行业就业的增长；具体而言各类行业的经济增长拉动就业增长的程度具有较大的差异性，有的行业经济增长对就业拉动作用大，有的行业经济增长对就业的拉动作用小。

首先，各类行业增长的就业贡献值差异大。研究表明，如果不考虑价格因素，各个大类细分行业的单位 GDP 就业贡献在持续下降，而且下降趋势越来越明显，下降的根本原因是经济增长提高了人均 GDP 创造能力；中类细分行业单位 GDP 就业贡献最大的特点就是波动下降，而且各个行业波动特点差异显著；就小类细分行业而言，在考察的时间范围内，房地产业 GDP 增长的就业贡献值的波动最大。

其次，行业经济增长与行业就业不同步的原因在于，行业经济增长所引起的"促增就业"与"促减就业"作用的大小不同。对于行业经济增长拉动就业的理论分析证实，行业经济增长与行业就业增长不同步的原因在于，行业经济增长对行业就业同时产生了"促增就业"和"促减就业"作用两种方向相反的效应；经济增长既减少就业，又增加就业，因为劳动是经济增长的一个投入要素，如果其他要素投入得多就会对劳动产生替代效应，就业会下降；同时其他要素投入增加必然促进经济增长而产生引致需求，就业会增加。替代效应与引致效应共同决定一个行业经济增长是否能够拉动行业就业增长。对经验数据的研究表明，美国社会长期的人口增长、就业增加及其经济增长是均衡的，而且美国的就业增长率大于人口增长率，这预示社会吸纳就业的总量在增加，行业经济增长所产生的引致效应大于替代效应。

四、关于经济增长拉动就业几个观点的结论

本书文献综述部分提及了关于"奥肯定律"及"经济增长与就业关系"的几个疑问，经过研究，形成如下几点看法。

"奥肯定律"是对 20 世纪五六十年代美国经济增长与就业增长的一个经典表述。本书导论部分提及了诸多学者对于"奥肯定律"的一些说法，如"弱化""失灵""在中国表现不明显"等。

出于数据的限制，本书并没有按照阿瑟·奥肯的方法检验"奥肯定律"，但是本书基于美国经济增长和就业的数据，分析了美国 1948~2013 年的大类、中类、小类 47 个行业的就业弹性，结果表明，除经济危机期间外，这些行业的波动不大，也就是说在 1948~2013 年，就业增长率与经济增长率的比值一直是稳定的。据此可以推断阿瑟·奥肯的"奥肯定律"中关于经济增长与就业问题的研究结论，在美国仍然具有很强的指导意义。

至于学者提出的关于"奥肯定律"在中国的种种表现，由于本书没有基于中国的相关数据验证"奥肯定律"，因此不能妄下定论。但根据本书的研究及经验事实，在此所要表明的观点是："奥肯定律"是一个经验法则，并非经济学理论，而经验法则本身具有很强的区域特征和时代特性，以之为准则考察中国经济增长和就业，不考虑国别、区域经济差异与国家时代经济背景的差别是不适宜的。

关于"就业乏力的经济增长""无就业的经济增长"等说法，本书在分析中类细分行业的经济增长和就业增长特点时已经做了解释：是就业增长波动滞后于经济增长波动的一个表现，是短期的甚至是暂时的、过渡性的。

因此，经验事实以及本书的研究发现，美国各类行业的经济增长拉动了就业的增长，但是各个行业的拉动作用具有显著的差异性；就业增长在与经济增长具有一定同步性的同时，也具有滞后性；一些行业就业增长与经济增长不同步源于经济增长对就业的替代效应和引致效应。

所以，本书得出的结论认为：行业发展的不断细分化是创造就业的根本动力，行业经济增长拉动就业作用的最大特点是差异性，即不同行业、同一行业的不同发展阶段的行业经济增长对就业的拉动作用都是不相同的。

第二节　政策启示

本书在分析美国行业经济增长和行业就业增长的过程中，得到了一些相关的政策启示。

一、关于行业发展的政策

1. 行业经济增长不能饮鸩止渴

依据本书的分析，本质上讲行业经济增长的差异化以及行业就业增长的差异化是资源配置流向变化的表现。美国行业发展的变化及行业增长对就业的作用是对社会分工的反映，经济增长改变了资源配置，"利益所至，方向所指"，资源会流向利润高的行业，市场对经济的自发调节是趋向均衡的，就业涌向服务业是经济发展的一个规律，就像工业比重越来越小一样，是不可逆的。因此，要遵循经济发展中行业的转换规律，政府干预要倾向于发展服务业以提振经济，促使服务业分工细化，而不是"再工业化"；相应的宏观干预政策如果与经济规律的方向相背离，那么政策效果将会被削弱甚至无效，因此，行业发展政策的制定不可以短视，要综合考虑短期目标与长期目标。

2. 危机期间政府对经济的干预是必要而有利的

整个美国经济分成了私营经济和政府经济两个部分，这样，私营经济比例增加政府经济比例就要下降，私营经济比例下降政府经济比例就要增加。研究中发现：每当经济危机严重影响经济时，政府占比就会有所增加，过后便又会下降；究其原因，可以看到凯恩斯主义干预经济的影子。这种危机发生时政府通过购买或控股的方式来保护经济的干预行为是很可取的。

另外一点值得注意的是，就经济增长而言，一方面，金融、保险及房地产业对经济增长的影响力是最大的，因此，在制定促进经济增长政策过程中必须要重视，尤其是房地产业，一个行业足以拉动整个经济；另一方面，金融、保险及房地产业主导的经济风险也更高，必须做好监管与防范。

3. 遵循行业经济规律制定行业增长与行业就业政策

本书研究表明，美国的产业政策和就业政策存在一定的矛盾，即政府按当前形势调控以解决短期问题，而市场则着眼于长期一直按经济规律配置资源，如前所述就业在各个行业的分配就是市场配置劳动资源的一个表现。在 2007 年的"次贷危机"之后，美国政府试图以工业化的方式来解决就业问题，而市场指向则是服务业的细化，即较好的做法是通过推进服务业分工的精细化，带动劳动的需求，进而促进就业。但政府没有这样做，当时一些"就业乏力的增长""无就业的增长"相关研究成果表明，美国政府针对就业的一系列政策可以说是低效的，甚至是无效的，而对于危机后美国就业的恢复，本书认为是行业经济增长后，市场自动调整的结果。

二、关于行业就业的政策

1. 服务业的就业吸纳空间依然很广阔

从就业的角度考察，服务业决定着整个社会就业增长的速度和数量。值得一提的是，美国为应对 2007 年"次贷危机"对就业造成的负面影响，采取了再工业化的手段试图解决就业问题，但效果并不尽如人意，而根据本书的分析，制造业虽然就业容量大，但是其就业已经出现负增长，加之技术与资本投入越来越多，就会对劳动产生一个替代效应，所以通过再工业化解决就业，短期内很难见效，前文分析已经表明工业化已不再是美国的发展方向，这样就等于逆经济规律而为之，不可取；科学的方式应该是根据行业发展来制定倾向于拉动行业就业的经济增长政策。按照本书的分析，要解决就业问题，首先应该理顺服务业，并使服务行业进一步细化，比如在服务业领域内制定鼓励自主创业的政策等，政府想方设法把就业政策的空间做到服务业上去，给予各类服务业更大的政策发展平台，这样对于拉动就业的效果会更明显。

2. 特别重视房地产金融保险业增长的引致效应对就业的拉动

从行业的角度考察，政府倾向于拉动就业的宏观政策从小类行业切入是最直接、最有效的；就范围而言，教育服务业，专业商业服务业、健康医疗及社会救助业这三个小类服务业，为政府就业政策提供了更多的空间；房地产业为政府增长政策提供了更广的平台，而且前文分析结果表明，虽然房地产业对就业的拉动作用不是最大的，但是拉动系数一直是正值，加之其经济增长是当下美国各个行业中最快的，引致效应也是最大的，所以必须要重视该行业引致效应的就业效果。

三、对于中国的启示

1. 关于行业发展的启示

相对美国而言，中国行业体系的划分不是十分完善，行业结构中服务业的主导地位也不明显，服务业发展的专业化程度不高。但是基于经济发展的经验事实以及本书的分析，服务业越来越发达，对经济的影响力越来越大也是中国行业发展的一个规律，因此在宏观政策上要赋予服务业足够的发展空间。

首先，加强监督管理金融、保险及房地产业，未来一段时期内这一行业对中国经济发展的影响将会越来越大，因此对于风险要防微杜渐。

基于对美国行业经济增长的研究发现，随着行业经济的增长，金融、保险及房地产业对经济的影响越来越大，而且行业风险也越来越高，2007年的美国"次贷危机"就是一个典型的案例；这警示中国在发展金融、保险及房地产业的同时必须要做好相应的风险管控，该行业将会在未来很长一段时间继续影响中国行业结构的变化和经济的发展。

其次，对于制造业和农业的发展，要采取区别于美国的行业政策。农业的重要地位是由中国人口基数决定的；制造业的重要地位是中国行业发展的实际特点决定的。

中国的房地产业不稳定，金融业和美国的差距很大，主导行业仍然是制造业，因此行业分工要有大局意识，要立足于世界市场进行资源配置的宏观调控和干预，如"一带一路""亚投行""人民币国际化""高铁项目""克拉克运河项目""尼加拉瓜运河项目"等都是具有大局观的宏观行业布局，具有长远的战略意义。

最后，政府要为服务业发展提供更为广阔的空间和宏观政策倾向，特别是加大开放教育、医疗、科技行业，并加大引入民营资本。

可见，美国服务业的发展为中国提供了很好的借鉴和启示，政府在宏观政策上要简政放权于服务业，并为服务业的发展提供更广阔的空间。特别是教育服务业、医疗服务业、科技服务业等，要让市场的调控作用充分发挥，要让一切积极促进服务业的源泉涌流，针对服务业要出台更多的利好宏观调控政策，促进服务业分工的细化，激发服务业更大地拉动经济增长和就业增长的力量。

2. 关于就业增长的启示

关于中国的就业问题，本书研究内容没有涉及到，因此不能妄下结论。但可以肯定的是，由于机制和历史等原因，中国的就业问题比美国更要复杂，可以说就业问题在中国也是一个民生问题。根据本书对美国行业就业的分析，可以借鉴如下：

首先，充分发挥服务业就业容量大的特点，释放服务业的就业拉动力。服务业是所有行业中劳动吸纳能力最强的一个行业，因此中国政府必须给服务业以足够的政策空间，特别是教育服务、医疗服务、科技服务等，这些行业一旦得到释放，将会大幅拉动就业并创造更多的 GDP。

其次，制造业和民营企业的就业是目前中国的主要就业行业，必须充分发挥其优势。在中国，金融、保险及房地产业对经济增长的影响力也越来越大，但本书分析发现，该行业的发展对就业的影响力远不如对经济的影响力大，而且中国经济增长与就业增长可分离的程度要大于美国[1]，因此金融、保险及房地产业不是中国发展就业的重点。改革开放的推进和简政放权的深入赋予了民营经济或者自主创业更广阔的发展空间，这是政府调控就业的一个有力抓手，必须予以更大的政策倾斜。

最后，重视农业对就业的作用。对于就业问题，中国另外值得注意的一个行业是农业，农业的就业对于中国的就业影响程度远大于美国，在中国其功能好比就业稳定器。

第三节 本章小结

承前所述，美国各个行业的经济增长及其变化、就业增长及其变化，以及每个行业对整个经济和就业的影响，是对社会分工的反映，行业经济增长改变了行业资源配置，需求的差异使得劳动等要素流向效率高的行业，市场对经济的自发调节是趋向均衡的，房地产行业对经济增长具有绝

---

[1] 蔡昉. 中国就业增长与结构变化 [J]. 社会科学管理与评论，2007（6）.

对的拉动作用；行业经济增长对拉动行业就业的作用是双重的，既有"促增就业"作用又有"促减就业"作用，而最终结果是增加了就业，体现在行业经济增长创造了更多的引致需求，形成了新的行业，以及增加了对劳动力的需求。分析的结论证实，就业涌向服务业是经济发展的一个规律，就像工业比重越来越小一样，是不可逆的，服务业的增长对就业的拉动作用是各类行业中最明显的，政府的宏观政策干预要尊重这一经济规律，若逆经济规律而为之会阻碍经济的发展。研究美国行业经济增长与就业增长所得到的这些结论对于中国而言也具有启示和借鉴意义。

所以，本书对美国行业经济与行业就业事实的研究，形成如下结论与启示：

一是"大局观"思维下的行业增长与就业。本书从宏观或大局观的角度分析了美国行业增长与行业就业不一致或不同步背后的经济规律。

行业间的流动性是资本和劳动力的根本属性，其中资本表现为 GDP 的增长，劳动力表现为就业的增加，这种流动的性质决定了资源在不同行业之间的配置，表现为不同行业的经济增长和不同行业的就业增长的不同步；资源配置改变了行业结构，进而改变了行业经济增长速度和行业就业增加程度，表现为不同时期拉动经济增长的主导行业和拉动就业增加的主导行业的不匹配；行业经济增长与行业就业增加的不同步或不匹配是行业经济增长对就业的"促增"与"促减"的双重作用造成的，行业经济增长产生的引致需求促进了社会分工和专业化的发展，并表现为诸多新行业的产生，进而产生了新的劳动需求，表现为就业的增加。

整个过程的表象是行业经济增长和行业就业增长的不同步；本质上是行业结构转换过程中，即从制造业主导向服务业主导的转换的过程中，各种社会需求的增加与新行业产品稀缺之间矛盾的深化，对社会需求的不断满足促进了社会分工的发展，社会分工的发展表现为行业的不断细化；因此，行业的细化提供了更多的就业机会，是就业持续增加的源泉，而引致需求形成的行业经济增长是就业增加的根本原因。

二是关于就业服务化的几个观点。本书认为就业服务化是行业就业发展的一个规律，其动力是社会分工，根本原因是行业经济增长产生的引致需求。

承上，行业增长差异和行业就业差异是社会分工发展的结果，分工源于物物交换的倾向①，而交换源于需求，需求是引致需求，源自行业经济增长，也就是说行业经济增长创造了大量引致需求，这些需求促进了分工的发展，形成了行业的细分化，而新兴行业提供的产品具有稀缺性，因此这种需求与稀缺的矛盾又进一步促进了社会分工的发展，表现在为了满足人们的需求行业不断细分化。而对美国行业增长与行业就业的研究表明，其行业构成正经历着制造业主导向服务业主导的转换，所以服务业的不断细分化是更好地满足各种社会需求的表现。

服务业的发展是行业细分化的结果，行业细分化是社会分工发展的结果，而社会分工受制于市场的范围，美国各行业分工发展迅速，是因为世界一体化的趋向满足了美国行业发展立足于世界市场的需求，为其行业细分化拓展了广阔的空间。

三是唯物史观视角下的经济虚拟化。对美国行业经济增长的研究表明，行业转换的这一过程中出现了经济虚拟化，因此经济虚拟化是行业转换的一个表现或一个阶段，是社会分工发展到一定阶段的产物，也是经济增长中的一个现象，或者说是从制造业主导向服务业主导转换过程中的一个阶段，是社会分工细化的一个产物，是资源配置的结果，也是资本流向金融、保险及房地产业的一个结果，因为作为资源的资本和劳动其属性是流动性，其中资本表现为 GDP，劳动表现为就业。

本书研究也表明，简单地讲"虚拟化"促进了经济增长或者说"虚拟化"阻碍了经济增长都是不合适的，但分析证实，"虚拟化"改变了行业结构和资源配置的方向，从而改变了政府的宏观经济政策。

根据本书对美国行业经济和行业就业基本事实的研究，美国行业发展的历史证明，虚拟经济行业替代了制造业成为主导经济发展的行业；发展的趋势预示，服务业将取代虚拟经济行业而成为主导未来经济发展的行业。由此可见，经济虚拟化具有历史阶段性和区域性，其中历史阶段性是指社会分工发展到一定阶段的产物，其有产生、发展和消亡的过程；区域性是指经济虚拟化不是每个国家和地区必然经历的过程，这取决于一个国

---

① The division of labour is the necessary, though very show and gradual, consequence of a certain propensity in human nature which has in view no such extensive utility; the propensity to truck, barter and eachange one thing for another. 译文："劳动分工实际是一种人类倾向所造成的必然结果，这种倾向逐渐缓慢地发展起来，是互通有无、物物交换、互相交易的倾向，没有任何广泛的功利色彩。"亚当·斯密.国富论（英汉对照全译本）[M]. 北京：中国社会科学出版社，2007.

家和地区的行业经济增长、居民偏好、资源配置、社会分工（行业构成）等的发展特点。美国经济虚拟化是行业经济结构变化过程中的一个表现，其本质是美国行业细分发展到一定阶段的产物，是资本配置于金融、保险及房地产业的一种形式。

可见，要素（资本和劳动）转移的过程就是资源配置的过程，转移从量变到质变，伴随着行业结构转换的发生，同时拉动经济增长和就业的主导行业也将会随之发生变化。

四是延伸的分析和借鉴。美国行业发展、行业布局和经济发展的这种立足于世界市场的宏观思维和大局思想，值得中国借鉴，因为行业分工立足于世界市场与立足于本国市场结果是迥然不同的。基于此，中国政府立足于世界市场的大局思维已悄然实施，现在的"一带一路""亚投行""人民币国际化"等举措，就体现了定位于世界市场的宏观布局，这样中国在与世界发展标准化的过程中，将促使行业分工快速发展，政府的一系列推进政策即是基于世界市场的宏观调控，也是适应市场配置资源的体现。此举将加速中国资本和劳动力在世界市场的流通，会促进中国行业分工与专业化的发展，将加快中国向全世界市场输出资本和输出商品的步伐。但在此过程中是否会输出中国国内经济下行的压力，或者输出国内经济增长下滑的危机，本书对此没有做具体研究，因此不做评论，但本书据已有分析预期，着眼于世界市场布局经济发展的前景是乐观的。

另一个需深度挖掘的方面是，从美国行业经济增长和行业就业的发展变化的特点看，行业利润差别和工资差异不是资本（GDP）流动和劳动力（就业）流动的唯一原因，而另外还有诸多因素影响行业间的资源配置，即"看不见的手"，不仅是要素的边际差异，还包括市场结构、信息不对称、劳动者的心理偏好、行业的垄断性、进入的门槛等。"看不见的手"是亚当·斯密在他所处的时代背景下提出的关于资源配置的一个理论，在斯密时代是伟大的结论，但是时过境迁，经济学理论是依据经济发展的实践而存在的；市场经济与社会分工发展至今，理论产生的实践背景已然发生了变化，如今，笼统地讲"看不见的手"在配置行业资源，已经不能满足对资源配置问题进行分析的需要，当今时代更需要"看得见的手"，研究相关经济问题时必须要看清"手"是什么，谁的"手"，几只"手"，"手"出自哪里又伸向何处等问题。

五是一个悖论与研究展望。对美国行业经济增长与行业就业增加的研究表明，不同行业就业数量的差异是劳动力流动的一个表现，劳动力流动的原因是各个行业边际收益的不同（根据文中表达式可以通过数学的方式证明），这与古典经济学理论的基本假设是不一致的，导致这种差异的一个原因是市场结构的假设，即本书假设了美国各个行业不是完全竞争，而是垄断竞争。但是如果假设是完全竞争市场，那么按照古典经济学理论，各个行业的边际收益就是相同的，进而均衡状态下，行业间的劳动力流动不会存在，各行业就业长期内不会发生变化，所以长期内各个行业的增长也不会发生变化，即主导行业永远主导，非主导行业永远非主导，显然这与本书分析的美国行业经济增长和行业就业增加的真实特点是不符的，是严重背离的，由此形成了经济理论与经济发展事实的悖论。

　　另外，资本和劳动流动的原因不仅是其边际收益不同，与市场结构、信息不对称、劳动者的心理偏好、行业的垄断性、进入的门槛等都有关系，但这些因素具体是如何影响资本和劳动在各个行业流动的，本书并没有进行研究。

　　所以，"悖论"以及上述行业资本与劳动流动的其他原因，以及此过程产生行业经济增长虚拟化将是日后进一步研究和拓展的方向。

　　本书结构的逻辑关系：社会的需求（行业经济增长创造的引致需求）→促进社会分工细化→产生新的行业→新行业产品稀缺→社会需求与产品稀缺的矛盾→供不应求→资本（GDP）与劳动（就业）流向变化→资源配置改变→各行业经济增长速度、就业增加数量不同→行业增长的就业效应不同→行业经济结构与行业就业结构变化→新行业提供了更多的就业机会→行业经济增长与行业就业增长不同步。具体如图 7-1 所示：

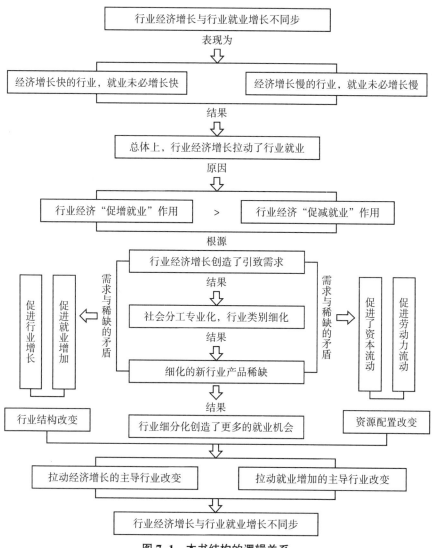

图 7–1　本书结构的逻辑关系

附　录

附录一　1972 年美国行业分类标准

The following table identifies the 1972 SIC code(s) corresponding to the industry titles in SIC4787 spreadsheets.

SIC	Industry Title
——	——
01-97	All industries /1/
01-42，44-89	Private industries /1/
01-09	Agriculture，forestry and fishing
01-02	Farms
07-09	Agricultural services，forestry and fishing
10-14	Mining
10	Metal mining
11-12	Coal mining
13	Oil and gas extraction
14	Nonmetallic minerals，except fuels
15-17	Construction
20-39	Manufacturing
24，25，32-39	Durable goods
24	Lumber and wood products
25	Furniture and fixtures
32	Stone，clay and glass products

SIC	Industry Title
——	——
33	Primary metal industries
34	Fabricated metal products
35	Machinery，except electrical
36	Electric and electronic equipment
371	Motor vehicles and equipment
372–379	Other transportation equipment
38	Instruments and related products
39	Miscellaneous manufacturing industries
20–23，26–31	Nondurable goods
20	Food and kindred products
21	Tobacco products
22	Textile mill products
23	Apparel and other textile products
26	Paper and allied products
27	Printing and publishing
28	Chemicals and allied products
29	Petroleum and coal products
30	Rubber and miscellaneous plastics products
31	Leather and leather products
40，42，44–49	Transportation and public utilities
40–42，44–47	Transportation
40	Railroad transportation
41	Local and interurban passenger transit
42	Trucking and warehousing
44	Water transportation
45	Transportation by air
46	Pipelines，except natural gas
47	Transportation services
48	Communications

SIC	Industry Title
481, 482, 489	Telephone and telegraph
483	Radio and television
49	Electric, gas and sanitary services
50–51	Wholesale trade
52–59	Retail trade
60–67	Finance, insurance, and real estate
60	Banking
61	Credit agencies other than banks
62	Security and commodity brokers
63	Insurance carriers
64	Insurance agents, brokers and service
65–66	Real estate /2/
	Housing /3/
	Other real estate
67	Holding and other investment offices
70–89	Services
70	Hotels and other lodging places
72	Personal services
73	Business services
75	Auto repair, services and parking
76	Miscellaneous repair services
78	Motion pictures
79	Amusement and recreation services
80	Health services
81	Legal services
82	Educational services
83	Social services
86	Membership organizations
84, 89	Miscellaneous professional services

SIC	Industry Title
——	——
88	Private households
	Statistical discrepancy
43, 91~97	Government
	Federal
	General government
	Government enterprises
	State and local
	General government
	Government enterprises
36, 38	Electronic equipment and instruments /4/
60, 61	Depository and nondepository institutions /5/
73, 84, 89	Business, miscellaneous professional and other services /6/
	Private goods-producing industries /7/
	Private service-producing industries /8/

/1/ Includes the statistical discrepancy. (variables VA, VAQI, VAPI, and VAPCT only)

/2/ Includes owner-occupied residential dwellings.

/3/ Consists of owner-and tenant-occupied residential dwellings.

/4/ The combination of 1987 SIC industries electronic and other electric equipment and instruments and related products is the equivalent of 1972 SIC industries electric and electronic equipment and instruments and related products.

/5/ The combination of 1987 SIC industries depository institutions and nondepository institutions is the equivalent of 1972 SIC industries banking and credit agencies other than banks.

/6/ The combination of 1987 SIC industries business services and other services is the equivalent of 1972 SIC industries business services and miscellaneous professional services.

/7/ Consists of agriculture, forestry and fishing; mining; construction; and manufacturing.

/8/ Consists of transportation and public utilities; wholesale trade; retail trade; finance, insurance and real estate; and services.

附录二 1987年美国行业分类标准

The following table identifies the 1987 SIC code(s) corresponding to the industry titles in SIC8797 spreadsheets.

SIC	Industry Title
01–97	All industries /1/
01–42，44–89	Private industries /1/
01–09	Agriculture, forestry and fishing
01–02	Farms
07–09	Agricultural services, forestry and fishing
10–14	Mining
10	Metal mining
12	Coal mining
13	Oil and gas extraction
14	Nonmetallic minerals, except fuels
15–17	Construction
20–39	Manufacturing
24，25，32–39	Durable goods
24	Lumber and wood products
25	Furniture and fixtures
32	Stone, clay and glass products
33	Primary metal industries
34	Fabricated metal products
35	Industrial machinery and equipment
36	Electronic and other electric equipment
371	Motor vehicles and equipment
372–379	Other transportation equipment
38	Instruments and related products

SIC	Industry Title
——	——
39	Miscellaneous manufacturing industries
20–23，26–31	Nondurable goods
20	Food and kindred products
21	Tobacco products
22	Textile mill products
23	Apparel and other textile products
26	Paper and allied products
27	Printing and publishing
28	Chemicals and allied products
29	Petroleum and coal products
30	Rubber and miscellaneous plastics products
31	Leather and leather products
40–42，44–49	Transportation and public utilities
40–42，44–47	Transportation
40	Railroad transportation
41	Local and interurban passenger transit
42	Trucking and warehousing
44	Water transportation
45	Transportation by air
46	Pipelines，except natural gas
47	Transportation services
48	Communications
481，482，489	Telephone and telegraph
483–484	Radio and television
49	Electric，gas and sanitary services
50–51	Wholesale trade
52–59	Retail trade
60–67	Finance，insurance and real estate
60	Depository institutions

SIC	Industry Title
——	——
61	Nondepository institutions
62	Security and commodity brokers
63	Insurance carriers
64	Insurance agents, brokers and service
65	Real estate /2/
	Housing /3/
	Other real estate
67	Holding and other investment offices
70–89	Services
70	Hotels and other lodging places
72	Personal services
73	Business services
75	Auto repair, services and parking
76	Miscellaneous repair services
78	Motion pictures
79	Amusement and recreation services
80	Health services
81	Legal services
82	Educational services
83	Social services
86	Membership organizations
84, 87, 89	Other services
88	Private households
	Statistical discrepancy
43, 91–97	Government
	Federal
	General government
	Government enterprises
	State and local

续表

SIC	Industry Title
——	——
	General government
	Government enterprises
36，38	Electronic equipment and instruments /4/
60，61	Depository and nondepository institutions /5/
73，84，87，89	Business, miscellaneous professional and other services /6/
	Private goods–producing industries /7/
	Private service–producing industries /8/

/1/ Includes the statistical discrepancy. (variables VA, VAQI, VAPI and VAPCT only)

/2/ Includes owner–occupied residential dwellings.

/3/ Consists of owner– and tenant–occupied residential dwellings.

/4/ The combination of 1987 SIC industries electronic and other electric equipment and instruments and related products is the equivalent of 1972 SIC industries electric and electronic equipment and instruments and related products.

/5/ The combination of 1987 SIC industries depository institutions and nondepository institutions is the equivalent of 1972 SIC industries banking and credit agencies other than banks.

/6/ The combination of 1987 SIC industries business services and other services is the equivalent of 1972 SIC industries business services and miscellaneous professional services.

/7/ Consists of agriculture, forestry, and fishing; mining; construction; and manufacturing.

/8/ Consists of transportation and public utilities; wholesale trade; retail trade; finance, insurance, and real estate; and services.

附录三 2007 年美国行业分类标准

BEA Code and Title			Notes	Related 2007 NAICS Codes
11	Agriculture, forestry, fishing and hunting			
	111CA	Farms		
		1111A0	Oilseed farming		11111–11112
		1111B0	Grain farming		11113–11116, 11119
		111200	Vegetable and melon farming		1112
		111300	Fruit and tree nut farming		1113
		111400	Greenhouse, nursery, and floriculture production		1114
		111900	Other crop farming		1119
		1121A0	Beef cattle ranching and farming, including feedlots and dual-purpose ranching and farming		11211, 11213
		112120	Dairy cattle and milk production		11212
		112A00	Animal production, except cattle and poultry and eggs		1122, 1124–1125, 1129
		112300	Poultry and egg production		1123
	113FF	Forestry, fishing and related activities		
		113000	Forestry and logging		113
		114000	Fishing, hunting and trapping		114
		115000	Support activities for agriculture and forestry		115
21	Mining			
	211	Oil and gas extraction		
		211000	Oil and gas extraction		211
	212	Mining, except oil and gas		
		212100	Coal mining		2121
		2122A0	Iron, gold, silver, and other metal ore mining		21221, 21222, 21229
		212230	Copper, nickel, lead, and zinc mining		21223

		BEA Code and Title	Notes	Related 2007 NAICS Codes
		212310	Stone mining and quarrying		21231
		2123A0	Other nonmetallic mineral mining and quarrying		21232，21239
	213	Support activities for mining		
		213111	Drilling oil and gas wells		213111
		21311A	Other support activities for mining		213112–213115
22	Utilities			
	22	Utilities		
		221100	Electric power generation, transmission, and distribution	*	2211
		221200	Natural gas distribution		2212
		221300	Water, sewage and other systems		2213
23	Construction			
	23	Construction		
		230301	Nonresidential maintenance and repair	†	23
		230302	Residential maintenance and repair	†	23
		233210	Health care structures	†	23
		233230	Manufacturing structures	†	23
		233240	Power and communication structures	†	23
		233262	Educational and vocational structures	†	23
		233293	Highways and streets	†	23
		2332A0	Commercial structures, including farm structures	†	23
		2332B0	Other nonresidential structures	†	23
		233411	Single-family residential structures	†	23
		233412	Multifamily residential structures	†	23
		2334A0	Other residential structures	†	23
31G	Manufacturing			
	321	Wood products		
		321100	Sawmills and wood preservation		3211
		321200	Veneer, plywood, and engineered wood product manufacturing		3212

		BEA Code and Title	Notes	Related 2007 NAICS Codes
		321910 Millwork		32191
		3219A0 All other wood product manufacturing		32192, 32199
	327	Nonmetallic mineral products		
		327100 Clay product and refractory manufacturing		3271
		327200 Glass and glass product manufacturing		3272
		327310 Cement manufacturing		32731
		327320 Ready-mix concrete manufacturing		32732
		327330 Concrete pipe, brick and block manufacturing		32733
		327390 Other concrete product manufacturing		32739
		327400 Lime and gypsum product manufacturing		3274
		327910 Abrasive product manufacturing		32791
		327991 Cut stone and stone product manufacturing		327991
		327992 Ground or treated mineral and earth manufacturing		327992
		327993 Mineral wool manufacturing		327993
		327999 Miscellaneous nonmetallic mineral products		327999
	331	Primary metals		
		331110 Iron and steel mills and ferroalloy manufacturing		3311
		331200 Steel product manufacturing from purchased steel		3312
		33131A Alumina refining and primary aluminum production		331311-2
		331314 Secondary smelting and alloying of aluminum	‡	331314
		33131B Aluminum product manufacturing from purchased aluminum		331315, 331316, 331319
		331411 Primary smelting and refining of copper		331411
		331419 Primary smelting and refining of nonferrous metal (except copper and aluminum)		331419
		331420 Copper rolling, drawing, extruding and alloying		33142
		331490 Nonferrous metal (except copper and aluminum) rolling, drawing, extruding and alloying		33149
		331510 Ferrous metal foundries		33151
		331520 Nonferrous metal foundries		33152

		BEA Code and Title	Notes	Related 2007 NAICS Codes
332		Fabricated metal products		
	33211A	All other forging, stamping and sintering		332111-2, 332117
	332114	Custom roll forming		332114
	33211B	Crown and closure manufacturing and metal stamping		332115-6
	332200	Cutlery and handtool manufacturing		3322
	332310	Plate work and fabricated structural product manufacturing		33231
	332320	Ornamental and architectural metal products manufacturing		33232
	332410	Power boiler and heat exchanger manufacturing		33241
	332420	Metal tank (heavy gauge) manufacturing		33242
	332430	Metal can, box and other metal container (light gauge) manufacturing		33243
	332500	Hardware manufacturing		3325
	332600	Spring and wire product manufacturing		3326
	332710	Machine shops		33271
	332720	Turned product and screw, nut, and bolt manufacturing		33272
	332800	Coating, engraving, heat treating and allied activities		3328
	33291A	Valve and fittings other than plumbing		332911-332912, 332919
	332913	Plumbing fixture fitting and trim manufacturing		332913
	332991	Ball and roller bearing manufacturing		332991
	33299A	Ammunition, arms, ordnance and accessories manufacturing		332992-332995
	332996	Fabricated pipe and pipe fitting manufacturing		332996
	33299B	Other fabricated metal manufacturing		332997-332999
333		Machinery		
	333111	Farm machinery and equipment manufacturing		333111
	333112	Lawn and garden equipment manufacturing		333112
	333120	Construction machinery manufacturing		33312

BEA Code and Title		Notes	Related 2007 NAICS Codes
333130	Mining and oil and gas field machinery manufacturing		33313
33329A	Other industrial machinery manufacturing		33321, 333291–333294, 333298
333220	Plastics and rubber industry machinery manufacturing		33322
333295	Semiconductor machinery manufacturing		333295
33331A	Vending, commercial laundry and other commercial and service industry machinery manufacturing		333311, 333312, 333319
333313	Office machinery manufacturing		333313
333314	Optical instrument and lens manufacturing		333314
333315	Photographic and photocopying equipment manufacturing		333315
33341A	Air purification and ventilation equipment manufacturing		333411–2
333414	Heating equipment (except warm air furnaces) manufacturing		333414
333415	Air conditioning, refrigeration and warm air heating equipment manufacturing		333415
333511	Industrial mold manufacturing		333511
33351A	Metal cutting and forming machine tool manufacturing		333512–3
333514	Special tool, die, jig and fixture manufacturing		333514
33351B	Cutting and machine tool accessory, rolling mill and other metalworking machinery manufacturing		333515, 333516, 333518
333611	Turbine and turbine generator set units manufacturing		333611
333612	Speed changer, industrial high–speed drive and gear manufacturing		333612
333613	Mechanical power transmission equipment manufacturing		333613
333618	Other engine equipment manufacturing		333618
33391A	Pump and pumping equipment manufacturing		333911, 333913
333912	Air and gas compressor manufacturing		333912
333920	Material handling equipment manufacturing		33392
333991	Power–driven handtool manufacturing		333991
33399A	Other general purpose machinery manufacturing		333992, 333997, 333999
333993	Packaging machinery manufacturing		333993

		BEA Code and Title	Notes	Related 2007 NAICS Codes
		333994	Industrial process furnace and oven manufacturing		333994
		33399B	Fluid power process machinery		333995–333996
	334	Computer and electronic products		
		334111	Electronic computer manufacturing		334111
		334112	Computer storage device manufacturing		334112
		33411A	Computer terminals and other computer peripheral equipment manufacturing		334113, 334119
		334210	Telephone apparatus manufacturing		33421
		334220	Broadcast and wireless communications equipment		33422
		334290	Other communications equipment manufacturing		33429
		334300	Audio and video equipment manufacturing		3343
		33441A	Other electronic component manufacturing		334411, 334412, 334414–334417, 334419
		334413	Semiconductor and related device manufacturing		334413
		334418	Printed circuit assembly (electronic assembly) manufacturing		334418
		334510	Electromedical and electrotherapeutic apparatus manufacturing		334510
		334511	Search, detection and navigation instruments manufacturing		334511
		334512	Automatic environmental control manufacturing		334512
		334513	Industrial process variable instruments manufacturing		334513
		334514	Totalizing fluid meter and counting device manufacturing		334514
		334515	Electricity and signal testing instruments manufacturing		334515
		334516	Analytical laboratory instrument manufacturing		334516
		334517	Irradiation apparatus manufacturing		334517
		33451A	Watch, clock, other measuring and controlling device manufacturing		334518–334519
		334610	Manufacturing, reproducing magnetic and optical media		33461

BEA Code and Title		Notes	Related 2007 NAICS Codes
335	Electrical equipment, appliances, and components		
	335110	Electric lamp bulb and part manufacturing		33511
	335120	Lighting fixture manufacturing		33512
	335210	Small electrical appliance manufacturing		33521
	335221	Household cooking appliance manufacturing		335221
	335222	Household refrigerator and home freezer manufacturing		335222
	335224	Household laundry equipment manufacturing		335224
	335228	Other major household appliance manufacturing		335228
	335311	Power, distribution, and specialty transformer manufacturing		335311
	335312	Motor and generator manufacturing		335312
	335313	Switchgear and switchboard apparatus manufacturing		335313
	335314	Relay and industrial control manufacturing		335314
	335911	Storage battery manufacturing		335911
	335912	Primary battery manufacturing		335912
	335920	Communication, energy wire and cable manufacturing		33592
	335930	Wiring device manufacturing		33593
	335991	Carbon and graphite product manufacturing		335991
	335999	All other miscellaneous electrical equipment and component manufacturing		335999
3361 MV	Motor vehicles, bodies and trailers, and parts		
	336111	Automobile manufacturing		336111
	336112	Light truck and utility vehicle manufacturing		336112
	336120	Heavy duty truck manufacturing		33612
	336211	Motor vehicle body manufacturing		336211
	336212	Truck trailer manufacturing		336212
	336213	Motor home manufacturing		336213
	336214	Travel trailer and camper manufacturing		336214
	336310	Motor vehicle gasoline engine and engine parts manufacturing		33631

		BEA Code and Title	Notes	Related 2007 NAICS Codes
	336320	Motor vehicle electrical and electronic equipment manufacturing		33632
	3363A0	Motor vehicle steering, suspension component (except spring) and brake systems manufacturing		33633–33634
	336350	Motor vehicle transmission and power train parts manufacturing		33635
	336360	Motor vehicle seating and interior trim manufacturing		33636
	336370	Motor vehicle metal stamping		33637
	336390	Other motor vehicle parts manufacturing		33639
3364 OT		Other transportation equipment		
	336411	Aircraft manufacturing		336411
	336412	Aircraft engine and engine parts manufacturing		336412
	336413	Other aircraft parts and auxiliary equipment manufacturing		336413
	336414	Guided missile and space vehicle manufacturing		336414
	33641A	Propulsion units, parts for space vehicles and guided missiles		336415, 336419
	336500	Railroad rolling stock manufacturing		3365
	336611	Ship building and repairing		336611
	336612	Boat building		336612
	336991	Motorcycle, bicycle and parts manufacturing		336991
	336992	Military armored vehicle, tank and tank component manufacturing		336992
	336999	All other transportation equipment manufacturing		336999
337		Furniture and related products		
	337110	Wood kitchen cabinet and countertop manufacturing		33711
	337121	Upholstered household furniture manufacturing		337121
	337122	Nonupholstered wood household furniture manufacturing		337122
	33712A	Other household nonupholstered furniture		337124, 337125, 337129
	337127	Institutional furniture manufacturing		337127

		BEA Code and Title		Notes	Related 2007 NAICS Codes
		33721A	Office furniture, custom architectural woodwork and millwork manufacturing		337211, 337212, 337214
		337215	Showcase, partition, shelving and locker manufacturing		337215
		337900	Other furniture related product manufacturing		3379
	339	Miscellaneous manufacturing			
		339112	Surgical and medical instrument manufacturing		339112
		339113	Surgical appliance and supplies manufacturing		339113
		339114	Dental equipment and supplies manufacturing		339114
		339115	Ophthalmic goods manufacturing		339115
		339116	Dental laboratories		339116
		339910	Jewelry and silverware manufacturing		33991
		339920	Sporting and athletic goods manufacturing		33992
		339930	Doll, toy and game manufacturing		33993
		339940	Office supplies (except paper) manufacturing		33994
		339950	Sign manufacturing		33995
		339990	All other miscellaneous manufacturing		33999
	311FT	Food and beverage and tobacco products			
		311111	Dog and cat food manufacturing		311111
		311119	Other animal food manufacturing		311119
		311210	Flour milling and malt manufacturing		31121
		311221	Wet corn milling		311221
		31122A	Soybean and other oilseed processing		311222–311223
		311225	Fats and oils refining and blending		311225
		311230	Breakfast cereal manufacturing		31123
		311300	Sugar and confectionery product manufacturing		3113
		311410	Frozen food manufacturing		31141
		311420	Fruit and vegetable canning, pickling, and drying		31142
		31151A	Fluid milk and butter manufacturing		311511–311512
		311513	Cheese manufacturing		311513

		BEA Code and Title	Notes	Related 2007 NAICS Codes
		311514	Dry, condensed and evaporated dairy product manufacturing		311514
		311520	Ice cream and frozen dessert manufacturing		31152
		31161A	Animal (except poultry) slaughtering, rendering and processing		311611–311613
		311615	Poultry processing		311615
		311700	Seafood product preparation and packaging		3117
		311810	Bread and bakery product manufacturing		31181
		3118A0	Cookie, cracker, pasta and tortilla manufacturing		31182–3
		311910	Snack food manufacturing		31191
		311920	Coffee and tea manufacturing		31192
		311930	Flavoring syrup and concentrate manufacturing		31193
		311940	Seasoning and dressing manufacturing		31194
		311990	All other food manufacturing		31199
		312110	Soft drink and ice manufacturing		31211
		312120	Breweries		31212
		312130	Wineries		31213
		312140	Distilleries		31214
		312200	Tobacco product manufacturing		3122
313TT	Textile mills and textile product mills			
		313100	Fiber, yarn and thread mills		3131
		313200	Fabric mills		3132
		313300	Textile, fabric finishing and fabric coating mills		3133
		314110	Carpet and rug mills		31411
		314120	Curtain and linen mills		31412
		314900	Other textile product mills		3149
315AL	Apparel and leather and allied products			
		315000	Apparel manufacturing		315
		316000	Leather and allied product manufacturing		316

BEA Code and Title		Notes	Related 2007 NAICS Codes
322	Paper products		
	322110	Pulp mills		32211
	322120	Paper mills		32212
	322130	Paperboard mills		32213
	322210	Paperboard container manufacturing		32221
	322220	Paper bag and coated and treated paper manufacturing		32222
	322230	Stationery product manufacturing		32223
	322291	Sanitary paper product manufacturing		322291
	322299	All other converted paper product manufacturing		322299
323	Printing and related support activities		
	323110	Printing		32311
	323120	Support activities for printing		32312
324	Petroleum and coal products		
	324110	Petroleum refineries		32411
	324121	Asphalt paving mixture and block manufacturing		324121
	324122	Asphalt shingle and coating materials manufacturing		324122
	324190	Other petroleum and coal products manufacturing		32419
325	Chemical products		
	325110	Petrochemical manufacturing		32511
	325120	Industrial gas manufacturing		32512
	325130	Synthetic dye and pigment manufacturing		32513
	325180	Other basic inorganic chemical manufacturing		32518
	325190	Other basic organic chemical manufacturing		32519
	325211	Plastics material and resin manufacturing		325211
	3252A0	Synthetic rubber and artificial and synthetic fibers and filaments manufacturing		325212, 32522
	325310	Fertilizer manufacturing		32531
	325320	Pesticide and other agricultural chemical manufacturing		32532
	325411	Medicinal and botanical manufacturing		325411
	325412	Pharmaceutical preparation manufacturing		325412

		BEA Code and Title	Notes	Related 2007 NAICS Codes
		325413	In-vitro diagnostic substance manufacturing		325413
		325414	Biological product (except diagnostic) manufacturing		325414
		325510	Paint and coating manufacturing		32551
		325520	Adhesive manufacturing		32552
		325610	Soap and cleaning compound manufacturing		32561
		325620	Toilet preparation manufacturing		32562
		325910	Printing ink manufacturing		32591
		3259A0	All other chemical product and preparation manufacturing		32592, 32599
	326	Plastics and rubber products		
		326110	Plastics packaging materials and unlaminated film and sheet manufacturing		32611
		326120	Plastics pipe, pipe fitting, and unlaminated profile shape manufacturing		32612
		326130	Laminated plastics plate, sheet (except packaging), and shape manufacturing		32613
		326140	Polystyrene foam product manufacturing		32614
		326150	Urethane and other foam product (except polystyrene) manufacturing		32615
		326160	Plastics bottle manufacturing		32616
		326190	Other plastics product manufacturing		32619
		326210	Tire manufacturing		32621
		326220	Rubber and plastics hoses and belting manufacturing		32622
		326290	Other rubber product manufacturing		32629
42		Wholesale trade		
	42	Wholesale trade		
		420000	Wholesale trade	*	42
44 RT		Retail trade		
	441	Motor vehicle and parts dealers		
		441000	Motor vehicle and parts dealers		441

		BEA Code and Title	Notes	Related 2007 NAICS Codes
	445	Food and beverage stores		
		445000	Food and beverage stores		445
	452	General merchandise stores		
		452000	General merchandise stores		452
	4A0	Other retail		
		4A0000	Other retail	*	442 –444，446 – 448，451，453 – 454
48 TW	Transportation and warehousing			
	481	Air transportation		
		481000	Air transportation		481
	482	Rail transportation		
		482000	Rail transportation		482
	483	Water transportation		
		483000	Water transportation		483
	484	Truck transportation		
		484000	Truck transportation		484
	485	Transit and ground passenger transportation		
		485000	Transit and ground passenger transportation		485
	486	Pipeline transportation		
		486000	Pipeline transportation		486
	487OS	Other transportation and support activities		
		48A000	Scenic and sightseeing transportation and support activities for transportation		487，488
		492000	Couriers and messengers		492
	493	Warehousing and storage		
		493000	Warehousing and storage		493
51	Information			
	511	Publishing industries，except internet（includes software）		
		511110	Newspaper publishers		51111

		BEA Code and Title	Notes	Related 2007 NAICS Codes
		511120 Periodical publishers		51112
		511130 Book publishers		51113
		5111A0 Directory, mailing list and other publishers		51114, 51119
		511200 Software publishers		51121
	512	Motion picture and sound recording industries		
		512100 Motion picture and video industries		5121
		512200 Sound recording industries		5122
	513	Broadcasting and telecommunications		
		515100 Radio and television broadcasting		5151
		515200 Cable and other subscription programming		5152
		517110 Wired telecommunications carriers		5171
		517210 Wireless telecommunications carriers (except satellite)		5172
		517A00 Satellite, telecommunications resellers and all other telecommunications		5174, 5719
	514	Data processing, internet publishing and other information services		
		518200 Data processing, hosting, and related services		5182
		5191A0 News syndicates, libraries, archives and all other information services		51911-2, 51919
		519130 Internet publishing and broadcasting and web search portals		51913
FIRE	Finance, insurance, real estate, rental and leasing			
	521CI	Federal Reserve banks, credit intermediation and related activities		
		52A000 Monetary authorities and depository credit intermediation		521, 5221
		522A00 Nondepository credit intermediation and related activities		5222-3
	523	Securities, commodity contracts, and investments		
		523A00 Securities and commodity contracts intermediation and brokerage		5231-5232
		523900 Other financial investment activities		5239

BEA Code and Title			Notes	Related 2007 NAICS Codes
524	Insurance carriers and related activities			
	524100	Insurance carriers		5241
	524200	Insurance agencies, brokerages and related activities		5242
525	Funds, trusts and other financial vehicles			
	525000	Funds, trusts and other financial vehicles		525
531	Real estate			
	5310HS	Housing		531
	531ORE	Other real estate		531
532RL	Rental and leasing services and lessors of intangible assets			
	532100	Automotive equipment rental and leasing		5321
	532A00	Consumer goods and general rental centers		5322–5323
	532400	Commercial and industrial machinery and equipment rental and leasing		5324
	533000	Lessors of nonfinancial intangible assets		533
PROF	Professional and business services			
5411	Legal services			
	541100	Legal services		5411
5415	Computer systems design and related services			
	541511	Custom computer programming services		541511
	541512	Computer systems design services		541512
	54151A	Other computer related services, including facilities management		541513, 541519
5412 OP	Miscellaneous professional, scientific and technical services			
	541200	Accounting, tax preparation, bookkeeping and payroll services		5412
	541300	Architectural, engineering and related services		5413
	541400	Specialized design services		5414
	541610	Management consulting services		54161
	5416A0	Environmental and other technical consulting services		54162, 54169
	541700	Scientific research and development services		5417

		BEA Code and Title		Notes	Related 2007 NAICS Codes
		541800	Advertising, public relations and related services		5418
		5419A0	Marketing research and all other miscellaneous professional, scientific and technical services		54191, 54193, 54199
		541920	Photographic services		54192
		541940	Veterinary services		54194
	55	Management of companies and enterprises			
		550000	Management of companies and enterprises		55
	561	Administrative and support services			
		561100	Office administrative services		5611
		561200	Facilities support services		5612
		561300	Employment services		5613
		561400	Business support services		5614
		561500	Travel arrangement and reservation services		5615
		561600	Investigation and security services		5616
		561700	Services to buildings and dwellings		5617
		561900	Other support services		5619
	562	Waste management and remediation services			
		562000	Waste management and remediation services		562
6	Educational services, health care and social assistance				
	61	Educational services			
		611100	Elementary and secondary schools		6111
		611A00	Junior colleges, colleges, universities and professional schools		6112–6113
		611B00	Other educational services		6114–6117
	621	Ambulatory health care services			
		621100	Offices of physicians		6211
		621200	Offices of dentists		6212
		621300	Offices of other health practitioners		6213
		621400	Outpatient care centers		6214
		621500	Medical and diagnostic laboratories		6215

		BEA Code and Title		Notes	Related 2007 NAICS Codes
		621600	Home health care services		6216
		621900	Other ambulatory health care services		6219
	622	Hospitals			
		622000	Hospitals		622
	623	Nursing and residential care facilities			
		623A00	Nursing and community care facilities		6231, 6233
		623B00	Residential mental retardation, mental health, substance abuse and other facilities		6232, 6239
	624	Social assistance			
		624100	Individual and family services		6241
		624A00	Community food, housing and other relief services, including rehabilitation services		6242–6243
		624400	Child day care services		6244
7		Arts, entertainment, recreation, accommodation and food services			
	711AS	Performing arts, spectator sports, museums and related activities			
		711100	Performing arts companies		7111
		711200	Spectator sports		7112
		711A00	Promoters of performing arts, sports and agents for public figures		7113–7114
		711500	Independent artists, writers and performers		7115
		712000	Museums, historical sites, zoos and parks		712
	713	Amusements, gambling and recreation industries			
		713100	Amusement parks and arcades		7131
		713200	Gambling industries (except casino hotels)		7132
		713900	Other amusement and recreation industries		7139
	721	Accommodation			
		721000	Accommodation		721
	722	Food services and drinking places			
		722110	Full-service restaurants		7221
		722211	Limited-service restaurants		7222

		BEA Code and Title	Notes	Related 2007 NAICS Codes
		722A00	All other food and drinking places		7223–7224
81	Other services，except government			
	81	Other services，except government		
		811100	Automotive repair and maintenance		8111
		811200	Electronic， precision equipment repair and mainte-nance		8112
		811300	Commercial and industrial machinery and equipment repair and maintenance		8113
		811400	Personal，household goods repair and maintenance		8114
		812100	Personal care services		8121
		812200	Death care services		8122
		812300	Dry–cleaning and laundry services		8123
		812900	Other personal services		8129
		813100	Religious organizations		8131
		813A00	Grantmaking，giving and social advocacy organizations		8132, 8133
		813B00	Civic，social，professional and similar organizations		8134, 8139
		814000	Private households		814
G	Government			
	GFG	Federal general government		
		S00500	Federal general government （defense）		n/a
		S00600	Federal general government （nondefense）		n/a
	GFE	Federal government enterprises		
		491000	Postal service		491
		S00101	Federal electric utilities	**	n/a
		S00102	Other federal government enterprises		n/a
	GSLG	State and local general government		
		S00700	State and local general government		n/a
	GSLE	State and local government enterprises		
		S00201	State and local government passenger transit	**	n/a

		BEA Code and Title		Notes	Related 2007 NAICS Codes
		S00202	State and local government electric utilities	**	n/a
		S00203	Other state and local government enterprises		n/a
Used	Scrap, used and secondhand goods				
	Used	Scrap, used and secondhand goods			
		S00401	Scrap	††	n/a
		S00402	Used and secondhand goods	††	n/a
Oth-er	Noncomparable imports and rest-of-the-world adjustment				
	Other	Noncomparable imports and rest-of-the-world adjustment			
		S00300	Noncomparable imports	††	n/a
		S00900	Rest of the world adjustment	††	n/a

* Additional detail for the electric power generation, transmission and distribution; wholesale trade; and other retail industries is available on an annual basis as part of the detailed gross output statistics.

† Construction data published by BEA at the detail level do not align with 2007 NAICS industries. In NAICS, industries are classified based on their production processes, whereas BEA construction is classified by type of structure. For example, activity by the 2007 NAICS Roofing contractors industry would be split among many BEA construction categories because roofs are built on many types of structures.

‡ Primary output of the "secondary smelting and alloying of aluminum" and "alumina refining and primary aluminum production" industries is treated as being identical and is reported as "alumina refining and primary aluminum production" for both industries. As a result, "secondary smelting and alloying of aluminum" appears as an industry at the detail level but not as a commodity.

** Where possible, the output of government enterprises is classified into the same commodity as the primary output of a comparable private industry. All output of federal government electric utilities; state and local government passenger transit; and state and local electric utilities is classified in this way, with the result that these government enterprise categories appear as industries at the detail level but not as commodities.

** The scrap; used and secondhand goods; noncomparable imports; and rest of the world adjustment lines identify special commodities which may appear in the commodity dimension of the make and use tables but which do not appear in the industry dimension.

参考文献

［1］马克思，恩格斯.马克思恩格斯全集［M］.北京：人民出版社，1974.

［2］卡尔·马克思.1857~1858年经济学手稿［M］.北京：人民出版社，1975.

［3］凯恩斯.就业利息和货币通论［M］.北京：商务印书馆，1983.

［4］埃弗塞·多马.经济增长理论［M］.北京：商务印书馆，1983.

［5］丹尼尔·贝尔.后工业社会的来临［M］.北京：商务印书馆，1984.

［6］汤姆·肯普.现代工业化模式［M］.北京：中国展望出版社，1985.

［7］西蒙·库兹涅茨.各国经济的增长［M］.北京：商务印书馆，1985.

［8］厉以宁，周世泰.西方就业理论的演变［M］.北京：华夏出版社，1988.

［9］钱纳里.发展的形式［M］.北京：经济科学出版社，1988.

［10］阿瑟·刘易斯.经济增长理论［M］.北京：商务印书馆，1996.

［11］西蒙·库兹涅茨.现代经济增长［M］.北京：北京经济学院出版社，1989.

［12］威廉·阿瑟·刘易斯.二元经济论［M］.北京：北京经济学院出版社，1989.

［13］H.钱纳里，S.鲁滨逊，M.塞尔奎因.工业化和经济增长的比较研究［M］.上海：上海三联书店，1989.

［14］R.索洛.经济增长论文集［M］.北京：北京经济出版社，1989.

［15］罗伯特·M.索罗.经济增长因素分析［M］.北京：商务出版社，1991.

［16］霍洛斯·钱纳里.结构变化与发展政策［M］.北京：经济科学出版社，1991.

［17］亚当·斯密.国富论（上卷）［M］.郭大力，王亚南译.北京：商

务印书馆.

[18] 华西里·列昂惕夫. 1919~1939 年美国经济结构—均衡分析的经验应用 [M]. 王炎庠，邹艺湘等译. 北京：商务印书馆，1993.

[19] 科斯. 论生产的制度结构 [M]. 上海：上海三联书店，1994.

[20] 周天勇. 劳动与经济增长 [M]. 上海：上海三联书店，上海人民出版社，1994.

[21] 周振华. 现代经济增长中的结构效益 [M]. 上海：上海三联书店，1996.

[22] 袁志刚. 失业经济学 [M]. 上海：上海三联书店，1997.

[23] 刘骏民. 从虚拟资本到虚拟经济 [M]. 济南：山东人民出版社，1998.

[24] 周振华. 结构调整：中国经济分析 [M]. 上海：上海人民出版社，1999.

[25] 胡学勤. 中外失业问题研究 [M]. 北京：人民出版社，2002.

[26] 沃尔特·亚当斯，詹姆斯·W.布罗克. 美国产业结构（第 10 版）[M]. 北京：中国人民大学出版社，2003.

[27] 费景汉，古斯塔夫·拉尼斯. 增长和发展：演进观点 [M]. 洪银兴，郑江维等译. 北京：商务印书馆，2004.

[28] 刘晓欣. 虚拟经济与价值化积累：经济虚拟化的历史与逻辑 [M]. 天津：南开大学出版社，2005.

[29] 菲利普·阿吉翁，彼得·霍伊特. 内生经济增长理论 [M]. 陶然等译. 北京：北京大学出版社，2004.

[30] 陈桢. 经济增长的就业效应研究：基于经济转型与结构调整视角下的分析 [M]. 北京：经济管理出版社，2007.

[31] 蔡昉. 中国人口与劳动问题报告 [M]. 北京：社会科学文献出版社，2007.

[32] 王艾青. 中国高增长与高失业并存问题研究 [M]. 北京：科学出版社，2008.

[33] 蒋文莉. 就业促进型经济增长模式研究 [M]. 武汉：湖北人民出版社，2009.

[34] 麦迪逊. 世界经济千年统计 [M]. 伍晓鹰，施发启译. 北京：北京大学出版社，2009.

［35］菲尔普斯. 通货膨胀政策与失业理论［M］. 方臻吴，陈卓淳译. 北京：北京大学出版社，2010.

［36］李金华. 中国产业：结构、增长及效益［M］. 北京：清华大学出版社，2010.

［37］刘骏民. 决定中美经济未来差距的两个基本因素——虚拟经济视角下的大趋势［J］. 政治经济学评论，2014（1）.

［38］孙文凯. 中国近年来经济增长与就业增长间数量关系解释［J］. 经济理论与经济管理，2014（1）.

［39］梁盛伟，李广义. 中国经济增长与就业增长的关系研究［J］. 学术论坛，2014（2）.

［40］黄婧. 中国经济增长与就业关系理论综述［J］. 商业时代，2013（8）.

［41］李文星. 中国经济增长的就业弹性［J］. 统计研究，2013（1）.

［42］田洪川，石美遐. 再谈经济增长对就业需求的影响［J］. 生产力研究，2013（5）.

［43］居科伟，王小利. "奥肯定理"中国有效性的实证研究［J］. 统计与决策，2013（8）.

［44］石昶，宋德勇. 隐性失业影响中国就业增长与经济增长的关系吗［J］. 经济学家，2012（5）.

［45］孙文凯. 中国近年来经济增长与就业增长间数量关系解释［J］. 经济理论与经济管理，2011（1）.

［46］卞纪兰，赵桂燕，林忠. 中国就业与经济增长关系分析［J］. 生产力研究，2011（7）.

［47］周源，马煜天. 我国产业结构演化与就业关联性实证研究［J］. 商业研究，2011（11）.

［48］许平祥. 美国经济"二元化"与"奥肯定律"的困局［J］. 经济科学，2011（5）.

［49］张浩然，衣保中. 技术进步、结构调整与就业增长——基于空间面板模型的经验研究［J］. 经济经纬，2011（5）.

［50］陆铭，欧海军. 高增长与低就业：政府干预与就业弹性的经验研究［J］. 世界经济，2011（12）.

［51］李宝伟. 美国的金融自由化与经济虚拟化［J］. 开放导报，2010

（2）.

[52] 王庆丰. 我国产业结构与就业结构协调发展研究述评 [J]. 华东经济管理，2010（7）.

[53] 刘骏民. 经济增长、货币中性与资源配置理论的困惑——为什么要从虚拟经济角度重构经济理论框架 [J]. 政治经济学评论，2010.

[54] 于林. 我国经济增长与就业增长的非对称性分析与建议 [J]. 山西财经大学学报，2010（11）.

[55] 丘嘉锋，董直庆. 经济增长和就业增长周期波动关联效应——来自时域和频域的经验证据 [J]. 经济学动态，2010（4）.

[56] 张玉柯，徐永利. 论"金砖四国"产业结构与就业结构的变动及其相关性 [J]. 河北学刊，2010（6）.

[57] 周志春. 中国产业结构变动对就业增长影响研究——基于面板数据的实证分析 [J]. 社会科学战线，2010（4）.

[58] 丁守海. 中国就业弹性的再估算 [J]. 四川大学学报（哲学社会科学版），2009（2）.

[59] 刘键，蓝文永，徐荣华. 对我国经济增长与就业增长非一致性的探讨分析 [J]. 宏观经济研究，2009（3）.

[60] 李其原. 就业弹性与经济增长相关性分析 [J]. 统计与决策，2009（5）.

[61] 段敏敏，董炳南，丁建勋. 产业结构变动方向、产业结构变动速度对就业的显著性分析 [J]. 经济研究导刊，2009（7）.

[62] 成思危. 虚拟经济的基本理论及研究方法 [J]. 管理评论，2009（1）.

[63] 刘骏民. 从次贷危机到美元危机：根源及趋势 [J]. 上海经济研究，2009（3）.

[64] 刘骏民，宛敏华. 依赖虚拟经济还是实体经济——中美核心经济与核心需求的比较 [J]. 开放导报，2009（1）.

[65] 林左鸣. 广义虚拟经济——二元价值容介态经济导论 [J]. 广义虚拟经济研究，2009（1）.

[66] 张云. 金融危机、美元危机与世界货币体系 [J]. 财经问题研究，2009（2）.

[67] 张云. 虚拟经济视野下的次贷危机与美元危机解析 [J]. 亚太经

济，2009（2）.

[68] 张车伟. 中国 30 年经济增长与就业：构建灵活安全的劳动力市场 [J]. 中国工业经济，2009（1）.

[69] 齐艳玲. 我国经济增长和就业增长非一致性的制度解释 [J]. 当代经济研究，2008（8）.

[70] 陈桢. 经济增长与就业增长关系的实证研究 [J]. 经济学家，2008（2）.

[71] 陈锋. 经济增长与产业、就业结构演变的实证研究 [J]. 统计信息与论坛，2008，23（8）.

[72] 李玉凤，高长远. 产业结构与就业结构的协整分析 [J]. 统计与决策，2008（4）.

[73] 蒲艳萍，陈娟. 转型期的产业结构变动与中国就业效应面板数据的回归分析与协整检验 [J]. 重庆大学学报，2008（1）.

[74] 周兵，徐爱东. 产业结构与就业结构之间的机制构建 [J]. 软科学，2008，22（7）.

[75] 刘骏民. 虚拟经济的经济学 [J]. 开放导报，2008（6）.

[76] 刘骏民，张云. 虚拟经济视野的流动性膨胀困境与应对 [J]. 改革，2008（1）.

[77] 刘骏民. 财富与风险，人们到底在积累什么——评《虚拟经济与价值化积累》的学术意义 [J]. 开放导报，2008（3）.

[78] 袁奇，刘崇仪. 美国产业结构变动与服务业的发展 [J]. 世界经济研究，2007（2）.

[79] 简新华，余江. 基于冗员的中国就业弹性估计 [J]. 经济研究，2007（6）.

[80] 蔡昉. 为什么"奥肯定律"在中国失灵——再论经济增长与就业的关系 [J]. 宏观经济研究，2007（1）.

[81] 陈桢. 产业结构与就业结构关系失衡的实证研究 [J]. 山西财经大学学报，2007（10）.

[82] 蔡昉. 中国就业增长与结构变化 [J]. 社会科学管理与评论，2007（6）.

[83] 李勇. 我国第三产业发展与就业弹性的关联 [J]. 改革，2007（3）.

[84] 周建安. 中国劳动就业与经济增长的实证分析 [J]. 中山大学学报 (社会科学版), 2007 (1).

[85] 吕忠伟. 中国各行业吸纳就业能力的实证研究 [J]. 兰州学刊, 2006 (5).

[86] 常进雄. 中国就业弹性的决定因素及就业影响 [J]. 财经研究, 2005 (5).

[87] 刘晓欣. 解析当代经济"倒金字塔"之谜——对 20 世纪 80 年代以来虚拟资产日益膨胀现象的思考 [J]. 经济理论与经济管理, 2005 (11).

[88] 李俊锋, 王代敬, 宋小军. 经济增长与就业增长的关系研究——两者相关性的重新判定 [J]. 中国软科学, 2005 (1).

[89] 程永宏. 经济增长的就业效应 [J]. 甘肃社会科学, 2005 (3).

[90] 蔡昉, 都阳, 高文书. 就业弹性、自然失业率和宏观经济政策——为什么经济增长没有带来显性就业 [J]. 经济研究, 2004 (9).

[91] 宋小川. 无就业增长与非均衡劳工市场动态学 [J]. 经济研究, 2004 (7).

[92] 刘骏民, 王国忠. 虚拟经济稳定性、系统风险与经济安全 [J]. 南开经济研究, 2004 (6).

[93] 唐鉱, 刘勇军. 关于中国经济增长与就业弹性变动的非一致性研究理论综述及评论 [J]. 市场与人口分析, 2003 (11).

[94] 李红松. 我国经济增长与就业弹性问题研究 [J]. 财经研究, 2003 (4).

[95] 彭绪庶, 齐建国. 对美国技术进步与就业关系的研究 [J]. 数量经济技术经济研究, 2002 (11).

[96] 邓志旺, 蔡晓帆, 郑棣华. 就业弹性系数急剧下降: 事实还是假象 [J]. 人口与经济, 2002 (5).

[97] 龚玉泉, 袁志刚. 中国经济增长与就业增长的非一致性及其形成机理 [J]. 经济学动态, 2002 (10).

[98] 刘元华等. 经济增长、技术进步和结构调整与中国就业 [J]. 中国人口·资源与环境, 2002 (5).

[99] 汤光华. 对中国经济增长与就业关系的实证研究 [J]. 统计研究 (增刊), 1999.

[100] 李建伟. 劳动力过剩条件下的经济增长 [J]. 经济研究, 1998

（9）.

[101] 王后虎. 就业弹性与主导产业的选择［J］. 中国工业经济，1992（7）.

[102] 刘国兴. 试论经济发展战略和充分就业目标［J］. 学习与探索，1984（2）.

[103] 冯兰瑞，周贝隆，苏崇德. 论劳动就业和经济增长的关系（一）［J］. 经济理论与经济管理，1983（1）.

[104] 苏涵. 关于就业与经济增长之间的循环［J］. 北京师范大学学报（社会科学版），1983（1）.

[105] 刘骏民. 理解流动性膨胀：美元与国际货币体系的危与机［N］. 第一财经日报，2007-08-15.

[106] 王庆丰. 中国产业结构和就业结构协调发展研究［D］. 南京航空航天大学硕士学位论文，2010.

[107] 奉莹. 中国就业结构演变以及就业的产业结构发展趋势研究［D］. 西南财经大学硕士学位论文，2009.

[108] 刘晶晶. 我国第三产业结构变动与就业研究［D］. 北京交通大学硕士学位论文，2009.

[109] 孙红芹. 山东省产业结构调整对就业结构的影响研究［D］. 中国海洋大学硕士学位论文，2009.

[110] 刘瀑. 中国经济增长中的劳动就业问题研究——基于产业发展视角的分析［D］. 西南财经大学博士学位论文，2008.

[111] 王旭升. 中国经济增长与就业增长非一致性问题研究［D］. 辽宁大学博士学位论文，2008.

[112] 吕彬彬. 劳动力转移与经济增长［D］. 上海复旦大学博士学位论文，2008.

[113] 马斌. 基于广东省产业结构变动的就业结构研究［D］. 暨南大学博士学位论文，2006.

[114] 桑玲玲. 我国产业结构演进与就业结构变迁的实证分析［D］. 武汉大学硕士学位论文，2005.

[115] Ozlemo. Jobless Growth in the Central and Eastern European Countries：A Country Specific Panel Data Analysis for the Manufacturing Industry［R］. 2007.

［116］Iyanatul I., Suahasil N. Estimating Employment Elasticity for the Indonesian Economy ［R］. ILO2000. Working Paper, 2007.

［117］Michael W. Macroeconomic Theory: A Dynamic General Equilibrium Approach ［M］. Princeton Press, 2008.

［118］ESCAP. Economic and Social Survey of Asia and the Pacific: 2006 ［M］. Published by United Nations, 2006.

［119］Kennedy, Peter. A Guide to Econometrics ［M］. Cambridge, Mass.: MIT Press, 2003.

［120］Dreze. Europe's Unemployment Problem ［M］. Mas-sachusetts MIT Press, 1991.

［121］Rupert H., Jaumandreu J. and Mairesse J., et al. Does Innovation Stimulate Employment? A Firm-level Analysis Using Comparable Micro-data from Four European Countries ［R］. National Bureau of Economic Research Working Paper 14216. Cambridge, MA, 2008.

［122］Blanchard, Olivier and Jordi Galí. A New Keynesian Model with Unemployment ［N］. National Bank of Belgium, Working Paper Research No. 92, 2006.

［123］Clark, Todd E. and Michael W. McCracken. Forecasting with Small Macroeconomic VARs in the Presence of Instabilities ［R］. Federal Reserve Bank of Kansas City, Research Working Paper, 2006-06-09.

［124］Okun, Arthur M. Potential GNP: Its Measurement and Significance, American Statistical Association ［J］. Proceedings of the Business and Economics Statistics Section, 1962: 98-104.

［125］Whitley, J. D., R. A. Wilson. Quantifying the Employment Effects of Microelectronics ［J］. Futures, 1982, （14） 6: 486-495.

［126］Gordon, Robert J. Unemployment and Potential Output in the 1980s ［J］. Brookings Papers on Economic Activity, 1984（2）: 537-564.

［127］Braun, Steven N. Estimation of Current-Quarter Gross National Product by Pooling Preliminary Labor-Market Data ［J］. Journal of Business and Economic Statistics, 1990, 8（3）: 293-304.

［128］Kalmbach P., H. D. Kurz. Microelectronics and Employment: A Dynamic Input-otput Tudy of the West German Economy ［J］. Structural Change and Economic Dynamics, 1990 (1): 317-386.

[129] Meyer-Krahmer F. The Effects of New Technologies on Employment [J]. Economics of Innovation and New Technology, 1992 (2): 131-149.

[130] Prachowny, Martin F. J. Okun's Law: Theoretical Foundations and Revised Estimates [J]. Review of Economics and Statistics, 1993, 75 (2): 331-336.

[131] Boltho A., A. Glyn. Can Macroeconomic Policies Raise Employment [J]. International Labor Review, 1995, 134 (4-5): 451-470.

[132] Pini P. An Integrated Cumulative Growth Model: Empirical Evidence for Nine OECD Countries, 1960-1990 [J]. Labour, 1996 (10): 93-150.

[133] Altig, David, Terry Fitzgerald and Peter Rupert. "Okun's Law Revisited: Should We Worry about Low Unemployment?" Federal Reserve Bank of Cleveland? [J]. Economic Commentary, 1997.

[134] Padalino, S. and M.Vivarelli. The Employment Intensity of Economic Growth in G-7 Countries [J]. International Labour Review, 1997, 136 (2).

[135] Moosa, Imad A. A Cross-Country Comparison of Okun's Coefficient [J]. Journal of Comparative Economics, 1997, 24 (3): 335-356.

[136] Montgomery, Alan L., Victor Zarnowitz and Ruey S. Tsay and George C. Tiao, 1998.

[137] Ebersbeyer B., A. Pyka. Innovation and Sectoral Employment a Trade-off between Compensation Mechanisms [J]. University Augsburg Discussion Paper Series, 1999: 191.

[138] Simonetti R., K. Taylor and M. Vivarelli. Modelling the Employment Impact of Innovation: Do Compensation Mechanisms Work? [J]. Vivarelli and Pianta (eds.), 2000.

[139] M. Vivarelli, P. Mario. The Employment Impact of Innovation: Evidence and Policies [C]. London: Routledge, 2000.

[140] Lee, Jim. The Robustness of Okun's Law: Evidence from OECD Countries [J]. Journal of Macroeconomics, 2000, 22 (2): 331-356.

[141] McConnell, Margaret M. and Gabriel Perez-Quiros. Output Fluctuations in the United States: What Has Changed Since the Early 1980s? [J]. American Economic Review, 2000, 90 (5): 1464-1476.

[142] Pianta, M. The Employment Impact of Product and Process Innovation [J]. In Vivarelli and Pianta (eds.), 2000.

[143] Pianta M. The Employment Impact of Product and Process Innovation [J]. In Vivarelli and Pianta (eds.), 2000.

[144] Greenan N., D. Guellec. Technological Innovation and Employment Reallocation [J]. Labour, 2000 (14): 4, 547–590.

[145] Rudebusch, Glenn D. "How Fast Can the New Economy Grow?" Federal Reserve Bank of San Francisco [J]. Economic Letter, 2000 (5).

[146] Evangelista, R. Innovation and Employment in Services: Results from the Italian Innovation Survey [J]. In Vivarelli and Pianta (eds.), 2000.

[147] Alan Krueger. An Interview with William J. Baumol [J]. Journal of Economic Perspectives, 2001, 15 (3): 211–231.

[148] Fernando Del Rio. Embodied Technical Progress and Unemployment [J/OL]. Universite Catholoque de Louvain, Institut de Recherches Economiqueset Sociales (IRES) Discussion Paper, 2001: 031.

[149] Congressional Budget Office. CBO's Method for Estimating Potential Output: An Update [J]. Congress of the United States, 2001.

[150] Grant, Alan P. Time–Varying Estimates of the Natural Rate of Unemployment: A Revisitation of Okun's Law [J]. Quarterly Review of Economics and Finance, 2002 (42): 95–113.

[151] Simonetti R., M. Tancioni. A Macroeconometric Model for the Analysis of Theimpact of Technological Change and Trade on Employment [J]. Journal of Interdisciplinary Economics, 2002 (13): 185–221.

[152] Antonucci T., M. Pianta. The Employment Effects of Product and Process Innovations in Europe [J]. International Review of Applied Economics, 2002 (16): 295–308.

[153] Evangelista R., Savona M. The Impact of Innovation on Emloyment and Skill in Services: Evidence from Italy [J]. International Review of Applied Economics, 2002.

[154] Antonucci T., M. Pianta. The Employment Effects of Product and Process Innovations in Europe [J]. International Review of Applied Economics, 2003 (16): 3.

［155］ Evangelista R., M. Savona. Innovation, Employment and Skills in Services Firm and Sectoral Evidence ［J］. Structural Change and Economic Dynamics, 2003, 14（4）: 449–474.

［156］ Cuaresma, Jesús Crespo. Okun's Law Revisited ［J］. Oxford Bulletin of Economics and Statistics, 2003, 65（4）: 439–451.

［157］ Mishkin, Frederic S. Estimating Potential Output, Speech at the Conference on Price Measurement for Monetary Policy ［J］. Federal Reserve Bank of Dallas, Dallas, Texas, 2007.

［158］ Bronwyn H. H., L. Francesca and J. Mairesse, Employment, Innovation, and Productivity: Evidence from Italian Microdata ［J］. Industrial and Corporate Change, 2008, 17（14）: 813–839.

［159］ Cai F., Wang M. Y. Growth and Structural Changes in Employment in Transition China ［J］. Journal of Comparative Economics, 2010（38）: 71–81.

［160］ Cai Fang, Wang Dewen. Employment Should Top Crisis Agenda ［J］. China Economist, 2010（1）.